中 国 教 育 发 展 出 版 工 程

上海市纪念改革开放40年研究丛书
全 国 高 校 出 版 社 主 题 出 版

教育现代化的中国之路
纪念教育改革开放 40 年丛书

丛书总主编　袁振国

EDUCATION

China's Path to Education Modernization

40

从被动接受到主动学习

——教学改革发展之路

杨小微等　著

华东师范大学出版社

上海市哲学社会科学学术话语体系建设办公室　资助出版
上 海 市 哲 学 社 会 科 学 规 划 办 公 室

全面深化改革，加快实现教育现代化

——"教育现代化的中国之路"丛书总序

1978 年 12 月，中国共产党十一届三中全会确立了解放思想、实事求是的思想路线，作出了改革开放的重大决策。改革开放以来，中国经济 40 年持续增长，人均 GDP 从世界第 171 名跃升到第 70 名[①]，GDP 总量从第 9 名跃升到第 2 名[②]，对世界经济的贡献率从 1978 年的 3.05％提高到 2016 年的 31.53％[③]。这在中国历史上是一个奇迹，在世界史上也是一个奇迹。

中国教育是这个奇迹的重要组成部分，也是创造这个奇迹的重要动力。中国学前教育毛入学率从 1981 年的 12.62％提高到 2016 年的 77.4％，超过中高收入国家平均水平 5 个百分点；2016 年九年义务教育巩固率达到 93.4％，超过高收入国家平均水平；高中教育毛入学率从 1981 年的 39.56％提高到 2016 年的 87.5％，高于中高收入国家平均水平 5 个百分点；高等教育毛入学率从 1981 年 1.6％提高到 2016 年的 42.7％，超过中高收入国家平均水平 6 个百分点。与此同时，中国的 PISA 成绩和大学的发展都有不俗的表现，显示了中国教育质量的大幅提升。

教育的发展促进中国的人力资源结构发生了重大变化。16—59 岁人口的平均受教育年限从 1981 年的不到 5 年上升到 2016 年的 10.35 年，大专以上文化程度的人口比例由 1982 年的 0.58％上升到 2015 年的 12.44％[④]。中国在 1990 年的预期受教育

[①] 数据来源：联合国统计署（https://unstats. un. org）。统计口径为人均 GDP（现价美元），其中 1978 年统计的国家为 187 个；2016 年统计的国家为 212 个。本文有关中国的数据不包括中国香港特别行政区、中国澳门特别行政区和中国台湾地区的数据，除非另作说明。

[②] 数据来源：联合国统计署（https://unstats. un. org）。统计口径为 GDP（现价美元），其中 1978 年统计的国家为 187 个，2016 年统计的国家为 212 个。

[③] 数据来源：世界银行数据库（https://data. worldbank. org. cn/indicator）。统计口径为 GDP（2010 年美元不变价），按照"中国对世界经济增长的贡献率＝中国 GDP 增量/世界 GDP 增量×100％"计算。

[④] 数据来源：中华人民共和国国家统计局关于一九八二年人口普查主要数字的公报（http://www. stats. gov. cn/tjsj/tjgb/rkpcgb/qgrkpcgb/200204/t20020404_30318. html）、2015 年全国 1％人口抽样调查主要数据公报（http://www. stats. gov. cn/tjsj/zxfb/201604/t20160420_1346151. html）。

年限为 8.8 年,世界排名第 119 名;2015 年预期受教育年限提高到 13.5 年,世界排名上升到第 83 名。① 中国从一个人口大国转变成为一个人力资源大国,并日益向人力资源强国迈进。

揭示中国改革开放的成功经验和原因,是学术界越来越浓厚的兴趣,更是中国学者的责任所在。美国著名中国研究学者费正清(John King Fairbank,1907—1991)70 年前出版了《美国与中国》(*The United States and China*)一书,这是西方学者第一次把中国和美国进行对比研究的专著。在这本书中,费正清说中国正在发生一场现代化运动,这场现代化运动最基本的特征是决定放弃自己国家所有的传统和制度,然后把西方所有的文明和制度包括语言作为一个对应体,所以中国的现代化就是西方不断冲击中国,中国不断作出反应的过程。在很长时间里面,"冲击—反应模式"是西方学者对中国即将开展的现代化道路的一种共识。② 可是,1991 年他在临终前两天出版的《中国新史》(*China:A New History*)一书中说:"经过 50 年的阅历和观察,我发现中国的现代化发展,很可能不是一个冲击—反应的结果,而是一个自身内在基因变革和内在发展冲动的结果。"③

诺贝尔经济学奖得主罗纳德·科斯(Ronald H. Coase,1910—2013)在他 102 岁的时候,出版了一本与其助手王宁合著的叫《变革中国:市场经济的中国之路》(*How China Became Capitalist*)的书,书中说:"中国很成功,她的发展还会得到延续,但是,中国的经济发展,不能用传统的西方经济学来解释。中国改革的成功,是人类行为的意外后果。"④

世界是一个多元的世界,现代化不是只有一条道路,更没有一条标准的道路,中国及其教育现代化的成功实践,证明了现代化存在多种通道和实现形式,充分彰显了中国现代化成功的世界意义。

———————————

① 数据来源:联合国开发计划署有关教育预计学历(年)http://hdr.undp.org/en/data#;1990 年数据统计的国家数为 172 个;2015 年数据统计的国家数为 191 个。
② 费正清:《美国与中国》(第四版),世界知识出版社 2000 年版,第 132—134;451 页。
③ 费正清著,薛绚译:《费正清论中国:中国新史》,正中书局 2001 年版,第 492—493 页。
④ 罗纳德·哈里·科斯,王宁著,徐尧,李哲民译:《变革中国:市场经济的中国之路》,中信出版社 2013 年版,第 1,206—210 页。

教育现代化是中国教育改革开放的一贯主题

实践表明,改革开放以来中国教育的改革发展史,就是一部教育现代化的探索史、奋斗史,是一部中国特色社会主义教育现代化的跃进史。

1983 年邓小平为北京景山学校题词,"教育要面向现代化,面向世界,面向未来"。这集中反映了中国人民对教育发展的憧憬和决心,为中国教育的改革发展确立了思想基础和战略方向。

1985 年《中共中央关于教育体制改革的决定》明确了社会主义教育现代化建设的宏伟任务:"不但必须放手使用和努力提高现有的人才,而且必须极大地提高全党对教育工作的认识,面向现代化、面向世界、面向未来,为九十年代以至下世纪初叶我国经济和社会的发展,大规模地准备新的能够坚持社会主义方向的各级各类合格人才。"

1993 年中共中央、国务院印发了《中国教育改革和发展纲要》,进一步明确了我国教育改革发展的目标:"再经过几十年的努力,建立起比较成熟和完善的社会主义教育体系,实现教育的现代化。"

2010 年 7 月,《国家中长期教育改革和发展规划纲要(2010—2020 年)》明确提出:"到 2020 年,基本实现教育现代化,基本形成学习型社会,进入人力资源强国行列。"该纲要要求为国家基本实现现代化提前做好人力资源准备。

2017 年中共第十九次代表大会再次强调:"建设教育强国是中华民族伟大复兴的基础工程,必须把教育事业放在优先位置,加快教育现代化,办好人民满意的教育。"中共十九大报告进一步强调了实现教育现代化的紧迫感。

总而言之,教育现代化始终是中国教育改革发展的一贯主题和鲜明旗帜,已经成为凝聚全国各方面的力量优先发展教育的理想追求和精神动力,其不仅为实现工业、农业、国防、科学技术的现代化提供了人才保障和智力支持,而且对建设富强民主文明和谐美丽的社会主义现代化国家具有决定性意义。

改革开放持续深化是教育现代化的强大动力

中国教育的现代化始终是和改革开放相伴随行的。教育现代化为教育改革发展确立了总体方向,改革开放既为教育现代化的实现提供了强大动力,也为中国教育现代化迅速推进指明了基本路径。

1977 年恢复高考制度,派遣留学生出国,吹响了中国改革开放的号角。此后,教育改革在整个国家改革开放的背景下逐步展开并不断深化,经过 1977—1985 年的拨乱反正,1985—1993 年的全面启动,1993—2010 年的全面深化,2010 年以来教育综合改革的深入推进,开创了具有中国特色社会主义教育现代化的崭新局面。

1977—1985 年解放思想、拨乱反正。从 20 世纪 50 年代后期开始,由于全党工作重点一直没有转移到经济建设上来,同时因受到"以阶级斗争为纲"的"左"的思想的影响,教育事业不但长期没有被放到应有的重要地位,而且在历次政治运动中遭到频繁冲击。"文化大革命"更使这种"左"的错误走到否定知识、取消教育的极端,从而使教育事业遭到严重破坏,广大教育工作者遭受严重摧残,不仅耽误了整整一代青少年的成长,而且使我国教育事业同世界发达国家之间在许多方面本已缩小的差距又被拉大了。中共十一届三中全会以后,经过指导思想的拨乱反正,党中央对教育工作做出了一系列新的论断和决策,我国教育事业才得以恢复,重新走上蓬勃发展的道路。

1985—1993 年教育改革全面启动。冰冻三尺非一日之寒。改革开放初期,轻视教育、轻视知识、轻视人才的错误观念还广泛存在,教育战线"左"的影响仍没有完全克服,教育工作不适应社会主义现代化建设需要的局面短期内还没有根本扭转。面对我国对外开放、对内搞活,以及经济体制改革全面展开和世界范围新技术革命正在兴起的形势,我国教育事业的落后和教育体制的弊端就显得更加突出。特别是在教育事业管理权限的划分上,政府有关部门对学校尤其是对高等学校管得过多、统得过死,导致各级各类学校缺乏应有活力;而政府应该加以管理的事情,又没有很好地管起来。在教育结构上,基础教育薄弱,学校数量不足、质量不高,合格的师资和必要的设备严重缺乏;经济建设大量急需的职业和技术教育没有得到应有发展;高等教育内部的学科、专业结构及办学层次比例失调。与此同时，各级各类学校都普遍存在课程内容陈旧，教学方法死板，教学手段单一，以及实践环节被严重忽视等状况，不同程度脱离了经济和社会发展的需要，落后于当代科学文化的发展。为此，《中共中央关于教育体制改革的决定》明确指出："要从根本上改变这种状况，必须从教育体制入手，有系统地进行改革。"该决定也确立了"教育为社会主义建设服务，社会主义建设依靠教育"的基本方针，那就是要从教育体制改革入手，以简政放权、扩大学校的办学自主权为核心，相应地改革劳动人事制度，使各级各类教育主动适应经济和社会发展的多方面需要的意识和能力得到显著提高。

1993—2010年教育改革全面深化。这一时期，经过拨乱反正和各项教育改革的逐步展开，九年义务教育开始有计划、分阶段地实施，职业和技术教育得到相当程度的发展，高等教育发展较快，初步形成了多种层次、多种形式、学科门类基本齐全的体系；形式多样的成人教育和民族教育也得到很大发展；农村基础教育实行地方负责、分级管理的体制取得了明显效果。但是，我国教育在总体上还比较落后，尚不适应加快改革开放和现代化建设的需要；教育的战略地位在实践中还没有完全落实；教育投入不足，教师待遇偏低，办学条件较差；教育思想、教学内容和教学方法不同程度脱离实际；学校思想政治工作存在明显薄弱环节；教育管理体制及运行机制显得还比较僵化。为此，中国共产党第十四次全国代表大会明确提出，"必须把教育摆在优先发展的战略地位，努力提高全民族的思想道德和科学文化水平，这是实现我国现代化的根本大计"。为了落实这一重大战略部署，中共中央、国务院印发了《中国教育改革和发展纲要》，首次提出"国家财政性教育经费支出（包括：各级财政对教育的拨款，城乡教育费附加，企业用于举办中小学的经费，校办产业减免税部分）占国民生产总值的比例，本世纪末达到百分之四"；同时决定"教育体制改革要采取综合配套、分步推进的方针，加快步伐，改革包得过多、统得过死的体制，初步建立起与社会主义市场经济体制和政治体制、科技体制改革相适应的教育新体制"。这一纲领性文件的颁行，促进了中国教育迈上了国际化、终身化、多元化办学的新台阶。

2010年以来教育进入综合改革新阶段。经过30多年的艰苦奋斗，我国教育体制逐步完善，办学水平不断提高。21世纪第一个十年，城乡免费义务教育全面实现，职业教育快速发展，高等教育进入大众化阶段，教育公平迈出重大步伐。但是，面对经济全球化深入发展,科技进步日新月异,人才竞争日趋激烈的新形势,以及面对经济升级和社会转型对教育提出的新要求,中国教育还面临一系列重大挑战,存在诸多深层矛盾。主要表现在:教育观念相对落后,内容方法比较陈旧,中小学生课业负担过重,素质教育推进困难;学生适应社会和就业创业能力不强,创新型、实用型、复合型人才极其紧缺;教育体制机制不完善,学校办学活力不足;教育结构和布局不尽合理,城乡、区域教育发展不平衡,贫困地区、民族地区教育发展相对滞后;教育投入不足,教育优先发展的战略地位尚未得到全面落实。为此,需要通过深化教育综合改革,特别是重点领域和关键环节的改革,以立德树人为根本任务,以改革创新为强大动力,以促进公平和提高质量为战略重点,以推进考试招生制度改革和深入推进管办评分离为重要抓手,着力培养创新型、复合型、实践型和国际性人才。对此,2010年由中共中央、国务院颁布的《国家中长期教育改革和发展规划纲要(2010—2020年)》作出了全面部署,也由此开启了从教育大国迈向教育强国、实现内涵式发展的新征程。

新时代为教育现代化开辟了更加广阔的前景

2017年中国共产党第十九次全国代表大会胜利召开,开启了中国特色社会主义新时代。大会作出了我国社会主要矛盾已经转化为人民日益增长的美好生活需要和不平衡不充分的发展之间的矛盾的历史判断,提出了分两个阶段的奋斗目标:即从2020年到2035年,在全面建成小康社会的基础上,再奋斗十五年,基本实现社会主义现代化;从2035年到本世纪中叶,在基本实现现代化的基础上,再奋斗十五年,把我国建成富强民主文明和谐美丽的社会主义现代化强国。

中国未来发展、中华民族伟大复兴,关键靠人才,基础在教育。强国必先强教,中共十九大报告明确提出,建设教育强国是中华民族伟大复兴的基础工程,强调要把教育事业放在优先发展位置,加快教育现代化,办好人民满意的教育。这为新时代中国教育改革发展确立了新方位,提出了新目标,指明了新路径。面向2035乃至2050年,教育必须坚持全面深化改革,坚决破除一切不合时宜的思想观念和体制机制弊端,突破利益固化的藩篱,吸收人类文明有益成果,尊重教育规律和人才成长规律,在教育结构和教育布局优化上作出更大努力,在教育公平和教育质量提升上迈出更大步伐,在激发教育活力上采取更有力的措施,系统创新人才培养模式,全面提高个性化、多样化、高质量教育服务的供给能力,坚持中国特色社会主义教育道路,不断推进教育治理体系和治理能力的现代化。

总结经验,面向未来,走向世界

改革开放 40 年来中国教育发生的巨大变化,提高了全民素质,增强了综合国力,造福于亿万人民。回顾中国教育改革开放的历史进程,分析各重要历史阶段面对各种复杂问题的解决之道,总结教育破浪前进的成功经验,深刻认识蕴藏于现象后的规律性特征,对丰富和发展中国特色社会主义教育理论体系,坚定中国特色社会主义教育道路自信具有不可替代的重要意义。为此,我们组织编写了这套"教育现代化的中国之路——纪念教育改革开放 40 年"丛书,并列为上海社科"改革开放 40 年"研究系列项目重点课题。丛书以中国特色社会主义教育现代化为价值引领,以历史进程为经,以重大事件为纬,分为 10 卷,为总结各级各类教育理论创新、制度创新、政策创新和教育事业跨越式发展的成就和经验进行系统尝试,为构建具有中国特色的教育理论体系和话语体系作应有的努力。

理论研究的任务不仅是为了认识世界,更是为了改造世界。认识规律的最终目的是为了引领实践。中国教育已经完成了从教育弱国向教育大国的转变,如何从教育大国向教育强国迈进,任务更艰巨,事业更伟大。面对信息化、网络化、数据化的扑面而来,面对充满了不确定的未来,加深对教育规律的认识,加强对人才成长成才规律的认识,才能够继往开来,加快教育现代化步伐,办更加公平、更高质量、更具活力的教育,沿着中国特色社会主义的正确道路不断前进。

中国教育的成就不仅造福于中国人民,而且为世界的教育创新作出了自己的贡献。实现教育现代化没有可以照抄照搬的路径和模式。中国教育改革开放 40 年来,我们坚持积极学习借鉴世界先进理念和成功经验,坚持尊重教育规律,坚持扎根中国大地办教育,成功地开辟了一条在一个人口众多、发展不平衡、整体发展水平很低的国家,跨越式发展实现教育现代化的道路。总结 40 年教育改革开放的历程,可以为世界实现教育现代化提供中国经验和中国智慧,也可以为加快我国教育现代化,日益走近世界舞台中央、不断为人类作出更大贡献添薪助力。

丛书总主编袁振国

2018 年 5 月

目 录

第四章

教学方法与教学技术 / 99

第五章

教学模式与教学策略 / 129

第六章
学生学习方式的演变 / 163

导言：从"教为中心"到"学为中心"

在中国特色社会主义新时代回顾我国改革开放 40 年来的教学改革，可以看出一条清晰的脉络：教学方式从强迫灌输到引导探究，学习方式从被动接受到主动学习，教学关系从"教为中心"到"学为中心"，这些持续不断的改变，其实质是从传统教学向现代教学的转变，这些改变和转变，构成了中国改革开放 40 年来教学改革的主旋律，同时也是落实十九大提出的"加快教育现代化"要求的可靠基础和重要前提。

改革开放之初，是在效率优先的理念下追求教学"提速"，而后在科学化理想下以实验推动教学改革，接下来在新课程改革的背景下，也是在教育公平和质量的诉求中逐步走向开放互动、合作探究，而今，学习科学的"深度学习"理念，又将中国教学改革引向新的境界。从 40 年来走过的这一历史轨迹中，我们既能看到教学改革者对他山之石的渴求，急于建功立业的焦虑，也能看到他们勇于担当的情怀和锐意开拓的本土原创精神。当然，改革不可能一蹴而就，传输之教、记问之学仍有相当大的市场，与开放互动的变革旋律构成此消彼长的"二重奏"。然而，我们有理由深信：以学习为中心并高度关注开放互动、探究体验、合作共生的现代教学，必将成为中国课堂变革与立序的主流。

一、从寻找 PISA 测试成功的秘密说起

2010 年 12 月 8 日，国际学生评估项目（Programme for International Student Assessment，PISA）测试全球第一的成绩，把上海推到了世界基础教育的聚光灯下：许多国家在发布本国成绩的同时都不惜重墨对上海学生的优异表现加以评说。整整一年来，先后有 30 多个国家、60 多家新闻媒体走进上海，选择到最普通的学校，沉浸式地体验师生的学习生活，研究上海学生优异成绩背后的奥秘。[①]

---

① 尹后庆：《让每一所家门口学校都优质》，《中国教育学刊》2012 年第 1 期，第 13—15 页。

2013 年 12 月 3 日,经济合作与发展组织(OECD)全球同步发布 PISA2012 测试结果,上海没有悬念地蝉联第一:数学 613 分(比第二名新加坡高 40 分)、阅读 570 分(比第二名香港高 25 分)、科学 580 分(比第二名香港高 25 分),各项都比平均值高出一倍以上。

西方人士对上海学生的出色表现感到诧异,纷纷来上海探寻其中的奥秘,国内相关人士也给出了不同的答案。

尹后庆在《超越上海:美国应该如何建设世界顶尖的教育系统》一书的序言中写道:PISA 测试结果,促使上海进一步思考和总结了原有的一些政策和做法:第一,推进基础教育课程改革,上海的"二期课改"方案,在强调基础知识和基本技能的基础上,设置了基础型、拓展型、研究型三类课程,在保证促进学生基本素质形成和发展的同时,培养、激发和发展学生的兴趣爱好,开发学生的潜能,促进学生个性发展,培养学生发现和提出问题、探究和解决问题的能力以及自主和创新精神、研究与实践能力、合作与发展的意识。第二,努力办好每一所学校,通过建立教育集团、创建委托管理机制、中心城区和郊区结对发展等举措促进校际均衡。第三,大力发挥教研制度在普遍提高教育质量和教师专业发展水平中的作用。第四是加强教师继续教育,注重制定分层分类的教师专业发展计划。[①]

2011 年,哈佛大学教育出版社出版了马克·塔克主编的《超越上海:美国应该如何建设世界顶尖的教育系统》,香港学者程介明撰写了其中关于上海的一章,他在《从上海那里能学到什么》的标题下,总结出如下经验:一是制定一套能够得到广泛支持的、进取的以及清晰的改革目标;二是改革必须要触及文化传统,文化传统与政策干预这两个因素是交织在一起的;三是"教"和"学"是重要的,"除非能够影响到学生所接受到的教学,以及他们最后学习到的东西,否则任何的结构、政策、标准和经费支持都不会产生任何影响","关注学习其实就是真正的'回归基础'";四是要有一套协调而全面的改革方案,课程与教学的改革也只是整个教育改革的一部分;五是建设一个有能力、有权威的行政中心;六是高利害的公开考试;七是落实相关的行政问责、客户(学生和

---

① [美]马克·塔克主编,柯政译:《超越上海:美国应该如何建设世界顶尖的教育系统》,华东师范大学出版社 2013 年版,第 2—5 页。

家长)问责和专业问责制度。①

也有论者认为：根据 PISA 测试的数据及性质可以看出，上海学生的优异成绩主要得益于中国教育中"学而时习之"、"举一反三"和"博闻强识"的文化传统。这种传统非常有利于包括"记忆"、"理解"和"应用"在内的低阶思维的发展，由之而来的操练也有利于提高答题效率，这也是儒家文化圈中其他国家同样表现不俗的原因。但这种传统不利于高阶思维发展以及批判性思维的形成，而 PISA 本身也无法考察批判性思维，所以我们的基础教育更应思考如何在高阶思维和批判性思维上取得突破，以提升整个民族的创新力。②

梳理上述学者的观点，其与本书主题最为相关的经验，一是关注学习，无论是"学而时习之"、"举一反三"和"博闻强识"的重教传统，还是现实中在巨大的升学压力之下对学习和考试的高度重视，都反映了上海(其实也是全中国)基础教育对学习的高度关注；二是在持续的基础教育课程改革中进行教学的改革，或称"课堂的变革"，按照世界银行教育专家的总结，"以改进教学、追求卓越教学为重点"就是上海成功的三大秘诀之一；三是有一套旨在改进教学、提高教育质量、促进教师专业发展的教研制度，根据尹后庆的概括，健全三级教研网络、实施校本教研、不断转变教研方式，是上海基础教育学校改革与发展的主要举措，也是不断改进课堂教学、提高教学质量、促进教师专业发展的制胜法宝。

也许，对上海学生何以能在 PISA 测试中取得优异成绩的任何一种回答都难免以偏概全，完整的答案应该包含在本书将要逐一展开的内容之中。

二、 教学改革带来从教到学的重心转移

教学领域 40 年的改革，从自发到自觉、从重教到重学、从被动接受到主动学习，既是重心的转移，也是文化的改变。

---

① ［美］马克·塔克主编，柯政译：《超越上海：美国应该如何建设世界顶尖的教育系统》，华东师范大学出版社 2013 年版，第 46—51 页。

② 吴刚：《上海的 PISA 测试全球第一的奥秘何在——基于中国教育文化传统的视角》，《探索与争鸣》2014年第 1 期，第 68—73 页。

1. 从自发到自觉,教学改革 40 年持续不断

教学作为教育系统中最微观最日常的活动,其改革举措、创新设想往往源自本心,呈现出一种自发的状态。如钱梦龙,只有初中学历的他,完全依靠自学获得了在中学任教语文的资格,不久后还担任语文教研组长,并于 1956 年起执教高中语文。这一段自学经历,使他决心在语文教学中抛弃"教师讲,学生听"的传统教法,而采取一种以鼓励学生自学为主的新方法,这种方法被他命名为语文讲读课"基本式",后来发展成为"三主四式语文导读法"。"当时没有任何教育理论武装的我想得挺简单:自学既然能使仅有初中学历的我当上中学教师,自学一定也能使我们学生成为合格的中学生——想不到我因为幼稚而产生的这种别出心裁的怪念头,竟成了我三十多年来语文教学改革的重要课题。"①再如江苏洋思中学校长,他在听课过程中发现教师的讲课有很多不准确的地方,就说你们这还不如让学生自己学呢!一种"先学后教"的模式就此诞生。

这些自动自发的革新者,是我国改革开放以来教学改革的先行者,随着他们的专业声望日重,或者随着他们走上校长、局长、研究院(所)负责人等领导岗位而能够发挥出更广泛的影响力,带动越来越多的教师加入教学改革的行列。另一方面,随着国家政策越来越关注课程、教学、教师发展、学校特色发展等中微观领域的改革,改革者也越来越自觉地从所在学校、所在区域自身发展的近期需求和长远战略需求出发,思考、设计和推进教学改革,从而使教学改革有了越来越强大的内动力和内生力。越来越多的教师开始自觉地关注新课程、核心素养、新高考乃至未来学校发展,就是明证。

2. 从重教到重学,教学改革实现重心转移

首先要申明的是:重教未必一定轻学,反之,重学未必一定轻教。按照中国的教学文化传统,"学"和"教"是互通的,说到"教",其中必包含如何学,说到"学",必包含如何教。《礼记·学记》曰:"善学者,师逸而功倍,又从而庸之;不善学者,师勤而功半,又从而怨之。""善歌者,使人继其声;善教者,使人继其志。"《学记》名之为"学",但实际上既讨论"教"又探讨"学";不仅讲学习者的"学",也讲教者的"学",即所谓"教学半",或"教学相长"。

---

① 钱梦龙:《不甘心于仅仅捡几枚贝壳——回顾我的教学生涯》,《中国教育学刊》1988 年第 6 期,第 22—24 页。

改革开放以来的 40 年间,的确可以说是一直存在重教轻学的现象,突出地表现为两点:一是中考高考考什么,学校和教师就教什么,是典型的"只问收获不问耕耘";二是教师的教学设计一般是以"如何教"为出发点的,教师如何教就决定了学生如何学,是典型的"以教定学"。这一现象存在的原因,既有当下应试的压力,又是以往"教为中心"的惯性使然。不过,为改变这一现象,改革者一直在持续不断地努力,教学从重教转向重学的思想也越来越深入人心。

可从三个方面来描述这种重心的转移:一是新一轮课程改革中课程设置走向多样化,以满足学生个性化发展需要,以及聚焦核心素养的各科课程标准的修订,都有以学为主的明确导向;二是在中国知网对已发表文献量进行统计,输入主题词"中小学"和篇名"学习",得到的数据是:2007 年之后 10 年间相关文献发表量是之前 30 年总量的两倍,这表明直接探讨学习问题已经成为研究的热点;三是"先学后教"、"以学定教"成为热门词汇,宣称"先学后教"的洋思中学、东庐中学、杜郎口中学几乎成为全国各地学校参观、学习和模仿的"圣地",从侧面反映出人们对以学生为主角、以学习为中心的教学形态的特别关注。事实上,比"先学后教"的表述更准确的是"以学定教",如同有论者所言:"教师不仅要有'以学定教'的理念,更应掌握'以学定教'的教学要求,并在教学中通过先学后教、多学少教、会学不教等方式实现'以学定教',从而使教学促进学生的有效发展。"[1]

3. 从被动接受到主动学习,本质上是教学文化的改变

《学记》对当时那种强迫灌输、一味赶进度、让学生死记硬背的教学方法多有批判,如"今之教者,呻其占毕,多其讯言,及于数进而不顾其安,使人不由其诚,教人不尽其材,其施之也悖,其求之也佛",而称赞和鼓励那些"其言也,约而达,微而臧,罕譬而喻",能"使人继其志"的"善教者"。可见,中国古代的教学文化并不全是以被动接受式学习为特征的,是后来的八股取士在一定程度上强化了被动学习。而在近 40 年中,真正把学生被动接受式学习推到无以复加地步的是升学主义的教育观念及巨大的升学压力。可以说,强制灌输、死记硬背、无休止地"刷题",是一种扭曲的教学文化。今天的教学改革,一方面,要把中国教学文化传统中那些迄今仍熠熠生辉的有价值的思想,

---

[1] 刘桂辉:《论"以学定教"的教学意蕴及实现》,《教育理论与实践》2016 年第 11 期,第 52—54 页。

如博学审问、慎思明辨、知行统一、因材施教等继续发扬光大；另一方面，也要对现代教学思想予以充分的发展，例如体现科学精神的探究与实验，体现民主意识的师生平等、对话合作，体现公平正义的尊重差异等。

三、 教学领域改革开放 40 年精彩纷呈

本书尝试为读者展开一幅长达 40 年的教学改革画卷。我们深知这是一个几乎无法完成的艰巨任务，但我们很愿意以这样一种方式来纪念我们经历过并且还在经历的这次大变革。

1. 40 年教学改革的脉络、变化与成就

本书将教学改革置于 40 年教育改革的大背景之下，考察其发展历程及演进脉络，以重大政策昭示、开启和转换的重要节点来梳理教学改革 40 年发展线索，尝试对我国教学改革 40 年发展阶段进行如下划分：

1978—1985 年，是我国教学改革在思想和方法上对外引进学习、对内"破旧立新"的阶段；1985—2000 年，是教学方法、手段、模式在各个学科全面展开实验探索的阶段；2000—2010 年，是教学作为课程实施基本途径引导学生参与、实践、探究的阶段；2010 年发布《国家中长期教育改革和发展规划纲要（2010—2020 年）》至今，我国教学改革进入到注重学思结合、知行统一、因材施教的全面深化阶段。

40 年来，教学改革每前进一步，都带来了教学价值取向、教学目标、教学内容、教学方法和技术、教学模式和策略、教学评价、学生学习方式、师生关系及教学文化上的明显变化。随变化而来的，是这 40 年间教学改革所取得的成就，即为实现国家"多出人才，出好人才"战略开展了实验，探寻了高效率教学之路；为落实新课程理念和目标探索了多样化教学模式与策略；为"教好每一个学生"探寻了教育公平之路；为落实国家创新驱动战略、建设社会主义现代化强国探寻了创新人才培养模式、营造了新的教学文化；为中国教育教学的可持续发展打造了一支敬事业、爱学生、愿学习、善思考、能研究、会创新的教师队伍。

在完成了时间维度上的大致勾勒之后，本书接下来的各章，将从不同维度、不同层面向读者展示中国教学改革 40 年的丰富内涵。

2. 在不息的争鸣中不断前行

教学改革的推进，伴随着教育研究者对教学问题持续不断的争鸣。改革开放以来，我国教育领域曾有过多次争鸣，其中聚焦到教学层面的争鸣主要有：对知识与智力、能力的探讨，对智力因素与非智力因素的探讨，对因材施教与全面发展的探讨。每一次探讨未必都有一个应然的结果，但可喜的是，通过回顾这三次争鸣，我们可以发现，在论争的过程中，教学改革在悄悄推进。在经历了知识与智力、能力之争后，教育研究者意识到传统教学对学生智力、能力发展的关注不足；在智力因素与非智力因素之争中，教育研究者逐渐关注到非智力因素对学生学习的影响；在因材施教与全面发展之争中，学者们对因材施教和全面发展的理解逐渐深入。

3. 从目标、内容、方法到评价的全面改革

教学改革的发生必然离不开教学价值和教学目标的改变，对改革开放以来的教学改革的梳理，自然离不开对教学价值和教学目标的回顾。虽然一直以来，学者们对教育教学价值的分类以及教育教学目标的分类难以形成统一的标准，但大致还是可以将改革开放以来我国的教学价值取向变化归纳为"效率优先，兼顾公平"的重效率阶段和"公平导向下的均衡发展"的重公平阶段。而教学目标则实现了从重双基到重素养的转变，可以大致归纳为"强调效率，恢复与重建教学系统"、"落实双基，以智力和能力发展为主"、"推行素质教育，关注人的主体性"、"提升素养，关注人的生命价值"四个阶段。

在新的取向和目标指引下，教学的方方面面都在发生重要的变革：教学内容从"授受之文本"转变为"建构之载体"；教学方法和技术，从口耳相传发展为线上线下相结合；教学模式、策略等组织形式，从单向封闭走向多样开放；教学评价，从重选拔到重发展，成为多元、绿色及素养为重的当代教学评价实践。

4. 教学在改变，师生在成长

从自上而下的国家和地方的教研制度，到自下而上的校本教研，这一特别中国化的基层研究方式，不仅起到了推动教学和课程改革的作用，还发挥出了促进教师专业成长、形成教师组织文化的特殊功能。这也是上海学生在 PISA 测试中能取得优异成绩的秘诀之一。我国的教师专业发展，也在 40 年中走出了一条清晰的轨迹：从"三段论"（理论学习—观摩考察—实践研究）式的教师培训，到注重合作的参与式培训，再到

教研、培训、科研三位一体的校本研修,趋势是从制度化到"无痕化",最终,无需制度约束,教师也能自觉开展校本研修,且开展校本研修成为他们专业生活的基本方式。

随着教学改革的推进,学生的学习者主体地位逐渐得到确立和强化,其学习方式也从被动接受转向主动探究与发现,从个体学习转变为小组合作学习,从传承性学习转变为创新性学习,课堂越来越成为学生学习的主阵地。学习方式的转变尤其是小组合作的出现,实现了学生从对抗到共赢、从竞争到合作、从独学到共学的改变。如果说从"被动学"到"主动学"是学习状态的改变,那么,从"要我学"到"我要学"则是学习心态的改变,心态的改变甚至比状态的改变更加重要。

一言以蔽之,教师和学生在持续的教学改革进程中,实现了凡是教育改革都应该达到也完全可以达到的目标——共同成长。

5. 走向以学习为中心的未来

技术的发展给我们的生活带来了极大的变化,教育领域亦呈现出了新面貌:互联网技术的兴起,将主动探究式学习、个性化学习和碎片化学习带入人们的日常生活,推动着学习者主动学习;人工智能技术的发展,为学习交互甚至是因材施教的学习交互提供了保障。在技术的支持下,学习不再有固定的时间、空间、内容限制,学习者可以根据自己的需求,在任何时间、地点学任何自己想学的内容,获得自己所需的指导,学习者在学习中的中心地位将日益得到凸显。

未来课堂,亦将凝聚40年教学改革经验,实现教师角色从知识的传授者到学生学习的指导者,学生角色从知识的接受者到知识主动建构者的转变,凸显学习者的中心地位,促进学习者主动学习。在学习科学的指导下,人们将对认知过程有更完善的认识,而促进深度学习的对话式学习、探究式学习、合作学习等学习方式也将进驻课堂,成为课堂教学的常态。除此之外,课堂教学将逐步实现教学过程公平,在公平理念的指引下,教学过程将更有活力,进而推动实现"让每一个孩子在教育中都能得到足够的爱与尊重"的理想。在未来学校方面,终身教育和学习化社会将成为学校变革的主要背景,未来的学校在保留传统教育注重系统化教学的优势的同时,也将把社会中的一切有利资源引入学校,虚化学校围墙,与社区、家庭构建共同体,形成多元开放的学校格局。

第一章

教学改革40年发展脉络、变化与成就

　　从教育面向现代化,到走向教育现代化,再到十九大提出的"加快教育现代化",改革开放 40 年来,教学作为最日常、最微观、持续最久的活动,其迈向现代化的改革静水流深,内涵丰富、内力充沛、一往无前,值得咀嚼、值得品味、值得深入探究。本章将以最概略的方式对我国教学改革 40 年来的发展脉络、重要变化及主要成就进行梳理和阐述。

一、 40 年来中国教学改革走过了怎样的历程

　　我国改革开放以来教学改革经历了哪些阶段,各有何特点,目前学界尚无定论。有论者以改革重心或方向的转换为标志,指出教学改革先后经历了以基础知识和基本技能为中心、以智力和能力发展为方向、以素质教育为主题、以人的全面发展和生命价值为出发点等若干发展阶段。[1] 也有研究者认为改革开放以来,首先出现的是以效率为取向的局部或散点式教学改革,继而开始了以科学化为追求的教学实验探索,随着新一轮基础教育课程改革的兴起,"三维目标"成为教学改革的关注焦点,随后的重心则是在学校转型性变革的整体思路下开展教学改革。[2] 本书将教学改革置于 40 年教育改革的大背景之下,考察其发展历程及演进脉络,以重大政策昭示、开启或转换的重要节点来梳理教学改革 40 年的发展线索,对教学改革发展阶段及其特征分期如下。

　　（一）教学思想和方法的对外引进学习、对内"破旧立新"阶段（1978—1985）

　　改革开放之初,"文化大革命"遗留下来的政治、思想、文化以及经济方面的问题还很严重,改革的首要任务就是解放思想。通过解放思想,我国实现了三个重大转变,即

---

① 张蓉,洪明:《我国中小学教学改革 30 年历程回顾》,《基础教育》2012 年第 5 期,第 75—80 页。
② 杨小微:《教学的实践变革与理论重建:30 年再回首》,《课程·教材·教法》2010 年第 9 期,第 27—31 页。

从以阶级斗争为纲转变到以经济建设为中心，从封闭、半封闭状态转变到对外开放，从墨守成规转变到大胆改革。邓小平在1978年召开的全国科学大会上指出，"四个现代化的关键是科学技术现代化"，"科学技术人才的培养，基础在教育"。1982年召开的中共第十二次全国代表大会，把教育和科学作为实现今后20年经济发展目标的三大战略重点之一。1977年高考制度的恢复，不仅是加快人才培养的需要，更是带动整个教育制度乃至社会制度变革的最关键的节点之一，是教育体制恢复与重建的突破口。以高考制度的恢复为标志，教育界成为当时全国最早最全面推进思想解放、拨乱反正的战线之一，尊重知识、尊重人才的现代化理念被纳入制度化的轨道并为全社会所接受。1978年，教育部重新颁发了《全日制小学暂行工作条例（草案）》《全日制中学暂行工作条例（草案）》，全面恢复"文革"前的教育体制，确定了中小学的基本学制和课程设置，使基础教育迅速摆脱了混乱局面，重新回到正常发展的轨道。

自20世纪中叶开始，西方国家的教育教学改革呼声此起彼落，也出现了很多教育教学理论流派。改革开放以前，我国对西方的教学理论和改革缺乏了解。改革开放不仅给中华民族的振兴带来了希望，同时也在教育界掀起了学习西方教育教学理论的热潮，外国的教育教学理论和流派纷至沓来，闯进了中国教育界。与此同时，我国的教育理论工作者也开始认识到我国以往教育理论的僵化性、保守性、贫乏性以及与时代发展潮流之间的巨大鸿沟，从而对具有强烈时代精神的国外的各种新教学理论产生了共鸣和认同感，促进了外国教学理论和流派在我国的传播。

1978年，在《外国教育资料》杂志上，邵瑞珍介绍了布鲁纳的结构课程理论和发现式教学，杜殿坤介绍了赞科夫以维果茨基的"教学要走在发展的前面"理论为指导的长达十数年的小学教学新体系实验研究，这一坚持长期实验的精神也影响了国内相当一部分有识之士，大家纷纷效法。此后，大量国外的教学理论被介绍到我国，其中对我国的教育教学理论研究和实践产生较大影响的主要有：赞科夫等人的发展性教学思想、布鲁纳的结构课程理论、巴班斯基的教学过程最优化理论、洛扎诺夫的暗示教学理论、布卢姆的掌握学习理论、奥苏贝尔的有意义言语学习理论、罗杰斯的非指导性教学理论、瓦根舍因的范例教学理论以及加涅的信息加工学习理论等。这一时期我国学者翻译出版了一大批国外有关教育教学理论和思想的书籍，如杜殿坤等人翻译了苏联赞科夫的《教学与发展》和苏霍姆林斯基的《给教师的建议》，邵瑞珍等人翻译了美国布鲁纳的《教育过程》等。这些教学理论和思想对于我们了解国外教育教学理论研究和改革的最新动态,开阔视野,树立符合时代精神的现代教学观念,促进我国的教学理论研究发展和教学改革,缩短与国外教学理论研究的差距等,具有积极的作用。

初时的研究也曾引起过一阵子比较盲目的"模仿热",发现法、暗示教学法、掌握学习法、合作学习等都有过移植性的实验,但是人们很快发现,每一种方法都有其局限性和特定适用范围,每一种理论都有其特定的立场和产生的背景。于是,引进开始走向深层,研究者开始重视对国外教学论各流派的整体研究以及各流派之间的相互比较,同时他们也开始考虑这些流派的思想和方法生成的特定的经济、政治和文化背景,进而分析判断引进的合理性与可行性。

实践界开始自发自觉地进行教学方法手段改革的探索。1977 年全国恢复高考之后,中小学教学工作走上正轨,经过短暂的教学规范重建,很快转到对质量和效益的高度关注中。以效率为中心的教学,其基本特征是关注知识的结构化以及学生智力、能力的发展,相关的突出表现是:一些学科教学改革研究的成果大大缩短了学科教学年限。如北京幸福村中心一小(现朝阳实验小学)马芯兰老师在思维品质发展理论指导下探索出来的小学数学教材教法改革实验,只用三年时间就教完了小学五年教材的全部内容;广东星海音乐学院赵宋光教授以多学科理论(完形心理学、操作内化理论等)为基础,重新梳理知识系统,更新教学方法,形成了一套全新的小学数学教学体系——"综合构建法数学教学新体系",仅用两年半时间就完成了六年制小学数学教学任务;[1]更有一些研究者开始思考是否从三年级起开设数学课程,以免数学单科突进导致小学课程体系结构失调。

效率成为教学改革核心价值取向的主要原因,一是国家对人才的急切需求,"多出人才"、"快出人才"的诉求激励研究者们大胆追求获得教育高效率的捷径;此外,也受到了苏联缩短小学学制(曾一度由四年改为三年)做法的影响。这一时期的教学改革,尽管只有少数人参与,但也激发了人们的研究热情,推动教学改革以点带面地展开。

---

[1] Yang, X.-W. The reinterpretation of experiment methodology in education. *Frontiers of Education in China*, 2007, 2(3), pp. 349－365.

（二）教学方法、手段、模式在各个学科全面展开实验探索阶段（1985—2000）

《中共中央关于教育体制改革的决定》（1985）明确指出了当时教育存在的种种问题和弊端："在教育思想、教育内容、教育方法上，从小培养学生独立生活和思考的能力很不够，发扬立志为祖国富强而献身的精神很不够，生动活泼地用马克思主义思想教育学生很不够，不少课程内容陈旧，教学方法死板，实践环节不被重视，专业设置过于狭窄，不同程度地脱离了经济和社会发展的需要，落后于当代科学文化的发展。"并阐明："改革教学内容、教学方法、教学制度，提高教学质量，是一项十分重要而迫切的任务。要针对现存的弊端，积极进行教学改革的各种试验。"虽然这段话是指向高等教育的，但其精神同样适合于基础教育领域的改革。

1986年，我国颁布了《中华人民共和国义务教育法》，要求"依法实施义务教育的学校应当按照规定标准完成教育教学任务，保证教育教学质量"。并指出，"国家鼓励学校和教师采用启发式教育等教育教学方法，提高教育教学质量"，"教师在教育教学中应当平等对待学生，关注学生的个体差异，因材施教，促进学生的充分发展"。值得一提的是，《义务教育法》十二次提到"教学"，而仅提到"学习"一次。

随即出台的《义务教育全日制小学初级中学教学计划》（初稿）也指出，"当前，中小学教育比较普遍存在的问题是：教学内容偏多偏深，脱离多数学校、多数学生实际，学生分化严重，教育质量不高。课程结构不够合理，社会科学、艺术、劳动技术课薄弱，学生所学的知识面窄，不完整。学生课业负担较重，影响了德、智、体全面发展"。"造成上述状况的原因很多，而现行教学计划、教学大纲和教材存在的问题，也是原因之一"。[①] 在这个新的计划中，把活动课纳入课程体系，把小学劳动课、初中劳技课列入课表，在义务教育阶段引入职业技术教育，给地方安排课程的自主权，把小学自然课提前到一年级，设置综合课程等新举措，正是为了克服上述弊端、不断提高教学质量，为学生毕业后走上生产劳动岗位做好准备。

围绕教学方法展开的改革研究为数众多，例如姜乐仁的"小学数学启发式教学实验"，以启发学生思维为前提，激发学生的好奇心，培养学生主动思考的良好习惯，把学

---

① 王文湛：《关于〈义务教育全日制小学初级中学教学计划〉（初稿）的几个问题》，《人民教育》1986年第12期，第18—20页。

习的权利还给学生；邱学华的"小学数学尝试教学法实验"，将学生视为教学的主体，充分发挥学生的主动性和创造性，让学生在尝试的过程中体会学习的快乐；黄继鲁的"小学数学三算教学实验"，将珠算、笔算、口算三算相结合，形成具有中国特色的小学数学教学体系新方法，有效提高了小学生数学计算能力；卢仲衡的"中学数学自学辅导实验"，严格控制教师的课堂讲授时间，保证学生有充分的自学空间；顾泠沅的初中数学"尝试指导，效果回授"教学实验，大面积提高初中学生的数学成绩，收到了区域性的大面积转变学科后进生的成效；钱梦龙的"三主四式语文导读法"，以学生为主体，教师为主导，训练为主线，以自读课、教读课、作业课、复读课为基本课式；魏书生的"中学语文课堂结构改革实验"，在提高学生语文成绩的同时，也有效地提高了学生自我管理能力；张田若等人的"集中识字—大量阅读—分步习作实验"，为将集中识字发展成完整的语文教学体系作出了有益探索；李吉林的"小学语文情境教学实验"，讲究"真"，追求"美"，注重"情"，突出"思"，[1]通过把学科课程与学生的生活有机连接起来，系统设计活动序列，培养儿童的主动参与，并通过运用角色效应使儿童自我形塑身份感、培育其责任意识、使其成为学习的主人这三条路径为课程实施创设优化的学习情境；[2]吕敬先的"小学语文能力整体发展实验"，把儿童思维和语言的共同发展作为语文教学的中心任务，通过语文教学结构的整体改革，促进儿童语文能力的整体发展；[3]张思中的外语教学法实验，则以"适当集中、反复循环、阅读原著、因材施教"为核心特征。[4]

　　随着时间的推移和认识的深化，教学改革从内容、方法、手段及组织形式层面，渐渐转入带有综合整体视角的学校层面的教育改革实验，如在上海、浙江、湖北等地开展的愉快教育实验、成功教育实验、学校整体改革实验等。实践的革新尝试刺激了人们的理论需求，国内一些有志于教育实验理论探索和实践尝试的研究者自动聚集起来展开学术研讨，从 1988 年开始，连续五年探讨了教育/教学实验的理论基础、设计和评价、科学化等问题。与此同时，这些尝试也引发了诸多争议，如"教育实验应当宽泛定

---

① 吴康宁：《李吉林教育思想基本特征与情境教育研究拓展空间》，《课程·教材·教法》2009 年第 6 期，第 16—20 页。

② 裴新宁，王美：《为了儿童学习的课程——中国情境教育学派李吉林情境课程的建构》，《教育研究》2011 年第 11 期，第 89—94 页。

③ 吕敬先：《小学生语文能力整体发展实验》，《人民教育》1991 年第 1 期，第 67，76 页。

④ 张思中：《张思中外语教学法概述》，《人民教育》1999 年第 2 期，第 48—50 页。

义还是严格定义"、"教育实验是否只能是准实验"、"教育实验是否只能成功不能失败"、"整体改革能否用实验的研究方法"、"教育实验需不需要/能不能/如何科学化"、"教育实验如何评价"等,这些问题又进一步引起了关注者极大的兴趣。[①]

研究者对教育实验的高度关注,很大程度上源于域外教学理论及实验的大量引进,诸如发现学习法、范例教学法、暗示教学法、掌握学习法及在背后起支撑作用的相关理论等,都在当时产生了较大影响。从苏联学者赞科夫的"教学与发展教学新体系"中,我们意识到:教学不仅要适应学生发展的现实状况,而且要着眼于可能的发展状况(即"最近发展区"),从而使教学得以走在发展的前面;[②]从布鲁纳的结构课程与发现法教学中,我们也"发现":在课堂上引导学生关注问题并使其以亲历的方式发现知识结构,有助于实现原理与态度的普遍迁移……[③]这些引进的教学理论及实验,给中国一线教师和教学理论研究者以极大的启示,甚至掀起了教学改革实验的热潮。

这一时期的研究动向表明:研究者们试图摆脱经验与思辨的局限,关注教学改革中的因果关系或相关关系,开始注重教学改革的事实依据与科学证明,当然,也存在简单理解实证精神、机械套用实验模式等问题。

(三) 教学作为课程实施基本途径引导学生参与、实践、探究阶段(2000—2010)

经过长时间的酝酿、调研和设计,义务教育阶段新课程改革方案正式启动,教学改革由此进入了一个课程改革视域下的新阶段。1999 年发布的《中共中央国务院关于深化教育改革,全面推进素质教育的决定》(以下简称《99 决定》)要求学校的"智育工作要转变教育观念,改革人才培养模式,积极实行启发式和讨论式教学,激发学生独立思考和创新意识,切实提高教学质量。要让学生感受、理解知识产生和发展的过程,培养学生的科学精神和创新思维习惯,重视培养学生收集处理信息的能力、获取新知识的能力、分析和解决问题的能力、语言文字表达能力以及团结协作和社会活动的能

---

① Yang, X.-W. The reinterpretation of experiment methodology in education. *Frontiers of Education in China*, 2007, 2(3), pp. 349 – 365.

② [苏联]赞科夫编,杜殿坤等译:《教学与发展》,文化教育出版社 1980 年版。

③ [美]布鲁纳著,邵瑞珍译:《发现的行为》,见瞿葆奎主编,徐勋,施良方选编:《教育学文集·教学》(上),人民教育出版社 1988 年版,第 590 页。

力"。从启发式、讨论式方法的提倡,到科学精神、创新思维、各种能力的培养,都为我国的教学改革开启了新思路。

《99 决定》还对课程改革和教学内容更新提出了新要求,如"抓紧建立更新教学内容的机制,加强课程的综合性和实践性,重视实验课教学,培养学生实际操作能力","要增强农村特别是贫困地区义务教育的课程、教材与当地经济社会发展的适应性","促进教材的多样化,进一步完善国家对基础教育教材的评审制度"等。相应地,《99 决定》也明确要求"积极推进教学改革,提高课堂教学质量,国家和地方要奖励并推广符合素质教育要求的优秀教学成果"。

2001 年教育部印发的《基础教育课程改革纲要(试行)》,从教学过程和教学技术应用两个方面对教学改革提出了十分具体的要求:(1)教师在教学过程中应与学生积极互动、共同发展,要处理好传授知识与培养能力的关系,注重培养学生的独立性和自主性,引导学生质疑、调查、探究,在实践中学习,促进学生在教师指导下主动地、富有个性地学习。教师应尊重学生的人格,关注个体差异,满足不同学生的学习需要,创设能引导学生主动参与的教育环境,激发学生的学习积极性,培养学生掌握和运用知识的态度和能力,使每个学生都能得到充分的发展。(2)大力推进信息技术在教学过程中的普遍应用,促进信息技术与学科课程的整合,逐步实现教学内容的呈现方式、学生的学习方式、教师的教学方式和师生互动方式的变革,充分发挥信息技术的优势,为学生的学习和发展提供丰富多彩的教育环境和有力的学习工具。

随着新课程改革在全国范围内逐步推开,人们也开始以新的视角看待教学,一种"教学即课程的实施"的观念渐渐深入人心。从积极的意义看,新课改关于"三维目标",即"知识与技能"、"过程与方法"、"情感、态度、价值观"[①]的描述与强调,在一定意义上纠正了人们在知识技能等智力因素与情感、兴趣、个性等非智力因素之间非此即彼的摇摆态度,进而帮助教师树立起相对完整的教学目标观。新课程唤起了教师的课程意识,并使教师得以重新理解教学,这有助于充分实现教学在学生成长过程中的价值,具体表现在如下方面:

---

① Ministry of Education (2001), "Outline of Basic Education Curriculum Reform[基础教育课程改革纲要]", Beijing: Ministry of Education.

首先，"新课程改革"极大地唤醒了教师、校长、教育行政部门人员乃至社会众多人士的课程意识。一般来说，课程意识是指人们无论是在设计某一课时、某一单元，编制某一册教材还是在评论某一节课或任何一种课程产品时，其思考、言说或操作的对象都处于特定的课程形态、课程方案、课程框架背景之中，而非孤立静止地以点为对象的意识指向。课程意识对教师而言，是跳出"知识点"的羁绊和"一课一得"的局限；对校长而言，是作为第三级课程管理第一责任人意识的觉醒；对行政部门和学者专家而言，是管理和研究的参照系的改变；对社会人士而言，是找到与学校进行有深度的专业对话的一个"接口"。总之，课程意识相对于以往那种"教学意识"、"一纲一本意识"、"方法模式意识"、"重点难点意识"而言，是一种整体观照。

其次，"新课程改革"打破了我国中小学课堂教学的沉闷状态，拓展出师生参与、自由发挥和革新创造的空间。新一轮课程改革之前，教师的用武之地仅限于教学方法和手段的改革，涉及教材时也只能在充实内容、调整顺序等方面略有作为，而且这点小作为也不可避免地受到教学大纲要求及教学评价导向的掣肘：有"纲"在，教学内容改革就不能突破"纲"的限制，有统一的考试在，教学设计与实施就不能不有所顾忌。新课程改革的总体构思是将过去过于集中的权力分散和下放，从目标到内容、方法到评价都留有充分的余地，这就为任何一位有思想有创意的教师自主地进行课堂教学改革提供了前提性保障。

再次，从教育思想理论传播的角度看，课程新理念的引进和本土创新不亚于一次广泛的课程思想启蒙，极大地丰富了我国课程理论发展的资源。在我国社会处于闭关状态的那些年里，国外的课程理论已经取得了突飞猛进的发展，所以当我们打开国门之时，这些新颖丰富的思想无疑会对我国课程理论产生强烈的冲击。如果没有这些鲜活思想的涌入并与我们头脑中定型的观念相碰撞，我们将永远在某些过时的语境中徘徊。当然，这些产生于外域的思想会在中国的传统文化生态中出现"水土不服"，也会使一些人忘却自己的文化根基，然而，这些新的课程思想所包含的共性和普适价值，仍会激发出无尽的灵感与创意。

当然，在课程视野下转变教学观，也存在某些问题，如过于强调教师是课程改革的主体，而忽略了教师通过教学创造性地实现课程理想这一更为重要的责任；再如，新课程理念需要落实到日常教学中，但在实践中这一点难以真正实现，教师通常只在公开展示课程改革成果的场合中以"作秀"的方式体现新课程理念。

如何有效地把新课程改革的目标、理念、要求转化为学校和教育者的自觉行为，是新课程改革面临的重要难题。有论者指出："校本研究在促进学校教育者教育教学行为转变过程中有重要价值，结合新课改开展校本研究，要把握校本研究的特点，遵循校本研究过程中的一般要求，改进对校本研究的评价。"①也有研究者认为：教师是推动学校课程改革内源发展的行动主体，其作用机制在于教师的课程认同、教师的课程参与以及教师的课程意识。他建议教师通过以下三条策略来促进学校课程改革内源发展，即转变教师的课程身份，为教师参与课程改革赋权；开发校本课程，为教师参与课程开发提供空间；开展校本研修，以研究促进教师课程意识提升。②

随着课程改革的逐步深入，其背景下的教学也从此走向校本化实施，具体的提法很多，主要有校本教研、校本培训、校本研训、校本研修等。根据中国知网文献的篇名查询，"校本培训"、"校本教研"的文献量最大，分别为 1 280 篇、1 269 篇，开始于 2001、2003 两个年份；"校本研究"（275）、"校本研修"（409）均开始于 2003 年；"校本研训"略少（84），始于 2005 年。课程校本化实施也带动了校本管理的兴盛（239），1992—2000 年的文献篇数仅有个位数，2002 年起增多，到 2006 年达到高峰，有 38 篇文献（主题词检索则达到 123 篇），不过，自 2012 年起，文献篇数又回落到个位数。

20 世纪 80 年代以来，也有另一支着眼于学校层面改革的重要力量在发展壮大并产生影响。这支改革力量并不只是针对各个学科教学目标、内容和方法的改革，在时间上也早于新课程改革十多年，由于其将教学改革作为学校变革的重要领域，这里姑且称之为"学校变革框架中的教学改革"。叶澜教授主持的"新基础教育"中的学科课堂教学改革是转型性的，即要求每一门学科都要在教学价值观、内容观、过程观和评价观上进行根本性的变革。这种教学改革强调从所有学科共通的、每门学科独有的、每个教学单元中具体的这三个层面去理解和展现教学的育人价值，强调教学内容与学生实际、与社会生活的内在联系以及知识和方法的结构化，强调教学过程中的多向互动、

---

① 明庆华，程斯辉：《简论新课改背景下的校本研究》，《课程·教材·教法》2003 年第 12 期，第 14—17 页。
② 王牧华，全晓洁：《论教师促进学校课程改革内源发展的机制与策略》，《课程·教材·教法》2015 年第 7 期，第 29—36 页。

动态生成,强调教学评价标准及方式与改革者价值追求的内在一致;此外,还关注日常化的教学变革以及在此变革过程中的师生共同成长。

(四) 注重学思结合、知行统一、因材施教的全面深化阶段(2010 年至今)

新一轮课程改革启动十年之后,我国教育教学改革迎来一个新的阶段。国家宏观教育决策打破了"五年一规划"的惯例,发布了一个时长为十年的中长期规划纲要,即《国家中长期教育改革和发展规划纲要(2010—2020 年)》(以下简称《中长期规划纲要》)。《中长期规划纲要》要求"办好每一所学校,教好每一个学生";关注学生不同特点和个性差异,发展每一个学生的优势潜能。同时还提出了创新人才培养模式的具体原则,即学思结合、知行统一和因材施教。

《中长期规划纲要》还提出要建立国家义务教育质量基本标准和监测制度;严格执行义务教育国家课程标准、教师资格标准;深化课程与教学方法改革,推行小班教学;配齐音乐、体育、美术等学科教师,开足开好规定课程。这些为新阶段的教学改革提出了更加全面、系统和具体的要求。

学生过重的课业负担,似乎成为改革开放以来总是难以得到根本解决的"顽疾"。《中长期规划纲要》特别指出:学校要把减负落实到教育教学各个环节,给学生留下了解社会、深入思考、动手实践、健身娱乐的时间;提高教师业务素质,改进教学方法,增强课堂教学效果,减少作业量和考试次数;培养学生学习兴趣和爱好;严格执行课程方案,不得增加课时和提高难度。

《中长期规划纲要》在第三十二条具体阐述了"创新人才培养模式"的内涵与路径,提出了学思结合、知行统一、因材施教这三个值得关注的原则。在"注重学思结合"中,倡导启发式、探究式、讨论式、参与式教学,帮助学生学会学习;激发学生的好奇心,培养学生的兴趣爱好,营造独立思考、自由探索、勇于创新的良好环境;还就推进课程改革、加强教材建设及质量监管制度、形成教学内容更新机制、发挥现代信息技术作用等方面提出了要求。"注重知行统一"方面,强调坚持教育教学与生产劳动、社会实践相结合;开发实践课程和活动课程,增强学生科学实验、生产实习和技能实训的成效;开展各种课外、校外活动并加强其场所建设等。"注重因材施教"方面,提及关注学生个性差异、发展学生优势潜能,推进分层教学、走班制、学分制、导师制等教学管理制度改革以及各个学段的培养、选拔、升学推荐和拔尖学生培养模式等方面工作。《中长期规划纲要》在学思结合、知行统一、因材施教这些富有中国文化深厚特质的表述中，融进了极富时代特征的先进教育思想。

七年之后，中共中央办公厅、国务院办公厅印发了《关于深化教育体制机制改革的意见》（以下简称《2017 深改意见》）。《2017 深改意见》强调"要建立以学生发展为本的新型教学关系。改进教学方式和学习方式，变革教学组织形式，创新教学手段，改革学生评价方式"。在"核心素养"渐渐在全国范围内被普遍关注的背景下，《2017 深改意见》突出强调了构成核心素养的"关键能力"，指出"要注重培养支撑终身发展、适应时代要求的关键能力。在培养学生基础知识和基本技能的过程中，强化学生关键能力培养"。要求重点培养如下四种关键能力：培养认知能力，引导学生具备独立思考、逻辑推理、信息加工、语言表达和文字写作等的素养，养成终身学习的意识和能力。培养合作能力，引导学生学会自我管理，学会与他人合作，学会过集体生活，学会处理好个人与社会的关系，遵守、履行道德准则和行为规范。培养创新能力，激发学生好奇心、想象力和创新思维，养成创新人格，鼓励学生勇于探索、大胆尝试、创新创造。培养职业能力，引导学生适应社会需求，树立爱岗敬业、精益求精的职业精神，践行知行合一，积极动手实践和解决实际问题。

通过中国知网的"主题/篇名"检索可以发现，2010 年之后有两个词的热度急剧上升：先学后教（919/293）、以学定教（1 254/206）；两个关键的时间节点出现，即"先学后教"的主题篇数 2010 年起达到 50 篇以上、篇名篇数达到 10 篇以上，"以学定教"的主题篇数 2011 年达到百篇以上、篇名篇数达到 10 篇以上。

选择《中长期规划纲要》和《2017 深改意见》中若干核心词在知网进行篇目查询，篇名中含有"自主"、"合作"、"探究"的文献分别达 8 529 篇、12 053 篇、48 369 篇；主题词为"自主"、"合作"、"探究"、"启发"、"讨论"、"参与"并含"中小学"且篇名含"教学"的搜索结果最少 116 篇（启发）、最多 584 篇（探究），其中 2006 年、2007 年文献量基本都达到 10 篇以上；输入主题词"学思结合"、"知行统一"、"因材施教"并含"教学"，搜索结果分别为 174 篇、996 篇、14 896 篇，其中 2010 年是明显的文献量提升节点。这与《中长期规划纲要》基于之前教学改革实践经验梳理出来并加以强调的"学思结合"、"知行统一"和"因材施教"似乎存在某种内在关联。

教与学的关系是教学论最基本、最核心的一对关系。有论者认为："从先教后学到先学后教绝不只是教学前后顺序的简单调整，它涉及教学思想、教学过程和教学方式等诸多教学领域的变革，它引发了课堂教学的革命性变化和实质性进步。"该论者进而指出："先学后教的实质是把学习的权利和责任还给学生，前提是教学生学会学习，特别是学会阅读和思考，关键是构建以学为基础、为中心、为主线的课堂教学新体系、新模式。先学后教是具有本土性质的教育创新，是我国土生土长的教育学。"①

有研究者赞同"先学后教"是一种带有原创性的、本土化的教学模式。这种土生土长的教学模式对我国教学理论与实践的影响颇大，它在当下课程改革中几乎呈现出一种"风行"的态势，但"风行"与"风险"往往同在。论者主张对这一教学模式在实践运作中可能存在的风险进行客观评估，这将有助于更全面地认识它、更有效地驾驭它，从而让其更好地为教育教学改革服务。②

还有研究者认为"先学后教"是对"先教后学"教学模式的突破，其核心旨在培养学生的创新精神和实践能力，因而特别强调自学、启发、对话，使学生真正做到会学、乐学。需要警惕的是，由于没有把握"先学后教"的精神主旨，实践中出现了绝对化、技术化、工具化倾向。作为有效教学的一种重要模式，"先学后教"应当在继承"先教后学"合理内核的基础上不断完善和超越。③

也有论者指出："先教后学"在传统课堂中运用得比较普遍，如今却为大家所诟病；"先学后教"作为教法改革的方向，被人推崇到不应有的高度。这两种教法不存在扬弃的问题，实践中各有其存在的理由，并且还有一个动态发展、循环递进的过程。国内当下影响比较大的几种教学模式基本属于"先学后教"的变式，但"先学后教"并不是教法的最优选择，基于问题的学习等探究式学习是教师培养学生自主学习能力的必然选择。④

事实上，教与学是无法拆分为两件事的。比如，在教师"讲"的过程中，必然同时发

① 余文森：《先学后教：中国本土的教育学》，《课程·教材·教法》2015 年第 2 期，第 17—25 页。
② 屠锦红、李如密：《"先学后教"教学模式：学理分析、价值透视、实践反思》，《课程·教材·教法》2013 年第 4 期，第 24—29 页。
③ 郭明净、张荣伟：《"先学后教"教学模式的实践误区及其反思》，《集美大学学报（教育科学版）》2014 年第 1 期，第 84—88 页。
④ 孟建锋：《"先学后教"与"先教后学"辨析》，《现代教育科学》2012 年第 8 期，第 104—105 页。

生学生的"听"；当学生在"练"的时候，教师必然要"导"……既然教与学无法拆分，也就无所谓谁先谁后。只能说，师生的共同活动中，有时以"教"为主，有时以"学"为主。

"以学定教"也是这一时期的"热词"。"以学定教"是对"以教定学"这一传统教育观的革命，它既有历史的渊源和现实的必要性，从教育本质来看也有其必然性。在教学领域，它表现为"先学后教"和"以教导学"两种基本模式。以学定教理念要求教师不仅要彻底地将学生当作教育主体，而且要坚守为师的价值信念，并以同边促进的策略构建新型的师生关系。①

也有人认为"以学定教"是课堂教学由讲授中心转向学习中心的操作理念和实践要求，其教学意蕴在于通过对教与学的关系进行重构，回归学生的本体性价值、确定教导的限度和效力、实现以发展为本的教学价值追求。教师不仅要有"以学定教"的理念，更应掌握"以学定教"的教学要求，并在教学中通过先学后教、多学少教、会学不教等方式实现"以学定教"，从而使教学促进学生的有效发展。②

二、 40 年来中国教学改革带来了哪些改变

（一）教学价值取向及目标的变化

1. 教学价值取向：从知识本位、效率优先走向开放、公平和可持续发展

课堂教学价值取向是教学活动不容忽视的核心问题之一。虽然十多年来的课程改革带来了课堂教学的发展，但仍然无法摆脱知识本位的教学目标价值取向、灌输式的教学过程价值取向和以考试为主的教学评价价值取向。鉴于此，课堂教学价值取向的转变与建设需突破教学思维定式，领略教学理论的价值实质并发挥其指导作用，放慢教学实践节奏，以不断整合教学价值取向。③

"学习化社会"的到来，引起了学校教育各个方面的巨大变革，这种变革对学校教育的目的和价值产生了极大的影响，进而导致教学价值取向也随之发生变化，概括起来主要有三种教学价值取向，即主体性教学价值取向、可持续性学习的教学价值取向、

① 刘次林：《以学定教的实质》，《教育发展研究》2011 年第 4 期，第 28—32 页。
② 刘桂辉：《论"以学定教"的教学意蕴及实现》，《教育理论与实践》2016 年第 11 期，第 52—54 页。
③ 张晓亮，李森：《课堂教学价值取向的反思与建设》，《当代教育科学》2015 年第 2 期，第 58—59 页。

开放性教学价值取向。①

　　叶澜教授领衔的"新基础教育"研究在反思传统课堂教学价值观基础上所形成的教学共通价值观的核心理念是："当前我国基础教育中课堂教学的价值观需要从单一地传递教科书上呈现的现成知识,转为培养能在当代社会中实现主动、健康发展的一代新人。"叶澜教授认为"学科、书本知识在课堂教学中是'育人'的资源与手段,服务于'育人'这一根本目的"。她指出,在认同这一共同价值的前提下,课堂教学价值观重建的第二个层次是学科教学价值观的重建,即"拓展学科丰富的育人价值;按育人价值实现的需要,重组教学内容;综合设计弹性化的教学内容"。②

　　2. 教学目标:从侧重"双基"到"三维目标"到"核心素养"

　　2009 年有论者指出:在课堂教学的目标上,我国基本上是沿着"偏重双基—培养智力和能力—强调非智力因素—注重主体性品质、创新精神和实践能力的培养—注重三维目标的培养"这一条轨迹发展前进的。③ 八年后再做类似的梳理,则一定会加上"重视核心素养或关键能力培养"这样一个新的转向。如有研究者指出,"自新中国成立以来,教育目标发生了三次重大转折:从'双基'的确立,到'三维目标'的提出,再到'核心素养'的出台,每次转折都会对课堂教学产生深刻且广泛的影响"。④ 再如,有论者认为:从"双基"到"三维目标"再到"核心素养",可谓改革开放以来我国基础教育改革发展进程的缩略表达。很明显,核心素养是三维目标的深化和发展,在新的知识观的指引下,二者在不同的方面朝着同一个方向共同作用于学生的发展。⑤

　　从教学的角度讲,"所谓的三维目标,应该是一个目标的三个方面,而不是三个互相孤立的目标,对其理解,可以准确表述为'在过程中掌握方法,获取知识,形成能力,培养情感态度和价值观'"。三维目标使素质教育在课堂的落实有了抓手。三维目标较之于双基,核心素养较之于三维目标,都是既有传承的一面,又有超越的一面。作为核心素养主要构成的关键能力和必备品格,实际上是三维目标的提炼和整合,把知识、

① 贺春湘,王开富:《学习化社会视野下的教学价值取向论析》,《黑龙江教育:高教研究与评估》2009 年第 7 期,第 26—27 页。
② 叶澜:《重建课堂教学价值观》,《教育研究》2002 年第 5 期,第 3—7 页。
③ 万伟:《课堂教学中的文化变革》,《江苏教育研究》2009 年第 18 期,第 8—11 页。
④ 曹培杰:《重新定义课堂:核心素养视角下的教学转型》,《现代教育技术》2017 年第 7 期,第 40—46 页。
⑤ 杨九诠:《核心素养与课程改革深化》,《教育论坛》2016 年第 12 期,第 12—15 页。

技能和过程、方法提炼为能力，把情感态度价值观提炼为品格，能力和品格的形成即是三维目标的有机统一。①

21 世纪中国国家发展的重要特征是由制造型大国向创新型大国转变。国家发展目标的转变必然要求教育发展和教育培养人的目标实现重大变革。基础教育教学目标由基础知识、基本技能"双基"目标向基础知识、基本能力和基本品行"三基"或"三维"目标变革，是国家发展重心由制造型向创新型转变的要求，是培养素质结构合理、与时俱进的全面发展人的要求，对高等教育、职业教育发展也有重大影响，必须实现教育教学内容、方式和评价标准、方式的重大转变。②

核心素养是指学生应具备的适应终身发展和社会发展需要的必备品格和关键能力。学科核心素养包括"知识理解"、"知识迁移"和"知识创新"三个层面。要突破囿于"知识理解"层面的传统教学模式，实现发展学生核心素养的教学目标，在教学过程中应当做到知识教学与文化教学相结合，结果性知识与过程性知识相结合，学科性知识与实践性知识相结合，外显性知识与内隐性知识相结合，证实性知识与证伪性知识相结合。③

基础教育的"基础"在于奠定学生人生发展的基础。从"双基教学"到"三维目标"，再到核心素养理念引领基础教育改革，是育人目标在不同教育阶段的表现。这样的变化体现了从知识本位向学生本位、从教书到育人、从教学到教育的转变。在基础教育中，"核心素养"的培育不是一个口号，而是学生长远发展的诉求。培育学生的核心素养，让学生在学到知识的过程中，获得学习的能力以及解决问题的能力，这要求从根本上改变学生学习和教师教学的内容与形式，并对学习与教学的结果进行综合、开放、多元的评估。④

（二）教学内容、方法、技术和模式、策略等组织形式的变化

1. 教学内容：从"授受之文本"到"建构之载体"

教学价值与目标从"知识本位"到"能力本位"再到"素养本位"的转变，必然带来人

① 余文森：《从三维目标走向核心素养》，《华东师范大学学报（教育科学版）》2016 年第 1 期，第 11—13 页。
② 郝文武：《向创新型大国转变的基础教育教学目标变革》，《当代教师教育》2015 年第 1 期，第 1—5 页。
③ 喻平：《发展学生学科核心素养的教学目标与策略》，《课程·教材·教法》2017 年第 1 期，第 48—53 页。
④ 许芳杰：《基础教育的变革：从知识为本到素养为重》，《教学与管理》2017 年第 3 期，第 36—38 页。

们对教学内容的理解、定位和处理上的变革。如前所述,确立了教学的整体育人价值,就会将学科知识视为育人的资源和手段加以扩充和重组,并加以弹性设计。核心素养的提出,既是对以往单一知识技能目标的丰富和充实,又是对知识、技能、态度的聚焦、整合与提升,也会引起教学内容的重组和变革。

知识观的变化是引发教学内容观、教材观更新的重要因素。19世纪末20世纪初,自然科学领域爆发了一系列革命性事件:爱因斯坦提出的相对论、普朗克开创的量子力学、海森堡提出的"测不准原理"使人们认识到世界充满不确定性、复杂性、不可预测性。知识不再被认为可以独立地存在于认知者之外、可以单独被发现和证实。知识的多元性、复杂性、过程性、不确定性开始得到人们的认可。与此相对应,在教学内容方面,人们在关注学科知识基础性的同时,也开始强调教学内容与现实生活、学生经验的联系,强调实际应用。① 有论者认为,在新知识观背景下看待教学内容不能偏执一方,应把知识的确定性和不确定性、必然与偶然、理性和非理性的因素结合起来,将显性知识与缄默知识、个体知识与公共知识、过程知识与结果知识、陈述知识与程序知识等统一起来,优势互补,共同发挥其对人与社会的价值。新知识观下的教学内容设计要有"弹性化"和"框架式"的特征,需要摒弃传统的"线性设计"方式,而将预设与生成有机地结合起来。②

校本教研、校本课程开发极大地调动起教师理解教材和处理知识信息的自主性、主动性和创造性,也引起传统处理教学内容惯常方式的极大改变。"教学不再以教材为中心,也是因为充分认识到教师和学生的主体作用,教师可以根据自己的理解个性化地使用教材,学生也可以根据自己的经验个性化地解读教材,教材不再是权威,也不再是课堂的主宰,教学中的'人'的地位得到前所未有的提高。""教师有权对教学内容进行选择、重组、删减、创新,教学内容由教师和学生在教学过程中共同创生。"③

2. 教学方法和技术:从口耳相传到线上线下相结合

教学方法古已有之,最初出现的基本方法可能主要是"口耳相传"、"手眼相观"。

---

① 万伟:《课堂教学中的文化变革》,《江苏教育研究》2009年第18期,第8—11页。
② 岳珂,姜峰,洪希:《走向新知识观下的教学内容设计》,《贵州师范大学学报(社会科学版)》2008年第6期,第114—117页。
③ 万伟:《课堂教学中的文化变革》,《江苏教育研究》2009年第18期,第8—11页。

随着科学技术和教学思想的进步,教学方法也逐渐丰富起来,除了"教无定法"、"贵在得法"、"精讲多练"、"讲练结合"等原则性要求渐渐为人所耳熟能详之外,传统教学方法中作为"基本元素"存在的教学技术,在如讲、练、提问、回应、追问等传统"技艺"之外也有了演示法、实验法、考察法、计算机辅助教学等新的方法和技术问世。现代教学技术的迅猛发展,更是为教学方法的更新发展作了大力的"助推"和"添翼"。

具体说来,伴随着教学领域中改革开放的推进以及新课程改革的推行,我国课堂上使用最频繁的讲授法得到了不断优化,在启发式、参与式等教学指导思想引领下,讨论式、探究式等新型教学方法逐渐兴起,课堂教学方法出现了"百家争鸣"的局面。与此同时,随着科学技术的不断进步和互联网技术的推广,教学技术亦得到了不断的更新。

不少学校在实体课堂教学方面,逐步完成了"校校通"、"班班通"、"人人通"的三层次构建;伴随着"智慧教育"的兴起,"智慧教室"亦成为学者们的研究热点,人们纷纷着手搭建基于以人为本、以学生为中心理念,能够智能提供最舒适的课堂环境和有助于达成教学效果最优化的教室。在网络教学方面,慕课、微课不断兴起,极大地丰富了学习者的课外学习,为学习者的个性化发展和终身学习提供了保障。

除了课堂教学的发展和网络教学的兴起之外,翻转课堂这一线上线下相结合的学习方式亦引起了许多教育研究者的关注,翻转课堂的教学形式作为一种混合式学习方式,颠倒了传统的教学模式,许多学者认为其是比传统课堂更具优势的教学模式,更有利于凸显学生的中心地位,但亦在无形之中加重了学生的学习负担。

随着对学习者这一学习主体的日渐关注,"深度学习"这一源自机器学习领域的概念名词亦有了教育学的视角。为促进学习者的深度学习,许多研究者对促进深度学习的教学方法和策略进行了深入研究,亦有学者构建了深度学习的过程模型,在深度学习的技术支持方面,计算机辅助教学经历了由计算机辅助教学、智能教学系统向适应性学习系统的发展,技术的每一次革新都体现了对学生的个性化学习、对因材施教的关注。

3. 教学模式、策略等组织形式:从单向封闭到多样开放

教学的组织形式也是古已有之。最初的教学活动,一般是一位"老师"对一位"学生",即使是在中国的私塾里,有着大大小小数个孩子/学习者,老师对他们的教学也基

本上是个别教学式的。面对一群学生,统一内容、统一进度的集体教学,出现在 17 世纪前后,这种形式也被称为"班级授课制"。随着时间的推移,这种整齐划一式的教学组织形式暴露出越来越多的问题,于是,针对其弊端和缺陷的各种改革举措应运而生,如分组教学、道尔顿制、文纳特卡制、特朗普制等,这种变革教学组织形式、适应学生发展的个性化需求的尝试,直到今天仍在进行。从个别教学到班级授课,再到分组教学等各种革新措施,就是人类教学组织形式的演进逻辑。

教学组织形式在不同时期呈现出各异的面貌,也因各个时期主导教育思想的变化而不断发展变革,其演进大致可以分为:个别教学—班级授课制—多元化的教学组织形式(包括道尔顿制、分组教学、合作教学等)。随着国外一些关于教学模式的著作的引入,人们开始转向对教学模式的关注。教学模式来源于实践,而又高于实践,同时也是对教学理论的具体化。教学模式这一概念的提出有利于弥合教学理论与教学实践之间的鸿沟,实现理论研究者和实践工作者之间的沟通和对话。改革开放以来的中小学教学改革呼唤教学理论界提供更精炼、更可操作、更有本土色彩的教学模式。在一线教师与教学理论工作者的合作研究之下,效率模式、情感模式等越来越多的教学模式被创造出来。教学策略的概念出现于 20 世纪 70 年代末,于 20 世纪 90 年代末受到广泛关注。教学策略的形成与确立,是综合考虑教学目标要求、教学内容特性、学生具体状况以及教师自身素质和状况等因素的结果,在实施过程中又可以根据教学过程的变化发展而灵活变通。随着课程改革的日渐深入,教学策略也得到了越来越高的关注度。有观点认为,新课程方案实施成败的关键,在于如何将新的教学观念转化为教学行为,而教学策略是沟通教学观念与教学行为的中介和桥梁,是教学观念的具体化和程序化,也为教学的变革提供现实途径和强力支持。在此基础上的课程整合,以及分层教学、走班制、学分制、导师制等教学管理体制的变革成为教学策略的研究热点问题。

(三) 学习方式和教学评价的变化

教学的改革与开放必然带来学生学习方式的重要改变,这种改变一方面要求教学评价的改变,另一方面也需要教学评价予以持久的支撑。

1. 学习方式:从被动接受到主动学习

学习方式和学习心态的变化是改革开放 40 年以来学校教学变革的重要表现。学习者的主体地位逐渐得到确立和强化,其学习方式也从被动接受转向主动探究与发现,从个体学习转变为小组合作学习,从传承性学习转变为创新性学习,课堂越来越成为学生学习的主阵地。学习方式的转变尤其是小组合作的出现,实现了学生从对抗到共赢、从竞争到合作、从独学到共学的改变。如果说,从"被动学"到"主动学"是学习状态的改变,那么,从"要我学"到"我要学"则是学习心态的改变。心态的改变甚至比状态的改变更加重要,它表明,学生得以成功地将外在的要求和压力转化为内在的学习需求、兴趣和动力,这才是一种可以持久发生推动作用的内生力量。

《基础教育课程改革纲要(试行)》提出,要倡导学生主动参与、探究发现、交流合作的学习方式,注重学生的经验与学习兴趣,改变课程实施过程中过分依赖教材,过于强调接受学习、死记硬背、机械训练的现象。转变被动单一的学习方式,提倡自主、探索和合作的学习方式是新课程改革的重点。在当代社会,为了更好地培养学生的创造精神和创新能力,教学活动越来越需要引导学生学会学习,教给学生获得知识的方法,鼓励学生大胆表达自己的想法和见解,提升其创造性思维能力和创新精神。教学活动也要从片面强调对知识的获取和传承逐步转向对学生理解和创造性活动的鼓励和引导,从知识不经过学生的思考、反思和批判而被机械记忆转向学生的独特见解、另类思维和创造性观点得到尊重,使教学焕发出生命活力,成为一个师生不断进行意义创造的过程,让学生的身心发展成为一个动态生成的过程,超越现实性,达到新的可能性。

2. 教学评价:从"知识为本"到"发展为先"到"素养为重"

传统教学评价在取向上过度关注书本知识的掌握程度,导致考试成为如何教、如何学的"指挥棒";在方式上以纸笔测试为唯一评价方式,限制了学生的主动发展和教师的自主发挥;在效果上以分数高低为衡量教学质量高低优劣的唯一尺度。这种以"甄别、选拔"为导向的传统教育评价忽视了评价的诊断与改进功能,难以适应时代的新要求,无法对教师的教、学生的学起到应有的激励与积极的导向作用,必须予以改革。自 20 世纪 80 年代中后期开始,美国学者布卢姆的教育评价分类学理论以及伴随他的"掌握学习教学法"传入中国学校的"形成性评价"理论与方法,对我国教育评价理论和实践的更新性发展起到了强烈的助推作用。

1999 年以后,在实施素质教育的背景下,发展性教学评价理念受到广泛关注。发展性教学评价是一种动态评价,强调发挥评价对象的主体性,重视教学的过程评价,其作用不再仅仅是甄别和选拔学生,而是以促进评价对象的发展为根本目的,要求教师用发展的眼光看待每一个学生,促进学生潜能、个性、创造性的发挥,使每一个学生具有自信心和持续发展的能力。发展性教学评价秉持"以人为本、多元评价、注重过程、促进发展"①的基本理念,本质上是一种关注学生发展、教师素质提高和教学实践改进的形成性教学评价。发展性评价也是一种增值评价,是一种更为公平的评价,它比较的是学生通过一段时间的学习后的发展,而不仅看原始成绩,这就排除了学生生源差异等对教学质量的影响。

新课程改革在本质上是以深化"素质教育"为主旋律的,教学评价依然延续实施素质教育以来所提倡的发展性评价,以促进教师的专业成长、学生的全面发展和教学实践改进为目的。就实践层面而言,教学评价呈现出多元发展的局面,无论是标准化考试(如高考)还是学生学业成绩评价,均出现了一些新的变革,最为突出的代表性评价案例是 PISA 测试、义务教育阶段的"绿色指标评价"以及新一轮高考改革,其共同特点是聚焦于学生的核心素养或综合素养。

北京师范大学课题组发布的"中国学生发展核心素养"指标框架,引发了全国上下关注核心素养问题的热潮,其在学科教学层面提出的"学科核心素养"的术语,同时也引起了理论界的热议。《2017 深改意见》肯定了核心素养定义中"关键能力"的提法,并将其展开为认知能力、合作能力、创新能力和职业能力。不难预测,"素养为重"将成为今后一段时间内基础教育教学评价改革理论探讨及实践探索的热门主题。

(四) 教师研修和教学文化的变化

作为课程实施的主体和教学活动的主角,教师的教学方式、研究方式、专业发展方式乃至生活方式都发生了巨大的变化,而教师与学生的互动以及共同成长,也使教学文化发生了相应的重大变化。

---

① 尹达:《发展性教学评价:师生共同发展的有效途径》,《华北电力大学学报(社会科学版)》2015 年第 1 期,第 117 页。

1. 教师研修：从被动受训到主动研究到自觉学习

概略地说,改革开放以来教师的研修大致经历了如下历程:从"校本培训"到"校本研究"(包括"校本教研"和"校本科研"),然后进化到"校本研修",再转向以教师为主体的"教师学习"。教师在其中扮演的角色也发生了相应的变化,即从被动的受训者到主动的研究者,再到自觉的学习者。

教师的专业发展方式,从最初的学历培训,到以教学内容和方法为主题的在职培训,再到"研究"与"培训"的结合,即"研训",最后形成比较公认的"研修";教师研修也经历了从"制度化"到"无痕化"的转变。

教师的实践参与,主要发生于两大"舞台"——校本教研和校本课程开发。校本教研以实践变革为依托,通过平等的对话,达到改进教学、促进师生发展、形成教学新文化的效果。校本课程开发的参与和合作,则使课程改革与教学研究融为一体,进而拓展教师合作及师生合作的空间。

我们欣喜地看到,教学改革的深化带来了学校教学的新生态,在持续不断的"学习、研究、实践、反思、重建"中,教师与学生得以共同成长,具体表现为:教研组织适时更新,以教研组、备课组、名师工作室、青蓝工程等多种组织形式为平台;教研活动不断优化,通过听说评课、集体备课、教研沙龙/论坛等活动载体,形成教师合作、师生合作乃至家校合作的"学习共同体";"学习、研究、实践、反思、重建"成为教师的实践逻辑和生活方式。

在华东师范大学基础教育改革与发展研究所和美国范德堡大学皮博迪学院的共同推动下,中国校本教研的"上海模式"走出国门,在美国的田纳西州以"T-PEG"(Teacher Peers Excellent Groups)的名字"安营扎寨"。先后有 30 多名校长分两批来上海市闵行区参访了 15 所中小学,进行"沉浸式"现场学习,回到田纳西州之后,又先后在 27 所中小学"试水",经过 3 年时间的对集体备课、听说评课等实践模式与制度的模仿、移植及更新等尝试,在初见成效之后,他们以学区为单位在田纳西全州推广了"T - PEG"。这种借鉴移植所带来的不仅是校长教师教学领导力的提升,也是中国"互助文化"对美国"独立文化"的巨大冲击与影响。

2. 教学文化：从封闭规训到开放互动

新一轮基础教育课程改革不仅是课程内容的变更,更是一场课程文化的变革,处于课程改革关键地位的课堂教学,其"文化型态"的变革更是首当其冲。"新课程呼唤中小学课堂打破隔离、守成、控制和中庸的传统教学文化型态,构建合作、开放、民主和创生的新教学文化型态。"①

当代教学文化随时代的变迁而持续地发展,研究表明:当代教学文化变革正在从灌输性文化走向理解性文化。这种变化主要表现在师生交往理解的行为频繁、师生交往理解的主观意愿增强、师生交往理解的方式以合作与讨论为主、教师施教考虑学生的理解基础、教师尊重学生的独特理解等方面。②

有论者梳理了新课程实施以来课堂变革的七大主题,即教学目标人性化,教学内容生活化,教学方法多样化,教学从模式化走向动态生成,师生关系走向民主平等、生生关系走向合作,教学对象个别化,教学评价多样化。认为贯穿其中的一条文化主线就是——充分认识到人自身的价值,强调"人"在课堂教学中的地位,并指出课堂变革大致经历了从"重形式模仿"走向"重实效追求",而后逐步实现文化层面变革的过程。③

三、 40 年来中国教学改革取得了哪些成就

(一) 为实现国家"多出人才,出好人才"战略开展教学改革实验以探寻高效率教学之路

在我国,教育改革与教育实验总是密切相关。同理,教学改革进程,也常常不能离开教学实验的先导或探索。例如,中华人民共和国成立初期有关学制、办学模式、管理体制、课程、教材和教法的实验,均因两种不同性质的政权转换而引发,且围绕工农及其子女享受教育权的这个焦点问题而展开。人们总是愿意"将教育实验(试验)视为教育改革的先导,即通过'试点'探寻典型经验,然后在大面积推广中达成教育改革"。④

---

① 卢尚建:《新课程背景下的课堂教学文化型态:打破与重建》,《全球教育展望》2008 年第 7 期,第 20—23 页。

② 龚孟伟:《当代教学文化变革:从灌输走向理解》,《宝鸡文理学院学报(社会科学版)》2013 年第 5 期,第 102—106 页。

③ 万伟:《课堂教学中的文化变革》,《江苏教育研究》2009 年第 18 期,第 8—11 页。

④ 喻本伐:《走出迷宫:中国当代教育实验述评》,《华中师范大学学报(人文社科版)》2006 年第 3 期,第 120—126 页。

随着近代学制的建立,如何在学校内部除旧布新的问题变得急迫;同时,大量西方教育思潮的涌入,也亟待人们认真审视其对我国本土教育的适宜性与有效性。在这些外因内需的作用下,我国第一股教育实验的热浪于 20 世纪二三十年代掀起,不仅涌现出大量从教育心理和儿童心理的角度开展的微观的、严格规范的教学实验,而且产生了不少对后世有重大影响的学校实验和综合性的社会教育实验,如陈鹤琴的“活教育”实验、陶行知的“生活教育”实验、晏阳初的定县平民教育实验、梁漱溟的乡村建设实验以及黄炎培的职业教育实验等。

20 世纪 80 年代,中国迎来了教学改革实验的第二个大繁荣时期。1988 年徐晓锋、刘芳编的《教育教学改革新篇》中收入了大约 40 项实验,1990 年刘舒生等人编的《教学法大全》在“国内教改中的新教学法”篇目下收入了 170 多种教学法。实际的数量远不止这些,华东师大、华中师大、杭州大学、北京市教科所等单位与中小学合作进行的中小学教育整体(综合)改革实验,上海师大教科所“充分挖掘儿童少年智慧潜力的教改实验”,上海育才中学的“读读、议议、练练、讲讲”八字教学法,北京景山学校的以学制改革为龙头的多项改革实验,闸北八中成功教育实验,丁义诚等人的“注音识字、提前读写实验”,张田若等人的“集中识字—大量阅读—分布习作实验”,李吉林的“情境教学实验”,黄继鲁的“小学数学三算结合实验”,马芯兰的“改革小学数学教材教法,调整知识结构,培养能力实验”,赵宋光的“综合构建法数学教学新体系实验”,邱学华的“小学数学尝试教学法实验”,卢仲衡的“中学数学自学辅导教学实验”,钱梦龙的“三主四式语文导读法实验”,黎世法的“六课型单元教学法实验”,顾泠沅的“尝试指导、效果回授教学实验”,魏书生的“六步教学法实验”等,精彩纷呈,蔚为大观。①

（二）为落实新课程理念和目标探索了多样化教学模式与策略

新课程实施以来最受关注同时也引发了最多热议的教学模式,当数“先学后教”的教学模式。事实上,新课程启动之前多年便已有了很多“先学后讲”的教学主张,如段力佩的“读议练讲”法、邱学华的“尝试教学法”、卢仲衡的“自学辅导教学实验”、黎世法的“异步教学论”、魏书生的“六步教学法”等,都把学生自学、自读等环节置于教师的正

---

① 王策三主编:《教学实验论》,人民教育出版社 1998 年版,第 175—176 页。

式讲授或答疑之前。而新课程改革启动之后先后出现且异曲同工的洋思中学、杜郎口中学和东庐中学的教学法，就其共性而言可被称为"先学后教"教学模式。

江苏省洋思中学经多年实践总结出"先学后教，当堂训练"的教学模式，这一模式将课堂教学分为五个环节：(1)教师提出每一堂课的学习目标和自学要求；(2)学生根据自学要求自学，教师巡视发现学生自学中的问题；(3)学生汇报自学结果（差生优先）；(4)学生讨论，教师分析学生自学结果，纠正学生错误；(5)学生完成当堂作业，教师当堂批改作业。山东省杜郎口中学则提出了"三三六自主学习模式"，在全国范围内产生了较大的影响。所谓"三三六"，是指课堂教学的三个特点、三个环节和六个步骤。三个特点即"立体式、大容量、快节奏"；三个环节指"预习、展示、反馈"；六个教学步骤分别是预习交流、明确目标、分组合作、拓展提升、穿插巩固、达标测评。江苏省东庐中学围绕"学生先学什么"开展教学改革，提出以"讲学稿"为载体，并设计出了适合各种学生的"讲学稿"。"讲学稿"可以将教师的"教"与学生的"学"合二为一，其功能体现为"导学、导思、导练"。在整个教学活动中，从前一天晚上的预习、自学到第二天课堂上的释疑、巩固，学生产生疑问、探究疑问、解决疑问的全过程都会在"讲学稿"上留下清晰的印记，教师可以据此随时检查、指导和调控。①

将教学改革思路与创新育人模式及课程改革结合起来探索的一个最有影响力的典型，当数北京十一学校。北京十一学校把课程改革作为学校顶层设计，以选课制为运行机制，建设出了适合每一位学生个性发展的可选择的课程体系。学生走班上课，学校则建立了科学多元的评价与诊断体系和全员育人的网络结构，真正实现了现代学校教育制度中的"因材施教"，使学生潜能、自由与责任、个性与互助合作的社会性品质等现代教育价值得以落实。② 在北京十一学校里，没有班级，没有班主任，学生们每天根据兴趣在不同的教室"走班上课"。校长李希贵感慨道："我们的生活小康了，但是我们的教育却没有小康，因为生活的小康，它的标志是你可以选择的，但是教育还没有太多的选择。"正因如此，李希贵特别感谢他的同事们："是他们殚精竭虑，为我们的孩子

① 余文森，刘家访：《改革开放 35 年来我国中小学教学改革模式评析》，《教师教育学报》2015 年第 6 期，第 65—71 页。
② 迟艳杰：《北京十一学校课程改革的意义及深化发展的问题》，《当代教育与文化》2015 年第 4 期，第 66—70 页。

提供了 200 多个可以选择的课程,让每个学生都有了自己的课表。"李希贵介绍说,现在北京十一学校的 4 000 多个学生有 4 000 多张课程表,他们可谓是"提前进入了小康"。[①]

正如《国家中长期教育改革和发展规划纲要(2010—2020 年)》所归纳和提倡的,关注学生不同特点和个性差异,发展每一个学生的优势潜能;推进分层教学、走班制、学分制、导师制等教学管理制度改革。这一总结和倡导,无疑将催生教学模式和策略的百花争艳的大好局面,而从中深深受益的将是健康快乐成长的莘莘学子。

(三)为"教好每一个学生"探寻教育公平之路

随着基础教育改革的深入,人们对教育公平的关注重心已经从以资源配置为标志的"起点公平"转向以平等对待为特征的"过程公平"。在这样的背景下,华东师范大学教育学部"学校内部公平指数研究"课题组从学校内部公平问题切入,以指数的方式探究了教育公平的实际状况。由于学校内部公平最为典型的表现是教师如何对待学生,课题组提出的分析框架由"人际对待"维度(包括平等对待、差别对待、公平体验、反向指数)和"活动领域"维度(包括管理与领导、课程与教学、班级与活动)构成。依据分析框架,课题组选取了 17 所样本学校,得到有效样本班 131 个,其中有效学生样本 4 427 份、家长样本 3 773 份、教师样本 306 份。

通过问卷调查,课题组收集到了大量的数据,经数据处理分析得出了若干结论。学校层面的公平状况是:(1)学校内部公平的总体情况处于良好的状态;(2)学生、家长、教师对于学校内部公平状况的认知存在差异;(3)东部学校在过程公平上的表现要好于中西部学校;(4)不同学校之间存在显著差异,学校管理与文化氛围可能是影响学校内部公平的重要因素。

学生个人层面的公平状况则是:(1)学生公正体验整体情况良好,学生公平感与信任感指数较高,满意度的指数较低,说明整体上学校对学生满意度关注不够;(2)不同学生之间差异比较大,体现为中西部地区的学生公正体验指数高于东部学生,班级排名靠后的学生公正体验指数低于靠前的学生,家庭经济条件较好的学生公正体验指数高于家庭条件一般的学生,说明依旧有部分同学认为自己受到了不公正待遇。

[①] 鄂璠:《北京十一学校:给每个学生私人订制的未来》,《小康》2015 年第 3 期,第 81 页。

学校内部公平指数不仅反映了学生在学校日常管理、课程、教学、活动中受到的对待,也反映了学校对学生学习需求的满足程度,可以看作是衡量学校教育质量的另一种指标。学校应该在最大限度提供学习机会与学习资源的同时,关注其合理分配的问题,并要求教师在师生互动中尊重学生,以提高教育公平。

上海市"课堂教学中教育公平问题研究"课题组为了更好地把握课堂教学公平现状,在文献分析、理论探讨及实地观察的基础上,开发研制了《课堂教学公平观察量表》。课题组从平等性、差异性和发展性三个方面探讨了教学公平的内涵,以此确立了课堂教学公平观察量表的设计依据,提出学生参与课堂学习、教师对学生的反馈、教师对学生的个别关注、课堂教学目标与内容的安排、课堂教学方法与手段的运用、课堂教学资源的分配等六个课题观察维度。基于小组合作的课堂教学公平观察方法,为课堂教学公平研究提供了一个可行的观察量表,也为了解中小学课堂中教育公平现状提供了实证数据,丰富了课堂教学公平研究方法与内容。这一量表的进一步完善,可以为教师关注学生差异、开展以学定教、推进课堂教学公平提供有效、可靠、可操作的工具。[①]

(四) 为落实国家创新驱动战略、建设社会主义现代化强国而探寻创新人才培养模式、营造新的教学文化

《国家中长期教育改革和发展规划纲要(2010—2020 年)》提出要创新人才培养模式,要求"适应国家和社会发展需要,遵循教育规律和人才成长规律,深化教育教学改革,创新教育教学方法,探索多种培养方式,形成各类人才辈出、拔尖创新人才不断涌现的局面"。[②] 人才培养最终要落实到课堂上,课堂是实施素质教育的主渠道,只有创新课堂教学模式,改善教学内容和方法,提高课堂教学质量,才能培养出优秀人才。深化课堂教学改革的关键在于创新课堂教学模式,课堂教学改革应体现个性化、高参与、广互动、深思辨、善表达、多实践、低负担、高效益的特征,要调整好教与学的关系,为学而教、以学论教、先学后教、多学少教,要把课堂还给学生,发挥学生的主体性。创新课

---

① 李金钊:《课堂教学公平观察量表的设计及观察方法》,《上海教育科研》2012 年第 3 期,第 66—69 页。
② 中共中央、国务院:《国家中长期教育改革和发展规划纲要(2010—2020 年)》,2010 年 7 月 29 日。

堂教学模式要围绕以下三方面展开：一是要突破教育的功利性，回归教育本来面目，真正尊重课堂教学规律；二是要因材施教，使每个学生都能在他自身的基础上获得发展，让每个学生的兴趣、爱好能够得到充分的发展；三是要培养学生主动、自发学习的良好习惯。①

在改革和发展的背景下，教学文化的转型是一个既要"立"又要"破"的过程。有论者认为，"新课程呼唤中小学课堂打破隔离、守成、控制和中庸的传统教学文化型态，构建合作、开放、民主和创生的新教学文化型态"。② 也有论者反思：从教材改革入手推进课程改革，尽管有其必要性，但也有使改革成为单一的技术操作行动、遭遇改革的瓶颈阻碍之危险。他认为"当下的课程改革需要回到课程改革作为文化变革实践这一继承性变革的视角，通过关注课程改革的文化处境、保持必要的文化张力和尊重教师的文化主体地位，将自上而下的专业化改革行动与自下而上的文化创造与革新相互联结，以突破课程改革作为教材改革实践的痼疾"。③

教学文化的转型，从根本上说有赖于学校乃至教育的整体转型，换言之，在学校变革大框架下进行的教学改革，有望带来文化意义上的彻底转变。转型性的变革，要求学校中的每门学科都要在教学价值观、内容观、过程观和评价观上进行根本性的变革，叶澜主持的"新基础教育"中的学科课堂教学改革是其典型代表。这种教学改革强调从所有学科共通的、每门学科独有的、每个教学单元中具体的这三个层面去理解和体现教学的育人价值，强调教学内容与学生实际、社会生活的内在联系以及知识和方法的结构化，强调教学过程中的多向互动、动态生成，强调教学评价标准及方式与改革者价值追求的内在一致。此外，还关注日常化的教学变革以及在此变革过程中的师生共同成长。④

---

① 余丽红：《深化课堂教学改革　创新人才培养模式》，《中国教育学刊》2010 年第 11 期，第 91—92 页。
② 卢尚建：《新课程背景下的课堂教学文化型态：打破与重建》，《全球教育展望》2008 年第 7 期，第 20—23 页，第 27 页。
③ 程良宏：《从教材改革到文化变革：基础教育课程改革的视域演进》，《教育发展研究》2015 年第 2 期，第 47—52 页。
④ 杨小微：《教学的实践变革与理论重建：30 年再回首》，《课程·教材·教法》2010 年第 9 期，第 27—31 页。

（五）为中国教育教学的可持续发展打造了一支敬事业、爱学生、愿学习、善思考、能研究、会创新的教师队伍

2015 年 1 月 9 日，上海 199 所初中（依据国际标准，按公办与民办、市区与郊区学校分类抽样）的近 4 000 位教师和 193 位校长，同时在网上参加经合组织的 TALIS[①] 问卷调查。调查显示，上海初中教师在入职前专业准备的充分程度、教师的入职培训与教师带教、教师在职进修的参与广度、每年专业发展的投入时间和校长领导力培训等方面的数据都远远高于 TALIS 的国际平均值。

在教师专业发展活动上，上海优势显著。不仅初中教师入职培训和带教活动基本实现全覆盖，而且教师一年中用于各项专业发展活动的天数高达 62.8 天，是国际均值（27.6 天）的两倍还多。经合组织专家认为，上海教师很大一部分时间用来相互学习，进行个人职业发展，是缩小教师水平差别乃至校际差异的重要因素。

调查报告还指出，上海教师"重视个性化学习的教学方法"。70.9％的上海教师报告过去一年参与了个性化教学方法的专业发展活动，为所有国家（地区）中比例最高。在校长领导能力上，调查显示上海初中校长"专业化培训参与度高，强度最大"，并且"注重课程教学方面的引领"。

冷静思考，我们教师政策、教师专业发展和教育教学理念与方法中还存在不少的短板甚至盲点。第一，与各国教师相比，上海教师对学生生涯发展的指导（21.9％）低于发达国家和国际平均值（25.0％），这一数字真实反映着上海的现实。我们的教师关注整体提升学生学业成绩，但较少将学生学业与他们的个性特长、未来职业发展结合起来。第二，上海教师在运用"信息交流技术"方面存在盲点。从校长和教师的问卷调查看，上海的学校都普遍设有校园网、计算机房，台式电脑、手提电脑和 iPad 都相当普及，从教师的培训来看，网络课程和教师网上交流也高于国际平均值；然而，在"要求学生用信息技术完成作业或学习任务"的问题上，我们教师运用该策略的比例（15.2％）却不到国际平均值（38.0％）的一半。第三，上海教师接触社会、企业和社会组织的机会较少。TALIS 中有两个不起眼的问题，一是"教师是否到商业机构、公共机构和非政府组织去参观考察"，二是"教师是否学习由商业机构、公共机构和非政府组织提供

---

① TALIS 即"教师教学国际调查"（Teaching and Learning International Survey）。

的培训课程"。尽管国际平均值并不高,分别为 12.4％和 14.1％,但上海教师的均值更低,分别为 8.6％和 10.0％。这一问题折射出上海教师对社会生活和变化的关注不足。①

———————————

① 董少校:《点赞声中,静思"短板"——访上海师大国际与比较教育研究院院长、上海 TALIS 项目负责人张民选》,《中国教育报》2016 年 3 月 22 日,第 4 版。

第二章

教学问题争鸣与教学价值目标定位

习近平总书记在中共十九大报告中指出，要"发展面向现代化、面向世界、面向未来的，民族的科学的大众的社会主义文化，推动社会主义精神文明和物质文明协调发展。要坚持为人民服务、为社会主义服务，坚持百花齐放、百家争鸣，坚持创造性转化、创新性发展，不断铸就中华文化新辉煌"。教学改革的进程，也伴随着思想认识和价值取向上的不断的争鸣，争鸣的过程记录着教育理论界和实践界思想观念不断碰撞、冲突和融合发展的过程，而教学价值、教学目标的演变过程，亦记录着教育发展的历程。本章让我们通过回顾三次教育争鸣和教育价值、目标的演变，感受改革开放以来中国教育的变革。

一、 持续不断的教学问题争鸣

争鸣的过程不仅是思想互相碰撞的过程，亦是在对话中进步的过程，本节将回顾我国改革开放以来三次较大的教育争鸣，主题分别为知识与智力、能力的关系，智力与非智力因素的关系，全面发展与因材施教的关系，让我们再一次感受教育研究者们碰撞出的精彩思想火花。

（一）知识与智力、能力的关系

技术革命带来了人类知识量剧增、科学技术淘汰周期缩短等现象，如何培养具有普适性素质的时代人才成了新技术革命带给教育领域的严峻挑战。基于此，20 世纪五六十年代西方涌现出许多新的教学理论，如苏联赞科夫的"教学与发展"实验教学体系，巴班斯基的教学过程最优化，美国布鲁纳的发现学习，布卢姆的掌握学习，等等。伴随着对这些理论体系的翻译介绍，这些思想给长久束缚于传统模式的中国教育带来了极大的冲击。除此之外，大量信息表明，当时苏联、日本、美国等国均已将发展学生智力、培养学生能力放在了第一位，将知识的传授放在了第二位。国内许多学者纷纷开始思考："如何把握这一思潮的发展趋势并理解其对教学实践的意义？是固守原有的教学方法，还是依据实践发展新的教学理论？"基于理论的冲击和教育实践问题的暴露，在1979年召开的第一届全国教育学研究会的年会上，许多学者提出，我国的教育实践以及教学理论对学生的智力发展缺乏关注，我们要重视发展学生智力的问题。此后，国内教育界对传授知识与发展智力、能力的关系展开了大量讨论，当然在讨论的过程中，学者们并没有完全肯定一方而否定另一方，大多数观点都是在二者既联系又统一的基础上对其中一方略有偏重。

1. 应将知识的传授放在首位

杨祖宏和谢景远主张知识是能力的基础，不应为培养学生能力而忽视知识的传授。他们认为"学生对客观规律性知识的掌握，必须建立在学习相当数量的具体知识的基础上。否则，没有相当数量的具体知识为基础，这些科学概念、一般原理对于学生来说就是知识结构的抽象符号、空洞的架构；深刻的内容、广袤的科学原理，实际上对学生来说只是内容干瘪的个别信息而已，或是对科学原理原则的过宽或过窄的错误理解。这样，不真正掌握理论知识，就没有迁移能力，或者是负迁移"。①

对于知识是能力的基础这一观点，一方面，他们认为"能力完全是建立在知识的基础之上的，脱离知识的能力，万应灵丹似的神乎其神的能力是不存在的。能力的培养，紧密地依赖于知识基础"。② 理由有三：第一，没有某一学科、专业的知识，就没有某一学科、专业方面的问题分析、解决能力；第二，某一学科、专业方面问题分析、解决的能力强弱由掌握该学科、专业的规律性知识的程度高低决定；第三，对学科知识综合的理解和运用能力强，是因为知识深厚广博，思想方法正确，而思想方法正确则是掌握了客观事物的一般规律的结果。③

另一方面，他们指出，"能力的培养必须落实在知识的传授中，离开提高学生的知识质量，要求提高学生的能力，是舍本逐末，会成为空中楼阁。我们越是要重视培养能

① 杨祖宏，谢景远：《知识是能力的基础》，《上海师范大学（哲学社会科学版）》1981年第4期，第142—146页。
② 杨祖宏，谢景远：《论传授知识与发展能力的关系》，见全国教育学研究会编：《遵循教学规律，提高教学质量》，人民教育出版社1980年版，第118页。
③ 同上书，第118—121页。

力,就越是要重视传授知识"。① 理由亦有三:第一,只有学好基础知识、理论知识,才能够具备较高的分析、解决问题能力,适应科技迅猛发展对人才提出的要求;第二,只有以丰富的感性知识为基础,进而将之上升为理性知识,融会贯通地掌握基本理论,才能具备自如运用知识的能力;第三,只有将科学、切合社会需要的知识作为教学内容,才能培养学生的正确思想方法、探索精神、创造能力。②

2. 关注智力、能力发展的主张

许多学者认为关注学生智力发展才是教学的重点。吴杰主张从凯洛夫教学理论的束缚中解放出来,不空论掌握知识和培养能力的关系,而是在回归时代的基础上,去看待掌握知识和培养能力的关系。在大航海时代以及大航海时代之前,从传授知识和培养能力二者的关系来看,一般认为能力的培养是寓于传授知识之中的。但在科技进入航天时代的今天,知识传授和能力培养昭示了重视认知能力和探索能力培养的时代新景观。航天时代为达到创造性的目的,既要更细密的分工,又要多种学科的综合运用,因而在人才的培养上,仅满足于让学生掌握知识、了解世界是不够的,它迫切地要求对学生的发现能力和创造能力进行培养。③

苗慧兰从教育这一社会现象发展变化的总规律出发,对知识和能力的关系进行思考,认为智力发展应占教学的首位。④ 她认为,首先,发展智力是人才开发的需要;其次,教育和科学技术紧密相关,相互影响,发展智力是现代科学技术发展的必然结果;第三,发展智力是人才开发的需要;最后,知识与智力是相互影响的,但其"作用力"不等,她认为在二者相互影响的前提下,智力的发展对知识的掌握有更突出的意义。⑤

黄明皖认为:"现代社会生产力是'智力的物化',是科学技术智慧所表现的物质形式,要熟练地驾驭现代生产力,不仅要掌握科学的基础知识,而且还要具有良好的智

---

① 杨祖宏,谢景远:《论传授知识与发展能力的关系》,见全国教育学研究会编:《遵循教学规律,提高教学质量》,人民教育出版社 1980 年版,第 122 页。

② 同上书,第 122—126 页。

③ 吴杰:《从凯洛夫教育思想体系中解放出来——以时代要求和我国特点研究教育理论和教育实践》,《教育研究》1980 年第 1 期,第 34—38 页。

④ 苗慧兰:《论智力发展在教学中的地位》,见中国教育学会教育学研究会编:《论知识教学和智力发展》,人民教育出版社 1982 年版,第 78 页。

⑤ 同上书,第 78—87 页。

力。""要使学校培养出来的劳动后备军能成为驾驭现代生产力的劳动者,也必须注意发展年青一代的智力。""对付'知识爆炸'的挑战,最有效的方法是发展青年一代的智力,有了发展的智力,就能不断丰富和更新他们头脑中的知识体系。"在知识的掌握和智力发展的关系方面,他承认知识的掌握和能力的发展之间具有辩证的关系,"一般地说,知识的掌握是智力发展的基础,而智力发展是进一步掌握知识的必要条件"。他又提出:"在知识的掌握与智力发展这对矛盾中,矛盾的主要方面还是在智力的发展。因为智力的发展是掌握知识、形成技能的前提,缺乏相应的智力,要从根本上提高知识与技能的质量是不可能的。"除此之外,他还指出,"智力发展是自行获得知识和应用知识的必要条件",因而,"教学中不仅要向学生传授知识,培养技能,更要着重于发展学生的智力"。①

潘为湘认为,"发展能力是教学过程诸矛盾中的主要矛盾的主要方面","首先,我们要在教学任务中明确规定教学是为了发展学生的各种必备能力,在这个大方向下传授结构合理的知识体系","其次,在编制教材中贯串一条以培养能力为目标的红线。尽量删去不必要的陈旧知识,把学生从负担过重和畏惧书本的不健康中解放出来",再次,通过研究智力发展规律和科学测验方法,改革考试制度,改变以分取人的旧标准,扭转中学以高考为奋斗目标的偏向,使学生积极、主动地学习。②

3. 知识、智力发展应该并重

郭文安在对历史上各国教育界对掌握知识和发展智力关系的研究进行梳理的基础上指出,"掌握知识与发展智力的关系,一直是教学理论和实践发展中的一个重要问题。如何处理这一关系,以及它被一定社会的政治、经济、生产力和科学发展所决定,并受人们对它的认识所制约已如上述。历史上,不同时期里的教学理论上的复杂斗争,乍看起来,好像彼此无关,前后不连,但是,深入分析下去,实质上主要是这一关系在各个阶段上有规律地发展的表现"。他认为,从教学任务来看,掌握知识与发展智力是同等重要、不可偏废的,二者之间相互制约。我国受传统教学思想影响较深,对学生

---

① 黄明皖:《知识的掌握与智力的发展》,《广西师范学院学报(哲学社会科学版)》1980 年第 1 期,第 17—22 页。

② 潘为湘:《谈谈教学过程中"发展能力第一"》,《教育研究》1981 年第 11 期,第 49—52 页。

智力发展重视不够,但发展学生智力已经成为时代的要求,因而应当在注重扎扎实实地传授科学技能和知识的同时,发展学生智力。①

罗明基认为知识与智力教育的作用巨大,必须同时并重。他指出,"没有知识,学生的正确观点就难以形成,学生分析思考问题就没有依据,学生在成长中必将出现问题,学生的创新发现就失去基础"。同时他也认为学习知识是一种积极能动的认识过程,不能消极被动地强迫接受。只有充分发展学生的智力,才能使学生深入地理解知识。总而言之,他认为,"知识和智力,作用重大,不可偏废。知识是发展智力的内容和基础,智力是提高知识质量的要素,两者互为条件,相辅相成,互相促进,统一实现,既不可割裂对立,互相排斥,也不能彼此混淆,等同看待,任何强调一面,或者互相等同,必将走弯路,出问题,违背客观规律,降低教学质量"。②

裴文敏和董远骞认为,"掌握知识技能与发展智力的统一性是教学过程的重要规律"。对于知识技能和智力之间的关系,他们认为,一方面,"掌握知识技能是发展智力的基础,智力的发展要以知识为'粮食和原料',并在掌握知识的过程中发展"。另一方面,"智力的发展,是掌握知识技能的有利条件,教学中重视智力的发展,可防止掌握知识技能过程中虚假现象的发生"。基于此,他们指出,"前一阶段我国教育工作强调抓'双基'是正确的,'双基'不是与智力发展相对立的,而是智力发展的基础,智力也是在掌握'双基'的过程中发展起来的。如果说在抓'双基'时忽视了智力发展,那么只要改进教学方法,注意发展智力就是了。不能因为强调发展智力,而把抓'双基'丢了。现在有一种观点认为:重要的不在于掌握知识,而在于给学生'点石头成金的手指头'。这种观点从重视发展智力的角度来说,不无积极意义,但从科学的观点来看,是值得商榷的,脱离了知识,哪里来的智力发展"。③

陈心五认为,"在教学过程中要把掌握知识和培养能力二者辩证地统一起来","掌握知识和发展认识能力,两者都是通过教学所要完成的任务,都应予以充分重视,不应

---

① 郭文安:《试论掌握知识与发展智力的关系》,《华中师范大学学报(人文社会科学版)》1981 年第 3 期,第 88—95 页。

② 罗明基:《传授知识与发展智力统一实现的规律》,《辽宁师范大学学报(社会科学版)》1980 年第 5 期,第 1—6 页。

③ 裴文敏,董远骞:《掌握知识技能与发展认识能力》,《教育研究》1981 年第 2 期,第 47—51 页。

有所偏废"。他认为,在当前的教学中,人们更容易看到学生基础知识掌握的不足,却不容易发现学生智力水平很低,在采取教学措施时,往往偏重死记硬背,而忽略对学生学习兴趣和能力的培养。他指出,"加强基础知识的教学、严格基本技能的训练与发展智力这两者有矛盾的一面,也有相互促进的一面,两者完全可以在正确的教学方法下辩证地统一起来,我们应研究这些方法"。在将两者辩证统一起来时,要注意到处在不同的发展阶段和教学阶段,面对不同的学科、不同的课型和不同的教学要求,对知识、技能、技巧和发展认识能力的要求也会呈现出不同的特点。①

争鸣的意义本不在于分出胜负对错,可喜的是经过这次讨论,传统课堂上过于重视知识的传授和掌握的现状得到了一致的反思。不管是哪种观点持有者,都承认培养学生的智力和能力在教学过程中起着重要的作用。此时的教学目的应当表述为"加强基础,发展智力"。此后,人们在教学实践中亦纷纷提出了强调培养学生的自学能力和独学能力,使学生"学会学习"的改革主张。这一时期具有代表性的教学改革有卢仲衡主持的"中学数学自学辅导教学实验",上海育才中学的"读读、议议、练练、讲讲"八字教学法,黎世法的"六课型单元教学法实验",邱学华的"小学数学尝试教学法实验"等。卢仲衡的"中学数学自学辅导教学实验"严格控制教师的课堂讲授时间,保证学生有充分的自学空间;上海育才中学的"读读、议议、练练、讲讲"八字教学法打破了传统教学模式,让学生自己读书自己讨论;黎氏教学法源于对刚刚进入大学一年级的学生进行的最佳学习方式的调查,根据最佳学习八环节中的六个环节(忽略了第一环节"制定计划"和最后一个环节"课外阅读"),匹配以相应的教学方法,得到六环节教学法;邱学华的"小学数学尝试教学法实验"将学生视为教学的主体,充分发挥学生的主动性和创造性,让学生在尝试的过程中体会学习的快乐。

总而言之,这一时期,我国的这些教学改革与以往的教学活动有了很大的不同:一方面,在教学活动的基本程序上,主张"先学后教"或者"先练后讲";另一方面,在教学活动的组织形式上,坚持"学生自定步调,教师异步指导"。

伴随着教育的不断发展,关于知识与能力的争论亦从未间断。21世纪初,北京师

---

① 陈心五:《在教学过程中把掌握知识和培养能力二者辩证地统一起来》,见全国教育学研究会编:《遵循教学规律,提高教学质量》,人民教育出版社1980年版,第133—135页。

大的王策三教授和华东师大的钟启泉教授,也曾进行过知识与能力的争论。2004 年王策三在《北京大学教育评论》上发表了《认真对待"轻视知识"的教育思潮——再评由"应试教育"向素质教育转轨提法的讨论》。文章指出,"由'应试教育'向素质教育转轨提法的流行,反映了一股'轻视知识'的教育思潮,干扰教育、课程改革,必须坚决克服","教学中'注重知识传授',根本、永远不存在'过于'的问题,而是根本、永远不够,要不断加强的问题"。①

　　针对王策三的观点,钟启泉和有宝华同年 10 月在《全球教育展望》上发表了《发霉的奶酪——〈认真对待"轻视知识"的教育思潮〉读后感》,文中提到,"其实,'改变过于注重知识传授的现象'论断的含义有二:第一,改变过于注重传授现成知识的现象,注重加强学生对其他知识的掌握;第二,改变过于注重知识的传授现象,注重利用更多的方式,特别是引导学生进行知识建构的方式进行知识教育"。他认为,"《轻视知识》一文所表露的教育价值观、学生观、知识观,以及作者特别推崇的教学认识论都充斥着'凯洛夫教育学'的思想",作者应敢于放弃这块"发霉的奶酪",主动了解教育科学及其他相关学科的新进展。② 2005 年 1 月钟启泉又在《北京大学教育评论》上发表了《概念重建与我国课程创新——与〈认真对待"轻视知识"的教育思潮〉作者商榷》,他在文中对知识观进行了重构,认为应试教育下的知识观让学生学到的是不知如何运用的"无用知识",而基于新"知识观"的课程创新,其"知识习得"有强调知识的经验基础,强调知识的建构过程,强调知识的协同本质等特点。③

(二)智力与非智力因素的关系

　　在知识与能力讨论的中后期,人们开始思考,是否智力发展水平高就能够保证学生成才呢? 1981 年,刘佛年先生曾指出,"智力是认识世界的活动,它也不是一个孤立的东西。一个人为什么要认识世界呢? 他总有个动力吧,总有一个原因、一个需要驱

---

① 王策三:《认真对待"轻视知识"的教育思潮——再评由"应试教育"向素质教育转轨提法的讨论》,《北京大学教育评论》2004 年第 3 期,第 5—23 页。

② 钟启泉,有宝华:《发霉的奶酪——〈认真对待"轻视知识"的教育思潮〉读后感》,《全球教育展望》2004 年第 10 期,第 3—7 页。

③ 钟启泉:《概念重建与我国课程创新——与〈认真对待"轻视知识"的教育思潮〉作者商榷》,《北京大学教育评论》,2005 年第 1 期,第 48—57 页。

使他去认识世界、去追求知识吧。所以,这就牵涉需要这类问题……除了智力的问题之外,还有一个情感的问题、意志的问题。这些都是组成一个人的心理的一些主要部分,这些心理的部分同身体的力量结合在一起,就构成整个人的力量。身体的力量、心理的力量、心理方面的各种能力结合起来,全部调动起来,全部发展起来,然后才能把学习搞好"。①

1983 年,上海师大的燕国材在《光明日报》上发表《应重视非智力因素的培养》一文,明确提出"在学校中,我们既要注意发展学生的智力,同时,又要重视培养学生的非智力因素。只有当这两方面都得到了较好的培养和发展时,才能保证多出人才"。他认为,智力因素一般包括注意力、观察力、想象力、思维力、记忆力五个方面,广义来说,智力因素以外的一切心理因素都可称为非智力因素。狭义来说,智力因素主要指情感、意志、性格。情感能够直接转化为学生的学习动机,意志在学生掌握知识的过程中有明显的积极作用,性格是一个人个性的核心特征,是支配一个人个性的那些心理特征的独特结合,对学生的学习有着深刻的影响。② 自燕国材发表这篇文章后,教育学界开始关注非智力因素。

1988 年燕国材发表文章《论非智力因素及其在教育工作中的意义》,再次强调,"学生是否学习得好,是否能够成才,不能单从智力方面去找原因,还要看学生的非智力因素的水平如何"。他将非智力因素分成三个层次,上文中提到的广义的非智力因素和狭义的非智力因素分别为第一、二层,第三层为具体的非智力因素,由成就动机、求知欲望、学习热情、责任感、义务感、荣誉感、自信心、自尊心、好胜心、顽强性、自制性、独立性等十二种具体的心理因素组成。他将所有非智力因素看成一个整体,认为其作用表现为动力、定向、引导、维持、调节、强变等六个依次发展、密切联系的方面。加强非智力因素有助于提高教学质量、加强政治思想工作、改进学校的教育管理工作。他还表明,他们所提出的非智力因素概念,是以"一条假定"为出发点、以"一个公式"为归宿处的。"一条假定",即人的智力受先天因素影响较多,受后天因素影响较少,非智力因素则受后天因素影响较多,受先天因素影响较少,若这两点分析成立,那么学生的

---

① 刘佛年:《有关发展学生智力的一些问题》,《教育研究》1981 年第 3 期,第 2—7 页。
② 燕国材:《应重视非智力因素的培养》,《光明日报》1983 年 2 月 11 日第 3 版。

学习成功与否不在于智力水平的高低而在于非智力因素水平的差异。"一个公式"即 $A = f(I, N)$，"A"为成功，"f"为函数关系，"I"为智力，"N"为非智力因素，学习的成功是由智力与非智力因素共同决定的。[①]

吴福元在《大学生的智力发展与智力结构》一文中指出，智力结构是一个多维的、多层次的、动态的综合体，包括素质结构、认知结构（智力因素）、动力结构（非智力因素）三个亚结构。素质结构是指人的遗传因素和由遗传得来的先天素质；认知结构包括观察力、记忆力、思维力、想象力、创造力等基本能力；动力结构指个性中的非智力因素，主要包括人的心理倾向特点。[②]

这一时期除了教育理论界对非智力因素颇有关注之外，我国心理学界亦针对非智力因素与学习之间的关系开展了大量的实验研究，研究都表明非智力因素与学生学习之间存在一定程度的相关。心理学实验的研究，进一步增加了人们对非智力因素的关注度，人们逐渐认识到智力因素与非智力因素是相互交织、相互影响的。教学活动在强调智力因素的同时也应该注重非智力因素，不仅要使学生"学会学习"，也要使学生"乐于学习"。我国的教学目的亦逐渐发展为"加强基础，发展智力，培养非认知因素"。这一时期具有代表性的教学改革有兴趣教学、情境教学、成功教学、愉快教学、希望教学等。

（三）全面发展与因材施教的关系

全面发展和因材施教是教育界永恒的话题，在教育教学中占有重要地位。对两者关系问题的争论一直从 20 世纪 50 年代延续至今，研究者对该问题的理论认识也越来越深刻。

1. 20 世纪 50 年代的争论

教学中关于全面发展和因材施教关系的争论始于 1955 年张凌光发表《实行全面发展教育中若干问题的商榷》一文，他提出的全面发展并非"平均发展"，而是全面也有重点的发展。张凌光在文中阐述了五方面的问题：一是目前教育工作中的一些重大

---

① 燕国材：《论非智力因素及其在教育工作中的意义》，《贵州教育学院学报（社科版）》1988 年第 1 期，第 3—8 页。

② 吴福元：《大学生的智力发展与智力结构》，《教育研究》1983 年第 4 期，第 41—45 页。

矛盾;二是马、恩、列、斯关于全面发展教育的理论;三是由于误解全面发展的教育而采取困累学生头脑的措施;四是就现有条件进行综合技术教育;五是对于全面发展教育的概括了解,并提出他认为应实行全面而有重点的教育的三点理由。三点理由包括:其一,当前社会成员担负的各项工作都是专门化的,是在普通知识基础上的或深或浅的专项工作,因而教育在全面的基础上也需要引导学生在某方面多加钻研;其二,全面发展的教育是随着社会发展程度的变化而不断发展的,其内涵应当有所侧重;其三,当前学校要求学生掌握的"普通知识"其界限是模糊的,不能以此来衡量学生是否为全面发展。①

张凌光的观点引发了教育界对于全面发展问题的极大关注和热烈讨论,其中较有代表性的反对文章是丁丁于同年6月发表的《不要把中学教育引上歧途》一文。他在文章中对"重点发展"的观点进行了批评,认为不能割裂全面发展这一社会主义教育的方针,选择重点作为推动工作的方法。他提出学生只有在学好各科知识的基础上才有可能重点发展某一学科,且在普通教育阶段过早专业化是不可取的,"一个共产主义者只有学好人类创造出来的各科系统知识,才能发展智力,创造性地去改造自然、改变社会"。②

这一时期对于全面发展和因材施教关系问题的探讨处于初期阶段,学者看到了两者之间的辩证关系并尝试以"个性教育"为契合点,将全面发展的方针和因材施教的方法结合起来,但这一讨论由于受到政治领域斗争的冲击而被迫中止,直到三十年后才重新被提及。

2. 20世纪80年代后的讨论

20世纪80年代后的讨论可以分为两类研究角度,一类是把全面发展当作研究对象,进而考察这一教育目的对因材施教的指导和制约作用;另一类则是把因材施教作为研究对象,分析这一教学方法和全面发展的功能关系。

第一类研究以傅小悌为主要代表,他在《对教育目的的探讨》一文中对全面发展的内涵作了理论上的分析。文章提出"人的全面发展应该是多样化的"这一命题并进行

---

① 根据张凌光1955年发表于《人民教育》的《实行全面发展教育中若干问题的商榷》一文整理。
② 根据丁丁1955年发表于《人民教育》的《不要把中学教育引上歧途》一文整理。

了论证。其一,就遗传素质而言,每一个学生都有极大的发展可能性,因而要"让所有学生都得到全面发展,包括后进学生","这也是我国政治、经济、科学和文化发展的要求"。其二,"每个学生都应该得到全面发展,而且应该是他自己的已有基础上的全面发展。也就是说应有他自己内容、水平和方向的全面发展"。其三,全面发展对于不同特质的学生来说应该有不同的内涵,要认识到"全面发展应该是多样化的全面发展,不是单一的唯一的全面发展"。①

傅小悌的论述从理论上对"全面发展"和"平均发展"作出了区分:学生的全面发展应当是从纵向意义上来说的,和自己前后比较的结果;而平均发展则指的是从横向意义上来说的,以同一标准要求和评价学生的结果,应当被摒弃。傅小悌把人的"多样化"发展加入到了全面发展的内涵之中,为因材施教提供了理论依据。

此外,他还在文中就全面发展和个性发展的关系问题进行了论述。学生的个性特点既有普遍性也有特殊性,教育要发展学生个性中的共性,也不能忽视共性中的个性。在引导学生全面发展的过程中也要注重学生的个性发展,个性发展要以全面发展为基础,两者相辅相成,和谐辩证。

在第二类以因材施教为对象的研究中,学者普遍承认学生存在个性差异,应在差异基础上开展教学。如王炳照在《因材施教与照顾大多数》一文中回应了照顾大多数和因材施教之间的矛盾问题,认为两者并不相互冲突:"贯彻因材施教的原则能使大多数受教育者发挥所长,促其顺利发展和迅速提高;如果违背因材施教的原则,都一律对待,就会有人吃不饱,有人吃不了,反而不能使大多数得到适当的发展和相应的提高。"②他认为因材施教有两方面的含义,其一,尊重受教育者先天存在的知识、才能、性格、志趣等方面的差异而进行的个性化教育;其二,尊重社会和国家在特定历史时期的人才培养要求而进行的有针对性的教育。王炳照赞同把因材施教纳入教育方针的观点,在强调全面发展的同时又允许受教育者有所侧重,发展某些专长。

但在如何"施教"的问题上,出现了"长善扬长"和"救失补短"之间的争议。傅小悌等学者认为,要通过教育扩大个性差异,发挥长处,弥补不足,并以此为因材施教的立足

① 傅小悌:《对教育目的的探讨》,《湖州师专学报》1987 年第 1 期,第 92—97 页。
② 王炳照:《因材施教与照顾大多数》,《华中师院学报(哲学社会科学版)》1980 年第 1 期,第 60—65 页。

点;杨启亮等学者则认为,比起"扬长",更应当把教育的重点放在"补短"上,无论从教学的教育性看还是从智育的全面性看,都应当注重救失补短,以使学生更好地适应社会。

就全面发展和因材施教的已有争论来看,全面发展的内涵以及如何在实践领域加以落实,因材施教是否为其唯一实现途径等问题,仍然值得研究者进一步思考和探讨。

如果说关于"知识和能力哪个更重要"、"智力因素与非智力因素孰重孰轻"的一系列争鸣,最终使人们意识到对每一个个体的发展而言,并不存在抽象意义上谁比谁更重要的问题,那么,关于全面发展与因材施教之间关系的争论,则最终使人们走出了非此即彼的思维误区,不再作非 A 即 B 的简单选择,进而也使后来的教学改革在进行价值和目标选择时,变得更加理性。

二、 教学价值取向从重效率到重公平

我国的教学价值和教学目标之间有直接关系,教学价值取向的改变也必然导致教学目标的改变,而教学目标又对教学活动有引领作用。回顾我国自改革开放以来的教育教学发展,大致可以看出其价值取向经历了从"效率优先,兼顾公平"的重效率阶段到"公平导向下的均衡发展"的重公平阶段的变化。

(一) 价值及教学价值

1. 价值及教学价值

价值并非单纯是客体属性,也不仅仅是主体需要,它是客体属性与主体需要之间的一种特定关系,它表示客体的属性在多大程度上能满足主体的需要。主体需要在客体属性与主体需要这对关系中占主动方面,是主体按自己的需要去选择、说明客体的属性。基于伯姆的对话理论可以这样理解价值:价值是一个关系范畴,呈现于人与宇宙中其他"在者"的关系之中。因而,只有在关系中,尤其是在我们以全身心投入的"我—你"关系之境界中,价值才能被透彻地把握。[①]

教学活动定然有自己内在的和外在的主观追求,因而教学活动是一种价值性的活

---

① 杨小微:《教学中的价值引导与价值商谈》,《教育科学研究》2004 年第 10 期,第 5—9 页。

动。"任何'教学事实'的背后,或支撑起'教学事实'的,都是教学生活中的人的价值选择"。① 对教学价值的概念界定很少,桑新民教授认为,"教育价值是主体的教育需求通过教育客体得到满足,是主客体之间以教育为纽带的一种利益关系",②那么教学价值,就是教学和主体之间的一种利益关系,主体通过教学活动得到满足。教学活动的主体是对教学有需要和期望的现实的人,在开展教学活动时,他们会将自己的需求赋予教学活动,尝试按照他们的期望和目的去完成教育活动的规范和构建,以实现某种教学价值目标。

2. 教育价值的分类

为了深入地了解教学价值,需要对教学价值进行探讨,但由于对教学价值的分类研究非常有限,而教育价值对教学价值有引领作用,此处将简要阐述一下教育价值分类。选择标准不同,每个人对教育价值的分类方式亦不同,例如,从教育的主体主要是人和人类社会这一层面出发对教育价值进行分类,可以将教育价值分为教育的人的价值和教育的社会价值两类。基于这一分类方式,可以从两个方面来理解教育。一方面,教育是培养人、转化人的活动,教育所有其他价值的实现都以教育实现人的价值为基础,教育活动若离开了人,便失去其意义,教育应促进人的个体发展,促进人的全面发展,促进人的持续发展。另一方面,某个时代的教育在实现人的价值的同时,还应实现其承担的社会价值。"教育的社会价值可具体表现为教育的政治价值(教育对维护和巩固政治统治,促进政治民主等方面的作用)、经济价值(教育促进经济发展的作用)、文化价值(教育对弘扬民族文化、发展人类精神文明所起的作用)"。③

但教育的价值绝不是二者选其一,而是谋求二者的统一。换言之,在关注到教育的人的价值的同时也应注意,人是同时具有主客体双重性的社会存在和自然存在,人既有受动性亦有能动性,人区别于其他动物的高层次价值即人以社会为基础,且对社会有效应,人终归是社会中的人,一个人不论是科学家还是普通劳动者,其身份都是社会赋予的。从这个意义上讲,人的所有个人价值都寓于社会价值之中,在关注教育的

---

① 李森,潘光文:《教学论研究的事实与价值之思》,《西南大学学报(社会科学版)》2008 年第 6 期,第 130—138 页。

② 桑新民著:《呼唤新世纪的教育哲学》,教育科学出版社 1993 年版,第 184 页。

③ 王汉澜:《浅谈教育的价值》,《华东师范大学学报(教科版)》1991 年第 1 期,第 27—32 页。

社会价值时亦不可忽视这一点。总而言之,教育的人的发展价值与教育的社会发展价值之间存在着密切联系,过分强调一方而忽视另一方都有碍教育价值的实现,我们应在教育的个人价值和教育的社会价值之间寻找恰当的平衡点。

除此之外,教育价值还有许多分类方式,有学者对教育价值的分类进行了梳理(见表2-1)。

表2-1　教育价值的分类①

分 类 依 据	主 要 内 容
依教育价值的客体承担者	本体价值(知识价值、品德价值、个性价值)、工具价值(政治价值、经济价值、文化价值)
依教育本身特点	教育中的价值与教育的价值
依教育的性质	积极的价值与消极的价值
依教育的发展方向	理想价值与现实价值
依教育关系运动的成果	第一个层次:教育与社会之间的价值关系(政治价值、经济价值、文化历史价值等)、教育与个体发展价值之间的关系(生存的价值、完善的价值、创造与享受的价值等) 第二个层次:教师与学生之间的价值关系;教育、学生与教育情境之间的价值关系
依人类社会的三种生产理论	内在价值与外在价值或称直接价值与间接价值

从表2-1对国内外教育价值分类的总结中可以看出,不同学者对教育价值有着不同的分类,他们之间存在分歧,这一方面反映了教育价值问题是一个复杂的问题,另一方面也表明教育价值的分类标准有待更进一步的研究明确。

(二)"效率优先,兼顾公平"价值取向下的教育教学

1. 分配制度的"效率优先,兼顾公平"

我国的传统计划经济体制非常强调"公平",其主要表现为分配时的平均主义,不

---

① 瞿葆奎主编:《教育基本理论之研究(1978—1995)》,福建教育出版社1998年版,第417页。

论你从事什么工作,干多干少都一样。这种分配上的平均主义导致了经济的低效,而经济的低效又决定了个人所得的低水平。据世界银行统计,1979 年到 1980 年,我国城市的基尼系数只有 0.16,远低于其他发展中国家。经济体制改革后,收入分配主体呈多元化发展趋势,除国家这一收入分配主体外,又出现了一些新的分配主体,市场经济的分配观念亦开始确立,但工资收入分配中的平均主义依然严重,效率低下问题仍然存在。为解放和发展生产力,提高生产效率,最终达到共同富裕,十四届三中全会通过的《中共中央关于建立社会主义市场经济体制若干问题的决定》,对分配制度提出了"效率优先,兼顾公平"的原则。

2. 教育中的"效率优先,兼顾公平"

改革开放之初,我国的教育亦在奉行"效率优先,兼顾公平"这一价值取向。"效率优先、兼顾公平"即在保证效率的前提下考虑公平,将教育效率置于比教育公平优先的位置,当效率和公平发生冲突时,优先考虑效率,公平建立在保证教育效率的基础之上,效率第一,公平第二。在这一教育价值取向的引领下,我国教育体现出一种"精英教育"的特征。在教育资源有限,需要在平均主义的分配和"好钢用在刀刃上"之间进行抉择的时候,决策者往往会选择"好钢用在刀刃上"。具体表现为:政府部门会将大量的优秀教育资源分配给重点学校,同时,其选拔和评价制度的制定亦体现出效益最大化的"精英教育"思想——选拔优秀学生进入重点学校,以实现在最短的时间内选拔、培养出高质量人才。这一时期的教育往往满足了部分人的利益而牺牲其他人的利益,但这种不平等的牺牲往往被认为是理所应当的。在这样的大环境下,大部分人都选择将自己变成"精英",而不是去思考"精英优先"是否具有合理性。

这一时期的教学实验改革亦透露出对效率的关注。例如,马芯兰、李吉林为解决小学数学、语文教学效率低下的问题,将沿用多年渐进展开的统编教材顺序打乱,按照新的逻辑方式(如数学按同类题型,语文按主题、题材或体裁)重新编排教材,创造新的课型和教学方式,开展了颇有影响的教材教法实验。其中,马芯兰的实验达到了三年教完小学五年制教材全部内容的效果。赵宋光更是运用哲学、美学、完形心理学的研究成果,以综合建构的方式(如学习"3"的"操作完形"时,采用心想数、口念诀、手翻牌这种"镶嵌式"建构方式学习),开展了小学数学教学新体系实验,实验结果表明,学生能在两年半时间内学完小学六年的数学教材。

3. 对"效率优先,兼顾公平"的评述

前文已提到,改革开放初期,我国社会盛行一种绝对的平等观,在这种平均主义的平等观的作用下,教育领域亦推行平均主义发展,但这是一种低水平的平均或者平等,并且由于这种平均或平等主义观仅仅重视结果的均等,追求最终结果的相同,以至于部分个体的发展被束缚,且个体均难以获得个性化的发展。"效率优先,兼顾公平"这一价值取向的出现是对平均主义观的改革,对高素质人才的培养也随之成了教育的中心任务。总而言之,这一价值取向的普及,加快了我国教育现代化的进程,推动了我国的教育进入快速发展阶段。

但"效率优先,兼顾公平"这一价值取向,终归只能够作为一个过渡性的教育价值取向,"效率优先,兼顾公平"这一教育发展阶段,虽然有其存在的意义,但是终归会退出历史的舞台。人们渐渐发现,我国教育在从低水平的均衡向高水平的不均衡发展时,出现了一系列问题。第一,教育活动本应促进人的全面发展,但在"效率优先、兼顾公平"的价值取向下,逐渐地,"效率"成了"目的","人的发展"被"效率"取代了。现代教育观念认为,优质教育资源理应人人共享,但在"效率优先"的教育价值取向下,只有"精英"才能享受到某些教育资源,你若想享受这些优质教育资源,就必须成为"精英",而"精英"的选拔是有一定的评定标准的,例如考试。一时间,如何帮助学生通过考试成为"精英"成了教师的主要任务;如何快速往自己脑海中填塞可用于应付考试的知识,如何揣摩出题者的心思,让自己在考试中脱颖而出成为"精英",成了学生的主要任务。第二,注重"效率"的教育价值取向终将会带来社会的不平衡发展,引发受教育机会不均等等问题,进一步加剧社会两极分化。第三,"效率优先,兼顾公平"这一强调"效率"的教育价值取向,导致部分人将教育视为产业,像经营生意一般地经营着教育,追求教育的利益最大化,这与教育的普惠性、公益性有悖。总而言之,我们亟需重新调整效率与公平之间的关系。

(三)"重公平"价值取向下的教育教学

在改革开放初期,面对平均主义盛行、教育效率低下等问题,效率确实是当时的最主要诉求。但随着教育现代化的推进和效率的提高,面对注重效率时期带来的不公平问题,"公平"再一次登上了历史舞台,教育的发展逐渐开始追求公平,"公平"逐渐取代

"效率"成为主流教育价值取向,我国教育亦从"效率优先,兼顾公平"转向了"公平导向下的均衡发展"。《国家中长期教育改革和发展规划纲要(2010—2020 年)》多次强调公平问题,例如,"把促进公平作为国家基本教育政策。教育公平是社会公平的重要基础","形成惠及全民的公平教育","完善高等学校招生名额分配方式和招生录取办法,建立健全有利于促进入学机会公平、有利于优秀人才选拔的多元录取机制","2010—2012 年,围绕教育改革发展战略目标,着眼于促进教育公平,提高教育质量,增强可持续发展能力,以加强关键领域和薄弱环节为重点,完善机制,组织实施一批重大项目",等等①。一时间,教育公平成了教育研究者关注的热门话题。

1. 义务教育免费

2008 年 3 月,温家宝在政府工作报告中表示,要在全国城乡普遍实行免费义务教育,同年 7 月底,召开国务院常务会议,部署全面免除城市义务教育阶段学生学杂费工作,由此带来了强烈的政策辐射,义务教育免费开始成为社会热议话题。其实,此前已有广东等 10 余个省、市开始免除学杂费行动。有关调查表明,免除学杂费后,学校经费基本得到保障,群众教育负担切实减轻,教育乱收费现象明显减少,家长、学校和社会都比较满意。②

义务教育的实质在于保障国民素质达到特定社会发展水平所要求的"底线",但此前很多人因为经济方面的原因,未能达到"底线",义务教育免费这一阳光普照政策的推行,很大程度上降低了教育的门槛,实现了教育起点公平。

2. 人人享受"同质"教育

义务教育免费这一阳光普照政策对教育起点公平的保障令我们欣喜,但教育公平并不仅仅局限于教育起点公平。教育公平包括教育起点公平、教育过程公平和教育结果公平。教育起点公平仅仅是教育公平的最低诉求,真正能够提升人们幸福感、令社会满意的教育,应该是全过程都能让人感受到一以贯之的"公平对待"的教育,即所有人都能够享受同等质量的适合自己的教育。在保证了人们都能够"上到学"之后,我们还应保证人们都能够"上好学"。面对保证人们都能够"上好学"这一新要求,不同地区

---

① 中共中央、国务院:《国家中长期教育改革和发展规划纲要(2010—2020 年)》,2010 年 7 月 29 日。
② 杨小微:《从义务教育免费走向教育过程公平》,《基础教育》2008 年第 12 期,第 10—13 页。

学校教育质量差异过大、义务教育不能"同质"等问题成为政府需要解决的最新问题。我国教育发展的不"同质"在东、中、西部分别有不同的体现。

"我国东部地区,由于历史积淀、经济发展、人口涌入带来了文化多元和教育需求的多样,教育的发展正由数量扩充走向内涵发展;伴随着各项改革的推进,学校之间在办学条件、生均经费、教师收入等方面已无大的差异可言,但在学校的文化传统、管理理念、教育教学方式等方面,尤其是随着学校持续开展教育改革的自觉性和深度的不同,学校之间的发展水平出现了明显的差距"。① "中部地区以农业文明为主,属中等发达地区,但改革开放以来经济发展呈塌陷之势,教育的基础条件,尤其是师资力量薄弱,教育投入的区域分配不均衡、'普九'欠贷严重,应试教育的强势导向更加大了城乡之间和学校之间教育质量的不均衡"。② "西部地区的突出特征就是经济总体上欠发达,多民族文化交融与冲突,少数边远农村地区仍处于前工业化社会,基础教育发展水平滞后,教育资源不足,教师队伍状况堪忧,行政导向出现偏差,高密度的国际援助在促进教育发展的同时也使理想与现实、观念与行动之间的落差更大"。③ 除去东、中、西部内部的教育质量差异外,东、中、西部三个地区之间本身也存在着教育质量的显著差异。

随着社会经济和文化的发展,教育资源日趋丰富,区域间、学校间的教育差异更是进一步显露,且这些差异不仅仅体现在物质性办学条件上,还体现在许多"内涵式"层面,例如师资力量、教师教学理念、教师专业发展机会、学校管理层理念和领导方式、学校制度优劣、学校文化底蕴等方面。

除了教育层面的"同质"之外,我们还需要关注教学层面的"同质"。教学层面的"同质"主要指学生在课堂中能够获得教师的同等对待。首先,这就要求教师在课堂上的教学应该是面向全班的,课堂教学活动过程中,教师应该尽可能地关注每一个个体的学习情况,尽可能地面向全体学生开展教学活动。其次,教师应该公平地分配和利用教学资源,教学资源不仅包括硬件资源、教材资源,还包括课堂中的交流互动。第

———————————

① 杨小微:《从义务教育免费走向教育过程公平》,《基础教育》2008 年第 12 期,第 10—13 页。
② 同上注。
③ 同上注。

三,教师的评价应该公平,评价公平一方面要求教师做到公正无偏私,另一方面还要求教师认识到学生是发展中的人,教学评价应该有利于学生的发展。需要注意的是,这个层面的公平是从教师对待学生的角度来说的,还有一个层面是学生的公平体验,严格来说,公平是相对的,是在具体的条件情境下谈论的,而不是在任何条件下对任何人都公平。以教学资源分配为例,教师在分配教学资源时,需要依赖一定的分配原则,比如说,平均分配,根据学生的学习成绩进行分配,根据学生的进步程度进行分配,等等。不同的分配方式将给不同的学生带来不同的公平体验,教师认为的公平对待未必会带来学生的公平体验,或者只能够带来部分学生的公平体验,基于此,教师可以采取一定的补偿措施,给在某种分配方式下处于劣势的同学一定的补偿,以保证其公平体验。

3. 在教育中获得个性化对待

除了让每个人都能够享受"同质"的教育外,教育还应追求让每个学生都能够获得最适合自己的教育,实现教育过程中的差别对待。差别对待一方面是给予某些有特殊要求的学生特殊照顾,给不利的人以补偿,例如给困难学生特殊照顾,给弱者有限的能力锻炼机会,等等;另一方面,亦指关注每个个体的个性差异,给予每个个体独特的对待,在发挥学习者个人特长的同时,激发他们的学习潜能,实现因材施教,例如在进行教学评价时关注到每个学生的个性、能力差异,实行弹性评价,给不同的学生布置不同的家庭作业,给予学生参与活动的自主选择权,等等。

教育均衡发展从"起点"到"过程"再到"结果"的推进,每一步都是对教育公平内涵的不断深入。从最初的让每一个适龄儿童都能够有机会接受教育,到追求合理资源配置,让每个人都能享受到"同质"的教育,再到实现教育资源的极大丰富,让每个学生都能在受教育过程中得到公平对待,同时还能够获得符合其个性的差别对待,发挥每个人自身的特长和学习潜能,每一次的跨越或许都不容易,但都值得期待。

三、 教学目标从重"双基"到重素养

人类的实践活动都是由一定的目标指引和支配的。教学作为人类特有的社会实践活动,是有目的、有组织、有计划的,也需要有一定的教学目标作为引导。我国教学目标的演变经历了从重"双基"到重素养的转变。

(一) 我国教育目的的演变

教育目的是指教育活动所要培养人才的总的质量标准和规格要求，是培养人的总目标，具有高度概括性和抽象性，所体现的是普遍的、总体的、终极的教育价值。我国教育目的的发展和演变经历了从古代教育重视德育，到近代教育逐渐提高智育在教育构成中的地位，再到现代教育涵盖"五育"的过程。

在我国古代，学校教育以德育或宗教教育为主，重在培养"士"、"君子"和"圣人"。春秋战国时期，孔子提出培养志士仁人和君子的主张。孟子提出"明人伦"的教育目的："设为庠、序、学、校以教之。庠者，养也；校者，教也；序者，射也。夏曰校，殷曰序，周曰庠，学则三代共之，皆所以明人伦也。人伦明于上，小民亲于下。"①荀子的教育目的在于化性起伪，他提出要让受教育者"始乎为士，终乎为圣人"②。《大学》开宗明义地指出教育的目的在于明明德、亲民、止于至善。西汉时期董仲舒主张培养"以仁安人，以义正我"的君子。唐代韩愈认为教育的目的在于"明先王之道"，培养体道、悟道、行道之人。宋代张载主张教育的目的在于学为圣人、敦本善俗，他提出"常以圣人之规模为己任，久于其道，则须化而至圣人"③。明代王阳明认为教育的目的在于"明伦"、"成德"、"致良知"。黄宗羲认为可以通过教育实现圣贤治世的理想社会。

清末"西学东渐"时期，张之洞等人在 1904 年奏请颁布《奏定学堂章程》时提出："至于立学宗旨，勿论何等学堂，均以忠孝为本，以中国经史之学为基，俾学生心术壹归于纯正，而后以西学瀹其智识，练其艺能，务期他日成材，各适实用，以仰副国家造就通才、慎防流弊之意。"④中学为体、西学为用的思想成为这一时期的教育指导思想。随后，学部奏请颁布了"忠君、尊孔、尚公、尚武、尚实"的教育宗旨。

蔡元培于 1912 年发表《对于教育方针之意见》一文，提出了"五育并举"的教育方针，即军国民教育、实利主义教育、公民道德教育、世界观教育和美感教育。1929 年，南京国民政府在《中华民国教育宗旨及其实施方针》中提出"三民主义"的教育宗旨，即"中华民国之教育，根据三民主义，以充实人民生活，扶植社会生存，发展国民生计，延

---

① 徐强译注：《孟子·滕文公上》，山东画报出版社 2013 年版，第 91 页。
② 梁启雄著：《荀子简释》，中华书局 1983 年版，第 7 页。
③ 丁原明著：《横渠易说导读》，齐鲁书社 2004 年版，第 58 页。
④ 朱有瓛主编：《中国近代学制史料第二辑(上册)》，华东师范大学出版社 1989 年版，第 78 页。

续民族生命为目的"。①

1957 年，毛泽东发表《关于正确处理人民内部矛盾的问题》，提出"我们的教育方针，应该使受教育者在德育、智育、体育几方面都得到发展，成为有社会主义觉悟的有文化的劳动者"。②

1982 年《中华人民共和国宪法》首次以法律形式确定我国的教育目的为：国家培养青年、少年、儿童在品德、智力、体质等方面全面发展。

1993 年，《中国教育改革和发展纲要》提出，教育必须为社会主义现代化建设服务，必须与生产劳动相结合，培养德、智、体全面发展的建设者和接班人。③

2001 年，国务院颁发《国务院关于基础教育改革与发展的决定》，明确提出"教育必须为社会主义现代化建设服务，为人民服务，必须与生产劳动和社会实践相结合，培养德智体美等全面发展的社会主义事业建设者和接班人"。④

中共十八大报告提出，把立德树人作为教育的根本任务，培养德智体美全面发展的社会主义建设者和接班人。

纵观我国教育目的的发展和演变历程可以看出，教育目的在不同时期都备受关注。教育目的蕴含着社会对人才培养的要求和期望，是整个教育活动的出发点和归宿，对明确教育任务、制定教育制度、选择教育内容以及教育活动的组织和开展过程都起到指导作用。

我国现行的教育是全面发展教育，其各个组成部分分别是德、智、体、美、劳，即"五育"并举。桑新民认为，"五育"分为三个层次，德、智、美属于心理发展层次上的目标，体育属于身心和谐发展层次上的目标，劳动技术属于培养创造性实践能力层次上的目标。⑤ 五育的关系及其在教育构成中的地位并非一成不变的，它们各自的发展也不平衡。随着自然学科、人文学科被列入课程，智育的地位逐渐上升。随着学生课业负担的加重，智育发展为应试和追求升学的工具，和其他各育的矛盾日渐突出。

---

① 教育部教育年鉴编纂委员会：《第一次中国教育年鉴甲编》，开明书店 1934 年版，第 8 页。
② 毛泽东著：《关于正确处理人民内部矛盾的问题》，文字改革出版社 1976 年版，第 55 页。
③ 中共中央、国务院：《中国教育改革和发展纲要》，1993 年 2 月 13 日。
④ 国务院：《国务院关于基础教育改革与发展的决定》，2001 年 5 月 29 日。
⑤ 桑新民：《对"五育"地位作用及其相互关系的哲学思考》，《中国社会科学》1991 年第 6 期，第 159—166 页。

(二) 教学目标及其分类

教育目的和培养目标是通过一系列具体的教学目标落实到教学活动中的。现代教学理论为了实现教育目的具体化,提出教学目标的概念,即教师和学生对教学活动所要达到的标准和要求作出规定或假设,以使教学预定达到的结果具有可操作性和可评价性。它包含三方面的内容,首先,教学由师生双方共同完成,因而教学目标的行为主体是教师和学生;其次,教学活动是教学目标制定和实施的载体;最后,教学目标是对教学活动与其结果的反映和评价标准。具体说来,教学目标具有整体性、预期性、层次性和灵活性的特点。整体性是指构成教学目标的若干具体目标不是孤立的,而是一个相互联系的有机整体;预期性是指教学目标设定于教学活动开始之前,对教学活动可能促使学生身心发生的变化和教师教学成果有一定的预期作用;层次性是指教学目标体系中的各个具体目标并非处于一个层面上,而是处在连续递增的不同层次,其实现需要层层递进;灵活性是指教学目标的实现可以由教师因校、因课、因班制宜,保持一定的弹性以便学生取得最佳学习效果。

教学目标对教学活动和教学过程具有导向、激励和评价的功能。导向功能就是教学目标对整个教学活动起引导和定向的作用。当师生明确具体的教学目标后,教师就可以进一步引导学生认识到目标达成的满足感,从而激发其实现目标的强烈动机,使学生不断接近目标。同时教学目标还给教师以方向的指引,使其教学行为始终围绕教学目标展开,对于偏离目标的行为能及时调节和矫正。激励功能就是教学目标能够激发师生的积极性和主动性,使师生将教学目标内化为自己的教学目标和学习目标,并不断追求目标的达成。评价功能就是教学目标对整个教学活动提供评价标准,以便师生随时关注教学活动的进度、方式和效果,并进行调整和改进。

教学目标的研究受到国内外教育家的高度重视,20 世纪 50 年代以来,各国教育家根据自己的教育目的观和分类方法,对教学目标提出了不同的分类设想,其中对我国影响较大的是布卢姆的教育目标分类体系和加涅的学习结果目标体系等。

1. 布卢姆教育目标分类体系

布卢姆认为,教学活动所要实现的整体目标可分为认知、情感、动作技能三大领域,他从实现三大领域的最终目的出发,确定了一系列要达到最终目的所必须经过的具体目标序列。其中在认知领域,教学目标由简单到复杂、由低级到高级分为六个亚领域,即识记、领会、运用、分析、综合和评价;情感领域的目标分为五个等级,即接受或注意、反应、评价或价值化、组织和价值与价值体系的性格化;动作技能领域的目标细分为七级,即肌感知、准备、有指导的反应、机械动作、复杂的外显反应、适应和创新。

这一分类体系兼顾了教学领域中的认知、情感和动作技能三大层面,在一定程度上拓宽了理论研究的深度和广度,使得教学目标体系的建构更加合理和科学。同时这种分类方式对每一领域的目标进行了细化,使得教学目标具有更强的可操作性。

2. 加涅的学习结果目标体系

加涅在《学习的条件》一书中提出了五种学习结果的理论,即言语信息、智慧技能、认知策略、动作技能和态度。[①] 言语信息是指学习者通过学习,能够记忆事物的名称、符号、时间、地点等事实性知识,并进行语言陈述。智慧技能是指学习者使用符号与环境相互作用的能力,即知道了"怎么做"的技能。认知策略是指学习者对自身认知活动和特殊认知技能的调节和控制能力,即处理内部世界的能力。动作技能是指个体能够将动作行为组织起来,构成连贯的、合乎规则的整体行为。态度是指影响个体作出选择的内部准备状态,以行为倾向对个体行为产生间接影响。

加涅等人在这种学习结果分类理论的指导下,建立了与学习结果相对应的学习目标。他们认为,构建具体的目标,可以使行为活动、行为目标、相关限制和条件具体化,进而通过个体在完成任务时的行为表现来判断他是否获得了相关能力。

相较于布卢姆的教育目标分类体系,加涅更强调从学生的角度来对教学目标进行阐释。他第一次把认知策略作为教学目标的重要组成部分,使人们对教学目标的认识提升到一个新的高度。

(三) 教学目标的转向

改革开放 40 年来,我国基础教育课程与教学改革基本可分为四个阶段,经历了从"效率优先"导向之下的重点发展向关注学生"生命价值"的均衡发展的转变。教学目

---

① 〔美〕加涅著,皮连生等译:《学习的条件和教学论》,华东师范大学出版社 1999 年版,第 55—62 页。

标也经历了从重视传授知识技能到重视培养智力、发展能力,进而到注重培养个体学习能力、创新精神和实践能力等个人素养的重心转换。

1. 强调效率,恢复与重建教学系统(1977 年—20 世纪 80 年代初)

1977 年全国恢复高考之后,中小学教学工作走上正轨,并在经过短暂的教学规范重建后,很快转向对教学质量和效率的高度关注中。这一时期的学校教学实践尤其强调提高教学质量和效率,将大面积提高教学质量,让学生扎实掌握基础知识和基本技能作为教学的中心任务,"速度"成为教学的首要目标。不少举措和成效先声夺人,如马芯兰的数学教材教法实验,三年完成五年的教学任务;赵宋光的综合构建法数学教学新体系,更是以两年半时间完成六年制小学的全部数学课程。这些惊人的效果在引来羡慕目光的同时,也引来一些质疑,譬如某一学科教学进度的加速会不会导致小学课程体系的整体失调,速度太快会不会影响质量或者让学生失去对过程的体验等。

2. 落实"双基",以智力和能力发展为主(20 世纪 80 年代初—20 世纪 80 年代末)

"双基落实"是"大教学观"时代的主流教学质量观。从捷克教育家夸美纽斯开始,经德国教育家赫尔巴特和俄国乌申斯基等人的弘扬与光大,人们渐渐形成这样一种认识:教学是实现教育目的的基本路径,而课程只不过是教学的内容,且主要是由教材作为其载体的。大教学观视野下的教学目标就是向学生传授文化科学基础知识和基本技能(即"双基"),发展学生的认识能力和体力,培养学生的辩证唯物主义世界观和共产主义道德品质。其中,向学生传授文化科学基础知识和基本技能,是教学活动的中心任务。[①] 这一教学活动的目的是根据马克思主义关于人的全面发展学说而提出的,特别强调了"双基"对于学生身心发展的重要作用,突出了社会主义社会教学活动的阶级性和教育性,和西方国家的教学目标有所区别。

以落实"双基"为目标的教学关注知识的结构化以及学生智力、能力的发展,在短时间内大大提高了教学效率,但其存在一个重要的问题,即仅仅把学生当作教学的对象和客体,忽视了学生在教学活动中的主体地位,使其发展受到限制和约束,在一定程度上影响了学生学习的积极性、主动性和创造性。教师易把学生当作被动接受知识的容器,要求其按照教师的要求完成学习任务,常常以命令、批评、训斥作为教学手段,存

---

① 华中师范学院等合编:《教育学》,人民教育出版社 1982 年版,第 113—114 页。

在不平等的师生关系。另一方面,"双基"目标指导下的教学计划、教学大纲和教学方法讲求统一,忽视了学生之间的个别差异和独特性,造成教学活动的单调、枯燥,学生的兴趣、爱好和个性得不到尊重和发挥。

3. 推行素质教育,关注人的主体性(20 世纪 80 年代末—21 世纪初)

"三维目标"是在"大课程"时代逐渐被接受的教学目标。一些国家,如美国等自实施义务教育开始,就规定了每一个未来公民都必须修习的核心课程,进而形成一种"大课程小教学"的观念。大课程观认为,课程本质上是一种教育进程,课程作为教育进程包含了教学过程;或者说,教学只不过是课程实施的途径,并且是微观的具体的途径。大课程观视野下的教学目标就是要完满实现课程目标。20 世纪 80 年代末到 21 世纪初,实施素质教育以及弘扬学生的主体性成为时代主旋律。促进学生全面、主动的发展成为学校教学的中心目标。以素质教育为主题的学校教学侧重对学生非智力因素的关注和学习兴趣的激发,并通过新课程改革使"知识与技能、过程与方法、情感态度价值观"这一"三维目标"成为了"大课程时代"的教学目标。

应当看到,"三维目标"丰富了教学目标的内涵,但在实践中也较广泛地存在贴标签式的列举目标的现象,在应试教育占主导的格局中,仍然是"知识技能"这一维风光无限。①

4. 提升素养,关注人的生命价值(21 世纪初至今)

随着教学理论和实践研究的深入,人们逐渐意识到,教学活动中的学生是完整的生命存在,而不只是一个认知性的个体,教学活动不能局限于向学生传授知识和技能,而应该以促进学生的全面发展为核心,提升其各方面素养,培养完整的人。这一时期的学校教学以培养完善的人格和有个性的全面发展的人为目标,将学生视为有独立个性的生命主体,强调课堂教学中的生命价值和生命气息。

《学会生存——教育世界的今天和明天》一书提出,现代教学活动包括培养和发展一个人全部潜能的教养过程。② 在此基础上,联合国教科文组织提出了现代教学活动的"四个支柱"。为了与其整个使命相适应,教学活动应当围绕四种基本学习加以安

---

① 杨小微,张权力:《教学质量改进的再理解与再行动》,《课程·教材·教法》2016 年第 7 期,第 17—24 页。
② 联合国教科文组织国际教育发展委员会编著,华东师范大学比较教育研究所译:《学会生存——教育世界的今天和明天》,上海译文出版社 1977 年版,第 151 页。

排,可以说,这四种学习将是每个人一生中的知识支柱:学会认知,即获取理解的手段;学会做事,以便能够对自己所处的环境产生影响;学会共同生活,以便与他人一道参加人的所有活动并在这些活动中进行合作;最后是学会生存,这是前三种学习的成果的主要表现形式。这四种获取知识的途径是一个整体,因为它们之间有许多连接、交叉和交流点。[①]

由此可见,现代教学活动是直面人的生命、提升人的生活意义和生命价值的特殊的社会实践活动,应当促进每个人的全面发展,尤其注重对学生学习能力、思维能力、实践能力、创新精神等个人素质的培养。

21 世纪初,经济合作与发展组织(OECD)率先提出了"核心素养"结构模型,试图解决 21 世纪培养的学生应该具备哪些最核心的知识、能力与情感态度的问题。

多年来,不同国家和地区都在做类似的探索和尝试。比如,日本从 2009 年开始启动为期五年的"教育课程编制基础研究",关注社会变化的动向以及有效培养学生适应今后社会的素质与能力的方法,从而为学校课程的开发与编制提供参考性依据。

对此我国也进行了相关理论和实践研究。中共十八大和十八届三中全会提出了要将关于立德树人的要求落到实处,2014 年教育部印发《关于全面深化课程改革 落实立德树人根本任务的意见》,提出"教育部将组织研究提出各学段学生发展核心素养体系,明确学生应具备的适应终身发展和社会发展需要的必备品格和关键能力,突出强调个人修养、社会关爱、家国情怀,更加注重自主发展、合作参与、创新实践"。[②] "新基础教育"研究也从人的生命实践活动出发,将教学视作师生共同参与的独特的生命经历,强调书本知识与人类生活世界、学生经验世界的沟通。"新基础教育"认为,当前学校和教学发展已进入转型性变革时期,学校教育的价值取向、教学目标、结构整体框架等关涉系统整体性变化的各方面都要发生变化。由此,传统只重视向学生传授知识和技能的教学目标不再适用,教学需要坚持"以人为本"的立场,转向关注学生各方面的素养和能力,关注学生的生命状态和生命价值。

纵观我国教学目标的发展过程,教学活动是为适应当今社会要求而不断发展的,

① 联合国教科文组织:《教育——财富蕴藏其中》,教育科学出版社 1996 年版,第 75—76 页。
② 教育部:《关于全面深化课程改革 落实立德树人根本任务的意见》,2014 年 4 月 8 日。

要积极推动人的生存和发展方式的历史转型，引导学生学会生存、学会认知、学会做事、学会共同生活，使学生能够认识到生命的价值和意义，具有勇于拼搏、开拓进取的精神，富有责任意识，坚定信念，不断进行自我超越和自我完善，为实现社会主义奋斗目标而作出贡献。

第三章

教学内容从授受走向建构

党的十九大指出，"要全面贯彻党的教育方针，落实立德树人根本任务，发展素质教育，推进教育公平，培养德智体美全面发展的社会主义建设者和接班人"。落实立德树人重要任务的一个关键性前提，对教学活动而言，就是有利于年青一代形成良好的基础素养的教学内容。新课程改革启动之前的年代，可以称为"大教学小课程"时代，因为那时的课程是作为"教学内容"而从属于教学的。本书仍在"教学内容"的层面展开讨论，因为教学活动毕竟还是有"内容"的。

一、 从"一纲一本"到"一纲多本"的教学内容改革

（一）从"一纲一本"起步规范教学内容

十年"文革"期间，中小学教育遭到严重破坏，中小学教材被全盘否定。1977 年 7、8 月间，邓小平几次提出要编写全国通用的中小学教材，并要求 1978 年秋季新生入学时能够使用新教材。同年，教育部按照要求开始编写全国通用的十年制中小学教材，从而扭转了各地使用的教材内容有谬误、程度参差的混乱局面，对中小学恢复正常教学秩序、提高教育质量起到了重要作用。[1] 自 1977 年始，我国中小学教材建设开始了第三个时期，中央领导同志突出强调教材要反映出现代科学文化的先进水平，同时要符合我国的实际情况；教材要"按照中小学生所能接受的程度，用先进的科学知识来充实中小学的教育内容"。[2] 中小学教材建设的现实诉求，让教材研究者开始将目光聚焦在教材文本的研究上，如《对中学语文课本中几个诗句的理解》（庞莲灿，1979）、《对现行中学化学课本习题的几点看法》（石碧希，1981）、《初中化学课本里的习题》（胡美玲，1982）、《外国中学化学教材的几个特点》（梁英豪，1981）等。然而，对教材制度（一

---

[1] 课程教材研究所编：《教材制度沿革篇（上册）》，人民教育出版社 2004 年版，第 5 页。
[2] 同上书，第 308 页。

般包含编、审、用等环节)、结构、功能、评价的研究极少,引介国外教材研究的论文也相对有限,成果呈零星分布状态,如《日本小学教科书的审查制度》(吴履平,1987)、《历史教科书体系结构的改革》(白月桥,1986)、《评价教材的参照性细目》(阎金铎、刘兼等,1981)等。其间,人民教育出版社于1981年设立了我国第一家反映教材、课程、教法等领域最新研究成果、改革动向、实践经验的专门学术期刊《课程·教材·教法》,成为推动课程教材研究不断前进的重要平台。①

也就是说,在改革开放开始的十余年间,我国中小学的课程与教学在政策面及实践界的基本格局是"一纲一本,分科教学",即按语文、数学、英语、物理、化学、生物、地理、历史等学科分门别类统一设置课程,每一科有一个全国统一的教学大纲和一套依据大纲编撰的全国统一使用的教科书,俗称"统编教材"。

尽管这十余年中教学方法和手段的改革正在兴起,但从教学内容着手的改革实验仍属凤毛麟角,比较有影响的实验一是马芯兰的小学数学教材教法改革实验,一是赵宋光的综合构建法数学教学新体系实验。

1977年,在朝阳区教育局的支持下,幸福村中心一小(现朝阳实验小学)的数学教师马芯兰展开了第一轮教学实验。她开始对一年级的数学课进行改革,并着手编撰教材。她大胆地突破了传统教学的条条框框,探索效率和质量相结合的方式。她坚信减轻学生负担和提升教学效果并不矛盾。她把现行小学数学教材中的重点、难点、共同点和不同点按照知识的内在联系及规律进行组合,将540多个概念归纳成十几个一般基本概念及"和、差、倍、分"4个重点基本概念,将11类应用题总结成4个基本类型,组合成教学的中心环节,从纵和横两个方面重新调整,构建了新的知识结构。马芯兰教学法效果显著,不少学生的数学成绩在三、四年级时就达到了小学毕业的水平。1995年,中国有20多个省、市的2 700余所学校推广并采用了"马芯兰教学法"。

1978年起,广东星海音乐学院教授赵宋光运用哲学、美学、完形心理学的研究成果,融合西方心理学和中国传统数学概念如"操作完形"、"质因积"、"两岸阵"、"四方阵"等,以综合构建的方式,如学习"3"的"操作完形"时,采用心想数、口念诀、手翻牌这

---

① 孟凡丽,毛菊,杨淑芹:《中小学教材研究(1977—2009年):回顾与反思》,《当代教育与文化》,2012年第3期,第51—57页。

种"镶嵌式"构建方式学习,开展了小学数学教学新体系实验。实验带来了课程结构、教学内容的重大变革,使学生在受教育过程中逐步形成辩证思维的基础。实验仅用两年半时间就完成了六年制小学数学教学任务,且实现了学生知识、技能、情感的交融发展。

(二)义务教育开启"一纲多本"新阶段

1986 年 9 月,全国中小学教材审定委员会成立大会在北京召开。会上,国家教委进一步明确了"一纲多本"的中小学教材编选原则,即全国统一教学大纲,各地、各单位或个人均可编写教材,经全国中小学教材审定委员会审查通过后,可向全国推荐,由各地选择使用。

1988 年,国家教委颁布《九年制义务教育教材编写规划方案》,委托人民教育出版社等十多家单位和地区,筹备、组织编写以下四种类型的教材:面向全国大多数地区,适合一般学校使用的"六三"制教材;面向全国大多数地区,适合一般学校使用的"五四"制教材;面向经济比较发达的地区,适合办学条件较好学校使用的教材;适合经济文化基础比较薄弱的地区的学校使用的教材。由此产生的"八套半"教材[①],受到了广大教育工作者的肯定,也体现了教材建设改革的初衷。我国教材建设空前繁荣的局面就此拉开大幕。[②]

在教材研究方面,随着这一时期我国教材建设呈现出繁荣局面,教材研究成果的数量明显增多,教材研究范围明显扩大,除教材文本研究外,教材功能、评价、结构、制度的研究也逐渐增多。教材评价研究如《对初中物理教材的评价和修订设想》(刘文泉,1998);教材结构研究如《初中热学教材结构的研究》(王琦,1994),《高中地理新大纲和教材结构体系浅析》(邬贻梁,1998)等;教材功能研究如《国外关于教科书功能论争的述评》(曾天山,1998);教材制度研究如《法国中小学教科书的编写和出版制度》(课程教材研究所,1992),《美国加利福尼亚州教科书的审定制度》(宗桂春,1992)等。总体而言,此阶段突出特征为关注教材研究的学者逐渐增多,研究成果数量迅速增长;

---

① "八套半"教材中,有一套是小学复式教学教材,由于没有初中部分,故视为"半套"。"八套半"教材中,除有一套因编写力量和经费等问题而夭折外,其他几套教材一直都分别在不同的地区使用。
② 闫金铎:《1988 年:中小学教材多样化》,《中国教育报》2008 年 9 月 8 日。

研究的领域不断扩展,内容逐步增加,涉及教材建设的方方面面,对教材建设的作用开始显现。但教材研究还囿于从教育学科本身单一视角对教材进行分析和思考,其理论基础和方法设计还略显稚嫩。

1988年以后,除上述八套半教材外,由地区教育部门、出版单位、社会团体组织编写的各种中小学教材也开始出现。这些教材多以单科形式编写,且品种和数量增长较快,据统计,1987年这类教材仅有十几种、百余册,编写单位只有几个,到1997年这类教材已增至70多种,2 000余册,编写单位也增至数十个。这类教材的出现,对促进我国教材建设的繁荣,提高教材的编写质量,推动教材建设竞争机制的形成,起到了一定的积极作用,是应该在正确引导的前提下,给予支持和鼓励的。进入20世纪90年代,我国的教材建设出现了空前繁荣的局面,其突出表现为几乎全国各省、市、自治区都在自己编写教材,教材的品种和数量激增,且多是各地教委和出版部门共同编写的。一时间,似乎有一种谁都想编教材,谁都能编教材的感觉,教材编写已经不是一门科学,而是一种潮流。据统计,全国近30个省、市、自治区都在编写各种形式的教材,其中编写或准备编写全套中小学教材的就有十多个。这些由各省、市、自治区自编的教材,一般只在本省、市、自治区通过审查,然后以一种近乎行政命令的选用形式,供本省、市、自治区中小学校使用,而由国家组织编写,并通过国家级审查的教材很难再进入这些省、市、自治区的中小学课堂,由此形成了一种教材自编、自审、自用的地方化现象。对于这种现象,我们必须加以关注,因为这种现象与我国教材建设改革的初衷相违背,它代表了一种教材从国定制向自由制发展,多样化向地方化转变的倾向。①

(三) 教学内容改革从学科内部开始

无论教科书是"一本"还是"多本",这个时期教学内容改革的进路基本是在每一学科的内部进行的,如马芯兰的小学数学教材教法实验、卢仲衡的中学数学自学辅导实验、李吉林的语文情境教学、钱梦龙的中学语文导读法等,都是在单一学科范围内进行的。浙江省自20世纪90年代开始的文科综合、理科综合课程改革,只是一个例外。

---

① 王岳:《我国中小学教材建设的现状、问题和改革建议》,《国家高级教育行政学院学报》2001年第2期,第36—40页。

在义务教育教材和普通高中教材的设计及编制过程中,人民教育出版社课程教材研究所对一些教材理论问题进行了研究。研究的主要目的不在于形成教材理论体系,而是要使理论的探索转化为对教材编制实践的指导,使教材编制纳入科学的轨道。他们对一些有较大影响的理论、思潮进行了分析和研究,不仅研究其理论的架构,而且考察在这些理论指导下编制出来的教材的实际使用情况(如对学科结构主义这样一种影响很大的思潮,首先是研究其课程和教学理论),更重要的是对美国 SMSG(学校数学研究会编教材)、PSSC(物理科学研究委员会编教材)、BSCS(生物科学课程研究会编教材)和 ESS(小学科学规划会编教材)等教材加以分析研究。研究者注意吸取了其注重基本概念、基本原理,强调学科知识和态度的迁移作用等合理的思想,同时摒弃了其过于注重理论知识的系统性,在课堂中过于强调发现的教学方法而造成教学时间的浪费等弊端。研究者在编制各学科教材的过程中还注意研究了同本学科联系紧密的特定教育教学理论,进一步突出了教材设计的学科特性。例如,在编制小学自然教材时研究了美国学者兰本达等倡导的小学科学教育的"探究—研讨"教学法,即让学生通过对自然事物的观察、描述、互相交流感受和解释,在思想上形成解释认识对象的模型,然后在实践中加以检验,从而找出纷繁复杂的现象之间的联系,形成对自然界的有序的理解。

这一时期的教材研究还十分重视对教育教学实验及实践成果的吸取和运用,这些经验和成果的价值被充分发掘与利用并通过进入教材而得到广泛的推广,从而得以真正转化为教育教学的质量和效率。例如,小学语文注意吸收近年来教学改革的经验,建立了以训练为主线的体系,并汲取了"注音识字、提前读写"的教改经验,充分发挥了汉语拼音帮助识字、阅读和学习普通话的功能。从发展语言入手对教材进行编排,让学生在发展语言的过程中识字,改变了原来低年级教材从识字入手的编排方式。

人教社课程教材研究所各学科的研究人员还到学校中去实践和实验,如针对小学一年级数学课本中 20 以内的进位加法和退位减法的编排问题,有关人员就研究了国内外许多种教法,编写了实验教材,在实验班进行了两轮实验,最后确定采用加减穿插的编排方式,并加强直观演示,增加学生操作的内容,收到了良好效果。[①]

---

① 吕达,张廷凯:《面向 21 世纪中小学课程教材改革的研究与实验》,《课程·教材·教法》1996 年第 7 期,第 3—9 页。

至 20 世纪 90 年代,我国课程教材改革实验出现了一个新的趋势,即由以往比较注重对现状的改造逐渐转向较多地重视对未来的探索,以及由以往侧重于一些比较微观的、具体的问题研究逐渐转向整体素质教育目标。这种着眼未来、着眼素质教育的探索集中体现了以下几个特点:(1)强调全面提高学生身心素质,注重发展个性特长。(2)强调课程的灵活性和多样性,力求打破必修课一统天下的局面,将加强选修课和活动课程作为改革的突破口。(3)追求课程内容的现代化,一些学校在保证学生全面打好基础的前提下,对原有的课程内容进行了较大幅度的改造,引入了一些"高、精、尖"的新知识。(4)面向未来,注重根据未来社会的需求全面调整课程体系。在这方面,除上海师大主持的"中小学教育体系整体改革实验"等一批已开展多年的、面向 21 世纪适应社会需要的超前性实验外,比较有影响的还有南京师大附中的"高中必修课程分层次教学的研究与试验"、东北师大附中的"高水平高中课程改革的研究与实验——高中个性化教学计划"、上海市建平中学的"跨世纪教育工程"、上海大同中学的"高中课程改革实验"、华南师大附中的"着眼于人才素质的培养,建立教学新体系"、深圳实验学校的"整体改革实验",等等。①

这些改革实验研究,不仅集中探讨了一批课程实践中亟待解决的重大问题,如选修课、活动课、综合课的设置问题,必修课的改革问题,思想政治课的改革问题,农村中学职业技术教育课程的设置问题,课程结构的整体优化问题,课程内容的更新问题以及素质教育目标的课程化问题等,而且为课程改革提供了科学的决策依据。一些成功的实验成果为国家教育决策机构所采纳,成为全国课程改革的重要决策依据,如小学自然课的提前开设,活动课纳入九年义务教育课程计划,酝酿中的高中必修课改革等一系列由国家作出的重大课程改革决策,都是建立在一定的课程实验的基础上的。②

二、 知识观转向对教学内容观的冲击与启示

当代社会的急剧变革使传统的知识观正在发生深刻的变化:在对知识的理解方

---

① 田慧生:《我国中小学课程实验十五年》,《教育研究与实验》1996 年第 1 期,第 68—71 页。
② 同上注。

面,从把知识狭隘地理解为客观的、普遍的、公共的、显性的知识,转向对知识图景的整体的、全息的理解;在对知识的价值选择方面,从看重客观的、普遍的、公共的和显性的知识,转向同时关注主观体验的、特殊的、个人的和隐性的知识。这种变化,正在对基础教育课程的理念、目标、内容组织、实施及评价产生全面的和全程的深刻影响。

(一) 当代知识理论对传统知识观的冲击

知识,是许多学科都关注的一个重要研究领域,其中,哲学对知识问题的研究由来已久。在西方哲学史上,知识论自古希腊以来一直成为哲学中的一个重要领域。文艺复兴以后,神学让位于科学,理性、科学日益在社会生活中取得支配地位,知识论成为哲学研究的热点,先后出现了众多流派。其中,理性主义知识论与经验主义知识论长期对峙,争论不休。科学研究的发展与科学知识的增长,使许多科学家、哲学家转入对科学知识的哲学研究,科学哲学成为当代哲学中的一支劲旅。此外,经济学、心理学、社会学、文化学、未来学都涉足知识领域,从不同的角度对知识问题的不同方面进行了探讨。[①] 这些研究的新成果,使得长期以来统治我们的课程设计和教学实施的传统知识观受到了猛烈的冲击,也使我们对知识的理解和选择发生了根本性的转变。

1. 隐性知识理论对传统知识观的冲击

长期以来我们的教育习惯于教那些"可言传的"也就是"可教的"知识,而忽视了那些只可意会不可言传的"东西",即使有所意识,也是将其进行"边缘化处理",或局限于技能领域,以"手眼相观的方式解决",或作为一种辅助性的要求一笔带过。"个人知识"理论和"三元智力"理论的问世,提示人们去关注潜伏于"水平面"下面的"隐性知识"(或称"缄默知识")。

显性知识像是浮出海面的冰山一角,而隐性知识则像是海平面下整座冰山的"山体"。显性知识(是什么、为什么),主要是事实与原理的知识,存在于书本等载体之中,它们可编码,具有逻辑性,可传递,具有共享性,可反思,具有批判性;缄默知识(怎么想、怎么做),本质上是理解力和领悟力,它们存在于个人经验之中,具有个体性,嵌入

---

① 这一段梳理引自潘洪建,王洲林:《知识问题研究二十年:教育学的视点》,《高等师范教育研究》2003 年第 1 期,第 49—55 页。

实践活动之中,具有情境性。①

　　缄默知识有着不同于显性知识的显著的特征:(1)缄默知识是镶嵌于实践活动之中的,是情境性的和个体化的,难以用言语清晰地表达;(2)缄默知识不能以正规的方式加以传递,缺乏显性知识的那种"公共性"和"主体际性";(3)缄默知识是不能被加以批判性反思的。②

　　英国哲学家波兰尼(M. Polanyi)区分了这两类知识,不过他主要是从哲学层面加以论述,而且主要是为建立他的个人知识理论服务的。但是不久其研究就引起了心理学家和社会管理人员的注意,从而扩展到社会科学的若干领域。当代心理学家斯腾伯格从组织行为学角度分析了缄默知识长期不受教育家重视的缘由,并指出:"缄默知识既能成为一种提高行为效率的资源,也能成为导致行为效率低下甚至失败的根源。缄默知识的功效取决于人们对它们的接受及有效使用。"③在斯腾伯格区分的分析性智力、实践性智力和创造性智力这三类智力中,后两种智力是包含着大量的隐性知识的。

　　2. 建构主义对知识客观性的否定

　　在我国,教学领域中的主流认识是坚持知识、真理的客观性(在西方则被称为客观主义的知识观)。传统上对知识概念的权威表述是:"所谓知识,就它反映的内容而言,是客观事物的属性与联系的反映,是客观事物在人脑中的主观映象。"④知识是"人类认识的结果。它是在实践的基础上产生又经过实践检验的对客观实际的反映"。⑤ 这两个定义所表达的知识观是:人类认识虽然是主观的,但作为认识结果的知识,由于经过了实践的检验,具有了客观的性质。这种知识观长期左右着我们的教学理论和实践。建构主义知识观不仅对认识论的根本问题提出了前所未有的质疑,而且对知识的这种客观性作了彻底的否定。⑥

---

① 黄小莲:《整合"缄默教育知识"重构"教育教学图式"——兼谈对教育教学理论进行"有效教学"的途径》,《高等师范教育研究》2003年第1期,第42—48页。

② 石中英著:《知识转型与教育改革》,教育科学出版社2001年版,第224—225页。

③ Sternberg, R. J. What Do We Know about Tacit Knowledge? Making the Tacit Become Explicit. In Sternberg, R. J. and Horath, J. A. (eds.). *Tacit Knowledge in Professional Practice: Researcher and Practitioner Perspectives.* London: Lawrence Erlbaum Associates incc, c1999, p236.

④ 《中国大百科全书·教育》,中国大百科全书出版社1985年版,第525页。

⑤ 《中国大百科全书·哲学(Ⅱ)》,中国大百科全书出版社1987年版,第1169页。

⑥ 张桂春:《建构主义教学思想的张力》,《教育科学》2003年第1期,第17—20页。

　　建构主义的认识论认为,建构是一种意义(meaning)功能,是个体怎样从自身的经验中创造意义。它与客观主义都设想着外部世界,不同的是,它致力于改造世界和创造环境,学习者基于自己独特的关于世界的经验与信念,积极地以各种方式投入到这种环境中去,以帮助他们建构自己的认知结构。这与客观主义意识中的积极活动是不同的,在客观主义模式中,一个学习者只是积极地获取客观信息,然后反映一个真实的外部的观点。因此在客观主义模式中,积极获取与被动接受实质是一样的,都是把客观存在输入大脑。所以两者都是彻头彻尾的灌输。但是在建构主义模式里面,学习者不只是在这种意义上积极活动,他们为了创造自己的学科观点而必须参与周围的环境,并与之相互作用。①

　　建构主义对知识主观性的强调和解释促进了知识观的现代转变。建构主义的知识观首先更新了知识概念的内涵,放大了知识概念的外延。与这种知识观相对应,建构主义的学习观也与传统迥异:第一,学习的本质是一个积极主动的建构过程,通过建构,学习者主动地赋予知识以意义;第二,建构的内容不一定是现成的结构性的知识,也可以是在具体情境中形成的非正式的经验,即非结构性知识;第三,建构过程是双向的,一方面,先前知识加入到学习者当前的意义建构中去,另一方面,先前知识不是从记忆中原封不动地被提取,它本身也因为具体情境的变异而被重新建构;第四,建构的机制是新旧知识经验的相互作用;第五,建构的结果是多元化的,个体在学习过程中情感因素不同、先前知识经验不同,对同一事物意义的建构结果就会不一样,所以,建构主义强调合作学习。②

(二) 知识新论启示下的知识观反思

　　石中英在《知识转型与教育改革》一书中,详细论述了后现代知识观问题,他将人类的知识型划分为四个大的发展时期,即:"原始知识型"(神话知识型)、"古代知识型"(形而上学知识型)、"现代知识型"(科学知识型)和"后现代知识型"(文化知识型)。相应地,人类历史上先后经历了三次知识转型:(1)从原始知识型向古代知识型转变,形

---

① 唐松林:《建构主义对客观主义的检讨及其教学原则》,《外国教育研究》2002 年第 1 期,第 33 页。
② 胡斌武:《建构主义的学习与教学观要义评析》,《集美大学学报》2002 年第 1 期,第 26—28 页。

而上学的知识取代了原始社会中占据中心地位的神话知识;(2)科学知识剥夺了形而上学知识的合法地位;(3)文化知识型(或称后现代知识型)取代科学知识型成为中心。

在文化知识型视野下,人类知识是形态多样的,没有一种知识是普遍、绝对和永恒的;所有的认识者都处于具体的社会历史文化环境中,没有纯粹和抽象的认识者;知识是认识者根据其能力、兴趣和利益进行选择和建构的结果,知识不是纯客观的,也不是对认识对象的"镜式"反映;知识的陈述形式是多样的而非唯一的;知识是社会文化建构的结果,知识的价值、生产、传播、流通和消费都与社会权力有关,不存在"纯粹客观"、"价值中立"或"与文化无涉"的知识。

可见,后现代知识观对知识的理解完全不同于过去那种以客观、普遍、价值中立为基本特征的现代知识,从现代知识型向后现代知识型的转变主要体现在:从客观性转向文化性,文化是知识的基本属性,认识对象和认识主体都是处于文化历史之中的;从普遍性转向境域性,任何知识都处于社会和文化之中;从中立性转向价值性,所有的知识生产都是受价值需要指引的,知识本身也体现着一定的价值要求。①

面对后现代知识观的挑战,我们有必要重新认识知识的客观性、反映性、描述性和确定性,并对它们与知识的理解性、建构性、规范性和不确定性的关系形成新的认识。

1. 知识的客观性与理解性

传统观点大多坚持认为知识具有客观性,知识来源于客观世界,是个体对外部客观事物的认识、反映和判断。正如经典的知识定义所指出的那样:"知识是一种具有客观基础的、得到充分证据支持的真实信念,它与仅仅是个人的意见或缺乏证据支持的主观信念相区别,与没有根据的幻想、猜测、迷信或无根由的假设等相区别。"②也就是说,科学知识是一种具有客观性的知识,如果一种知识是科学知识,那么我们会期望它在可控制的实验条件下能够产生可重复的结果,或在不能充分控制的自然条件下可以通过概率预测结果,以此来推知事物的产生、发展和变化。

传统的知识观试图寻找一种能够反映客观事物的普遍真理以及事物与事物之间

---

① 详见石中英著《知识转型与教育改革》(教育科学出版社 2001 年版)一书的有关章节;或陆有铨,陈红艳:《教育哲学》,见叶澜主编:《中国教育学科年度发展报告·2001》,上海教育出版社 2002 年版,第 45—47 页。

② 夏正江:《论知识的性质与教学》,《华东师范大学学报(教科版)》2000 年第 6 期,第 1—11 页。

固定不变的因果联系,而把不能被这一普遍真理和因果联系说明的一切都排除在知识外,从而压抑、贬低认识主体的能动性,人们在这里所扮演的角色不是一个创造者和设计者,而只是一个忠实的模仿者和执行者。因此,这种追求绝对客观的传统知识观,要求的是反映和描摹,不是发现和理解;是观察与证实,不是释义和评价。

在这种传统知识观的影响下,人们理所当然地认为以客观为特征的科学知识是最有价值的,知识的客观性也就成为人们选择学校课程内容的重要标准和合法视角,课程内容在本质上被视为一种对人类社会历史经验的提炼和概括,它是永恒不变、不容置疑的终极真理的代名词。作为课程内容的重要载体的教材居于唯一“法定文化”的地位,教科书被当成“记忆的小册子”成为“课堂上唯一的教学工具”,①甚至沦落为“教师让学生服从和强求一律的手段”,学校课程的目标成为一种预设的、固定不变的东西,并外在于学生的身心发展,忽视了学生的主体地位和权利,忽视了学生之间存在的个别差异和个性特征,否定了学生的独特性和创造性。

20世纪以来,由于科学理性的负面社会效应日益显露,物质主义和工具理性的弊端导致了西方社会的精神危机,人们对科学理性的力量和知识的绝对客观性提出了批判和质疑,以往一直受到忽视和贬抑的个体兴趣、信仰、意志乃至本能欲望等开始受到人们的高度重视,这种趋向鲜明地表现在科学哲学的后逻辑实证主义等一些非理性主义流派之中。知识的理解性,意味着认识者不是一种纯粹和抽象的存在物,而是在具体的社会历史文化环境中的存在。在认识活动开始之前,总是先有认识主体的存在,而认识活动过程,从来不会脱离个体兴趣、价值观念、情感体验等主观因素和社会因素的参与,因此,也从来不存在脱离社会环境和认识主体的认识活动与认识产品。

当代知识的理解性从根本上动摇了传统知识观的本质和基础,使知识不再是仅仅具有绝对客观性的真理,我们原有的课程知识观念拓展了,能够从新的视角来重新审视课程知识观问题。既然所有的知识都是认识者参与形成的结果,都受到一定个体的先见、价值观念和社会文化等因素的制约,那么它们就必然具有相对性,只能在特定的情境中得到真正的理解。因此,在课程设计过程中,课程专家就不应该只注重学科知

---

① ［美］戴顿著,顾建民等译:《教科书在教育中的作用》,见瞿葆奎主编:《教育学文集·课程与教材》(下册),人民教育出版社1993年版,第112页。

识与学科知识之间的联系,而应该同时注重学科知识与知识生产者之间的联系。事实上,也只有在后一种联系的背景下,学生才能真正理解前一种联系。

2. 知识的反映性与建构性

知识的客观性意味着"在生产科学知识时,认识者是把握着知识局面的主体而自然是被动的客体,自然的秘密虽然隐藏着,也许永远不能被完全知道,但谜底就在那里等我们去猜"。① 它决定了主体认识自然和外部客观世界的单向性,决定了知识是认识主体对客体"镜式"反映的产物,是人的认识与外部客观事物的本质相符合的结果,因而,人的认识活动只能是一种"镜式"反映的过程。

认识的反映性表明,人类知识是以"主体—客体"的二元对立为基础的,为了实现主体准确地、客观地把握客体本质的任务,人的认识活动应该在主客体二元对立的关系中展开,以获取关于认识对象的客观知识。人之所以能够获得这种客观知识,恰恰是以认识主体与认识客体之间相互独立、彼此分离为基础和前提的。只有这样,认识主体才能作为一面"镜子",准确地反映出外部客体的本质和规律。

受认识的反映性的影响,在学校课程中,知识是第一性的东西,而个体自身的需要、兴趣、情感、个性和独立人格等,则随着这种知识的包裹而远离。在教学活动中,个体的学习与记诵科学事实划上等号,学生的个体认识、直接经验和日常体验往往被视为"非法",完全被科学知识和科学概念所替代,强调的是学生对科学真理与既定思维方式的接受和套用,缺乏对教学活动丰富内涵的深刻挖掘,漠视个体在具体问题情境中的独特理解和自主探究,排斥了学生的积极主动参与以及学生之间的互动、交流和沟通。

在 20 世纪的认识论领域,人们提出了"图式"、"范例"、"格式塔"、"概念结构"和"模式"等概念,它们给传统的直观反映论以巨大的冲击,引发了一次认识论的革命。由此,认识活动开始由主体—客体之间的"反映"过程发展为主体—客体、主体—主体之间的"建构"过程。个体的认识既不是外界客体的简单摹本,也不是主体内部预先形成的展开,而是由主体与外部世界不断相互作用而逐步建构的结果。其中,认识主体及其思维结构在认识活动中是主动的,具有选择、变通和重组的作用。具体而言,认识

---

① 赵汀阳:《知识、命运和幸福》,《哲学研究》2001 年第 8 期,第 36—41 页。

的建构性主要是指认识主体总是以自己的概念结构、思维模式和个体经验来认识和把握外部世界,并把外部世界纳入自己已有的理解和解释系统之中。

个体认识的建构性表明,认识活动是主体借助"内部图式"、"个体经验"、"思维结构"等中介与外部客体相互作用的过程——没有外部世界当然不会有内部世界,这是个体认识活动的客观前提;但是,没有主体的理解创造过程,没有主体与客体之间相互建构的过程,也不会有知识,这是因为知识总是主体对外部客体进行特殊理解和把握后的产物,是认识主体主动建构的产物。

认识的建构性重新解释了人认识外部世界的过程与特点,既为认识主体性、能动性的发挥,也为正确处理师生关系提供了重要的理论支持。建立在传统知识观基础之上的师生关系是一种认识与被认识、改造与被改造的"主—客"关系;新的师生关系以民主、平等的对话为基础,不再是一种简单给予与被动接受的关系,而是一种互相尊重、互相影响、互相促进的"伙伴"关系。在这种关系中,师生对话具有自主建构的特征,学生的身心发展不是由外部力量塑造的,而是通过他们的自主学习活动,在与外部世界和教师的相互作用过程中能动地生成和自主建构的。

3. 知识的描述性与规范性

"描述性"是指知识的功能主要是区别、分辨事物,回答事物"是什么"或解释"为什么"。但是,一个人掌握了这些知识,并不能保证他们能够有效地将之运用于相应的社会实践活动中。比如,一个人不可能仅仅通过阅读食谱成为高明、熟练的厨师,一个掌握了丰富的教育学、心理学知识的教师也不一定能够有效地去解决现实中的教育实践问题。

在传统知识观中,"描述性"知识主要是以科学的概念、命题、逻辑推理等书面文字或间接经验的形式呈现出来的,它严格遵从理性规则,并从属于认知范畴。这样看,知识与能力之间往往存在着很大差异,人们一般认为"掌握知识不等于发展能力",许多教育学教科书也提出"在掌握知识的基础上发展能力"、"抓好基础,培养能力"、"通过传授知识,形成技能并发展智力"等,不难发现,知识与能力是被截然分离的。

知识的规范性是指知识主要是用来回答"怎么办"或"如何做"等问题的。在很多情况下,有效的实践先于它的理论,比如一些经验丰富的优秀教师可能并没有系统地学习过教育教学理论,但是,他们能够针对实际事件灵活地采取合理、恰当的教学行为,这又似乎表明他们并不缺乏教育学、心理学知识。可是,如果要问他们掌握了哪些教育科学知识,从哪里获得的,以何种方式存在和发挥作用,他们又不能予以清晰的描述和准确的回答。尽管他们不能对与这些事件有关的教育学、心理学知识进行深刻的反思和准确的表述,但是其教学行为却明显地受到了它们的支配。

现代认知心理学认为,知识可以分为两大类,一类为陈述性知识,另一类为程序性知识。前者指"个人具有有意识的提取线索,因而能直接陈述的知识";后者指"个人无有意识的提取线索,因而其存在只能借助某种作业形式间接推测的知识"。[①] 认知心理学关于知识的分类及其不同作用的研究加深了人们对知识性质的认识。如果说传统学校课程中的知识主要是用于解释"是什么"和"为什么"的问题(相当于现代认知心理学中的"陈述性知识"),那么,随着当代课程知识观的发展,人们普遍认为,知识除了要解释"是什么"和"为什么"的问题,还要解释"怎么办"和"如何做"等问题。

作为一种可供开发利用的资源,知识的内涵不应仅仅停留在认知范畴上,其内涵还应扩展到应用范畴。法国后现代主义学者利奥塔曾经对当代知识的内涵与分类作过精辟的论述,他认为,人类知识除了人们一般了解的科学知识,还应当包括"如何操作的艺术"、"如何生活"、"如何理解"等人文方面的知识。

当代知识的规范性的研究,无疑对学校的课程和教学领域产生了较大冲击。知识的规范性要求学校课程和教学的目的应由"以知识为中心"向"以能力为中心"转变,由仅仅让学生知道"是什么"向让学生学会"怎么做"转变。这就在掌握知识和发展能力之间搭起一座坚固的"桥梁",有效地帮助和促进学生在牢固掌握知识的同时,形成合理的知识结构,并将其转化为分析和解决问题的实际能力。

4. 知识的确定性与不确定性

传统知识观认为,从认识结果来看,知识不同于个人的意见或主观信念,它是一种确定的、必然的绝对真理。例如,柏拉图认为,知识不同于意见或信念,知识来源于不可感觉的、独立于时间和空间之外的必然世界(或理念世界),它是永恒和确定不变的,且仅能为我们的理智和直觉所把握。后来的理性主义者继承了柏拉图的知识论传统,

---

① Eysenck, M. W., Ellis, A. W., & Hunt, E. B., et al. *The Blackwell dictionary of cognitive psychology* 1990, p. 93 转引自皮连生著:《智育心理学》,人民教育出版社 1996 年版。

知识被视为一种具有绝对确定性的必然真理。

传统知识的确定性之所以可能,是由于它们是建立在以下理论基础之上的:首先,知识的确定性是以牛顿的近代主义宇宙观作为理论基石的。以牛顿为主要代表人物的近代科学认识范式试图将宇宙描绘成一个机器,一个以稳定、有序、均匀、平衡为显著特征的运行系统,在这个系统中,所有的事物都按照一种能够为人所界定的规则或定律有规律地运行着。在传统知识观视野中,知识是一种封闭系统和线性关系,为了获取科学知识,人们尝试在可控制的实验条件下得到可重复的结果,并期望能够以这种知识来预测、解释事物的发展变化。因此,这种知识必然具有绝对的确定性。其次,从认识过程来看,传统知识观认为,知识是一种对外部客观事物或"实在"的正确反映,而客观事物是不以人的意志、兴趣为转移的,具有自身固有的本质属性。因此,作为对客观世界正确反映的知识也应是不以人的意志和兴趣为转移的。再次,从知识的生产过程来看,由于人的认识是得到普遍的经验证明或科学实证的,这些得到证实的科学证据或逻辑规则是超越于个体和社会的,具有普遍性和确定性,这就保证了知识是产生于一套有着严密因果联系的科学程序之中的,是建立在普遍性的证据和特定的操作规则的基础之上的。

在确定性知识观传统的影响下,教师往往认为他们的主要任务就是使学生记忆、再现和复述教材中确定的知识,并且以记忆、再现、复述的程度为标准来衡量学生的学习水平。因此,考试内容几乎毫无例外地指向了知识的确定性领域,并以预先确定好的标准答案作为准绳,而回避了现实生活中具有重大意义但缺乏定论的不确定的知识领域。在标准化的考试中,这种倾向表现得尤为突出。

确定性知识观在当今遭到了众多的质疑。当代知识观认为,在科学认识活动中,知识的陈述不总是与外部世界的客观存在状况"相符合",在特定的条件下,某些事物与现象之间不总是存在着因果联系,不能仅仅依靠观察和实验的方法来揭示事物的本质。在当代知识观看来,知识具有不确定性的一面。所谓"不确定性",是指知识并不总是能够精确地预测和反映即将出现的结果,在很多情况下,知识实际上处于一种不断生成、不断修正和不断完善的状态之中。

面对由于开放和信息化而导致的当代课程知识的不确定性,学校课程不仅不能简单地强化其特有的知识权威,相反,还应更加注重对学生"自由理性"的培育,使其学会在知识世界中寻找自由精神。在学校课程中,学生学习的关键不是获得多少知识,而是从知识的控制中解放自己,获得知识的支配权。从这个意义上说,学校课程应成为选择知识的权利主体,同时,也应将这种权利交给学习者。这样,学生通过学习,不仅可以占有大量的信息和知识,而且能够拥有支配知识的权利,获得选择或拒绝知识的能力。

(三) 新知识观对教学内容设计的启示

知识论的转向使人们对知识有了崭新的认识,虽然其对于传统知识观的否定略显偏激。有论者认为,不能偏执一方,应把知识的确定性和不确定性、必然与偶然、理性和非理性的因素结合起来,将显性知识与缄默知识、个体知识与公共知识、过程知识与结果知识、陈述知识与程序知识等统一起来,优势互补,共同发挥其对人与社会的价值。①

在内容设计上,既要预设也要生成;既要重视理性的公共知识,也要关切感性知识、个人知识、隐性知识等;在课堂实践中,既要关注人类在实践基础上获得的文化成果,也要关注个体自身经验、经历,以及由此所延伸创造出的新知识。唯有如此,学生才能在教学中感受到知识与生命的丰富关系,享受到教学的愉悦。新知识观下的教学内容设计要有"弹性化"和"框架式"的特征,需要摒弃传统的"线性设计"方式,将预设与生成有机地结合起来。这样的教学内容设计,才有益于学生身心健康发展,才能培养全面发展的人。

基于上述认识,有论者提出了如下主张:②

1. 教学内容设计应以"文本"的多元的正确解读为中心。客观主义知识观下,教材是知识与技能的载体,对教学内容的设计,无非就是将教材内容转化成学生易接受的形式。而建构主义知识观强调教学内容的生成性,淡化了设计。新知识观下,我们应该关注学生与"文本"的视界融合。由于受原有认知结构、价值观、意识形态、境域特征、认识水平等主客观因素的制约和影响,学生可能会误读和错解"文本"。另外,对文本的解读方式和结果也是多元的,因此,教学内容的设计应该为学生与"文本"、同伴、

---

① 岳珂,姜峰,洪希:《走向新知识观下的教学内容设计》,《贵州师范大学学报(社会科学版)》2008 年第 6 期,第 114—117 页。

② 同上注。

教师、环境的会话搭建"支架",为建构合理的意义提供"先行组织者"。

2. 教学内容设计应以学生为中心,以"教"为辅助。在客观主义知识观的影响下,教学内容设计以"教师"为中心,以"教"为中心。在建构主义知识观下,学生是意义的主动建构者,是新知识的创造者,教学内容设计应以学生为主。新知识观下的教学内容设计,一方面,应该强调为学生再生产知识、建构意义、培养思维方式和行为习惯提供必要的相对正确的知识和方法,还要注重让学生通过顿悟、直觉、联想、体验等方式获得并感受生活的意义。另一方面,也不能低估教师的作用,教师对学生的意义建构起到"催化剂"的作用,对共识的达成起到引导作用,对学生有效的学习起到组织作用。

3. 教学内容设计应将过程与结果结合起来。客观主义知识观倾向于终极性的结论,而建构主义知识观则偏向于对过程的体验,这样的理论支撑都会造成学生知识天平的失衡,身心的片面发展。学生在成长过程中,既需要过程性知识、个体性知识、缄默知识等,也需要结果性知识、公共性知识和显性知识。所以教学内容的设计,既要注重过程的完整、丰富、开放、动态等,也要注重结果的相对可信、相对普遍和相对准确。这样才能既让学生享受了过程,体验了生活,品味了人生,又让学生获得了知识,充实了生命;既培养了学生质疑、批判、反思的能力,又开发了学生的内在潜力。总之,要让学生在过程中建构意义、掌握方法、获得结果。

4. 教学内容设计总体应将预设与生成相结合。客观主义知识观下,知识只掌握在少数专家学者的手里,教材就是圣经,因此,教学内容设计往往唯教材、教参是从,设计也是一次完成的。建构主义知识观则要求教学内容为学生的现实存在服务,关注学生的生命意义或生活世界,重视知识的不确定性,强调内容的生成,因此设计是动态化的。而新知识观下的教学内容设计是一个不断修正、补充、完善的动态的过程,应将预设与生成紧密地结合在一起。既要注重课前的教学内容预设,充分规划与教学环节联系紧密的各相关因素,否则教学就失去了根基,变得盲目无序;又要为教学内容的生成"留白",[①]使其在特定的空间氛围当中凸显鲜活多维动态的一面,否则教学就会变得苍白无力,没有生气。

---

① 李臣之:《论教学内容创生:规定性要素及基本路径》,《课程·教材·教法》2007年第2期,第20页。

事实上,教学内容的不确定性,一方面体现在不可预见性和生成性上,即教学内容不是完全预设的,而是在教学的过程中不断生成的,是可以随着教学的展开而不断调整的,另一方面还体现在作为教学内容的知识本身具有不确定性上。教学内容不一定非要呈现给学生确定无疑的真理,而有必要保持一定的不确定性、模糊性。比如,可以把不确定的知识或有争议的问题引入教学中,让学生通过探究,感受自然或社会现象的复杂性,认识知识本身的局限性和动态发展性,从知识权威中解放出来,敢于对所谓的"定论"进行质疑、批判。①

三、 在课程资源的意义上重新定位教学内容

(一) 超越"教材中心",拓展教学资源观

传统教学的"三中心"中的"教材中心",准确地说是"以教科书为中心",超越这一中心也就意味着要将隐性的、不确定的、偶然的甚至非理性的知识都纳入到正式的教学活动中,形成一种大容量的广义的"教学资源观"。进一步讲,要充分考虑教学活动过程中知识的建构性以及学习者学习的自主性和主动性,就要确立起一种更广义的"学习资源观"。这也提出了一个相关的任务:在超越"教材中心"的同时,我们还要超越"教师中心"和"课堂中心"。在解决"教材中心"的问题的同时,要解决其他相关问题,这就是"一个或所有问题"。

2001 年 6 月 8 日教育部印发的《基础教育课程改革纲要(试行)》指出了新一轮我国基础教育课程改革的具体目标:"改变课程过于注重知识传授的倾向,强调形成积极主动的学习态度,使获得基础知识与基本技能的过程同时成为学会学习和形成正确价值观的过程。改变课程结构过于强调学科本位、科目过多和缺乏整合的现状,整体设置九年一贯的课程门类和课时比例,并设置综合课程,以适应不同地区和学生发展的需求,体现课程结构的均衡性、综合性和选择性。改变课程内容'难、繁、偏、旧'和过于注重书本知识的现状,加强课程内容与学生生活以及现代社会和科技发展的联系,关

---

① 琚婷婷:《论教学内容的不确定性——知识观转型对教学内容重建之启示》,《语文建设》2006 年第 11 期,第 4—6 页。

注学生的学习兴趣和经验,精选终身学习必备的基础知识和技能。"也就是说,课程改革的六大目标的前三条都是针对学科及课程/教学内容提出来的。

有论者针对新课程改革启动前的课程现实指出了新课程改革的八大趋势:(1)针对学科本位论提出课程改革要以学生发展为本位的趋势;(2)针对我国长期以来仅仅坚持"双基"(即基础知识、基本技能)而提出要从"双基"扩展到"四基"(增加了"基本能力"、"基本观念和态度")的趋势;(3)针对科学技术发展给人类社会带来的多变性与人文精神的永恒性这一对尖锐的矛盾,提出加强道德教育和人文教育的趋势;(4)针对分科教育的弊端,提出课程综合化趋势;(5)针对我国课程总体上脱离社会实践和学生生活的问题,提出课程的社会化和生活化趋势;(6)针对课程管理重心过高或过低的现象,提出课程体系三级管理的趋势;(7)针对课程的齐一化以及教学中难以真正做到因材施教的问题,提出课程个性化和多样化的趋势;(8)回应信息技术飞速发展对教育教学的挑战,提出课程与现代信息技术结合发展的趋势。①

然而,学界对《基础教育课程改革纲要(试行)》中对现实问题的判断并非一致赞同的。王策三认为:"教学中'注重知识传授',根本、永远不存在'过于'的问题,而是根本、永远不够,要不断加强的问题。"在教学实践中知识传授暴露出许多问题,不能很好地培养学生新的时代和生活要求他们具备的多种品质,如积极主动的学习态度,较强的办事能力,优良的品德,丰富的情感,正确的世界观、价值观等等。于是,王策三就主张不要过于注重知识传授,而要注重多种思想品质的培养,注重采取研究性学习方式。提出这一主张动机良好,而且顺理成章,然而,这种主张的失误,可能在于以下几点:其一,忽略了人的,特别是中小学生的诸多优秀品质从何而来。轻视知识的传授和学习而谋求多种心理素质的发展,有缘木求鱼、升山采珠的嫌疑。在学校教育中,不存在没有教育的教学,也不存在没有教学的教育。事实是,应在传授和学习知识的过程中养成学生各种心理品质。知识之于人(尤其是学生个体)的发展,就如同经济之于社会发展一样,是基础,是中心,是水之源、木之本。其二,把知识传授(理论和实践)中的缺点和错误,归咎于知识传授本身。换言之,混淆了知识传授的具体形式和知识传授的一般原则。他认为:课程、教材中的知识如果不经过打开、简化等一系列内化、外化工

---

① 吕达:《新世纪中国基础教育课程教材改革》,《人民教育》2001 年第 6 期,第 23—25 页。

作,仅由教师照本宣科、简单告诉,学生完全机械记诵,是不能为学生所掌握并促进他们的发展的。但如果根本没有知识或轻视、削弱知识,那么学生的发展更无从谈起,主动的学习态度,学生的能力、情感、价值观等等,便无源无本,教师纵有孙悟空的本领也变不出来,道理很简单——巧妇难为无米之炊。①

钟启泉撰文回应说:"不错,'知识'是人格的重要构成要素,让学生'习得知识'乃是课程教学的基本课题,学校中的课程教学就是使学生习得知识的重要场所。问题在于,对于学生来说,什么是真正的'知识'? 什么是有价值的'学习'? 什么才是实现每一位学生'全面发展'的教育?"钟文围绕"知识的概念重建"、"学习的概念重建"和"课堂文化的概念重建"三个方面,讨论了课程创新的概念重建基础。文章得出的结论是:第一,我国基础教育的唯一出路就是实现从精英主义教育向大众主义教育转型,或者说,从应试主义教育向素质教育转型。这个大方向,既是世界课程教学改革的共同追求,也是我国本土教育改革实践经验的科学结论。第二,我国的教育科学研究需要"破旧有之陋习,求知识于世界",直面现实,与时俱进。贴近学术前沿,与国际接轨;贴近改革前沿,与实践接轨。这才是繁荣我国教育科学特别是课程教学理论的康庄大道。第三,无论是课程改革纲要还是纲要解读,都是围绕着新的时代所需要的新人的成长为主题展开的,这个主题自然离不开"提升知识"的话题。我国的课程创新宣告了"凯洛夫教育学"时代的终结。②

(二) 聚焦核心素养/关键能力,设计教学内容单元

"核心素养"是近几年学界和实践领域的大热之词,这个词其实是对一些国家、地区及国际组织对育人目标的不同表述的总概括。正如几位研究者所言:各国际组织和经济体教育目标的共性与特性,决定了它们在选取素养要素与搭建框架方面存在异同,如 OECD、欧盟、美国 P21、新加坡、中国香港、中国大陆以及俄罗斯等制定的 21 世纪核心素养框架均各具特色。

---

① 王策三:《认真对待"轻视知识"的教育思潮——再评由"应试教育"向素质教育转轨提法的讨论》,《北京大学教育评论》2004 年第 3 期,第 5—23 页。
② 钟启泉:《概念重建与我国课程创新——与〈认真对待"轻视知识"的教育思潮〉作者商榷》,《北京大学教育评论》2005 年第 1 期,第 48—57 页。

由于国际组织制定框架的初衷和服务对象各有不同,经济体的社会经济发展阶段与文化特征也有差异,这些框架的具体目标阐述又略有不同。有的框架旨在帮助公民实现成功生活并发展健全社会,如 OECD(2005)等;有的以培养学习能力为目标,指向终身学习,如欧盟(European Commission,2006)、联合国教科文组织(LMTF,2013)与中国台湾(台湾"教育部",2004)等;有的以培养创造力和创业精神为导向,关注 21 世纪职场需要,如美国 P21(U. S. Department of Labor,1991)、APEC(APEC,2008)与加拿大(C21 Canada,2012)等;有的凸显核心价值观,培养有责任感的合格公民,如新加坡(Singapore Ministry of Education,1998)、中国香港(香港课程发展议会,1996)、中国大陆(中华人民共和国教育部,2001;2014)与韩国(姜英敏,2008;朴顺景,2014)等;还有的重视公民日常生活和文化休闲质量,如俄罗斯(Ministry of Education and Science of the Russian Federation,2002)等。

北师大项目组对全球 29 个框架中的素养条目进行梳理与合并,最终形成两类共 18 项核心素养。这些素养在不同框架中被收录的情况不同,且受经济体收入水平的影响:中等及以下收入经济体对"学会学习与终身学习"素养的关注度显著高于高收入经济体;高收入经济体对"自我认识与自我调控"素养的关注度显著高于中等及以下收入经济体。

这 18 项核心素养及其受关注情况提醒素养框架开发者:素养的选取既要反映时代特征和国际趋势,也要建立在对本地区教育目标的理性思考的基础上;既应关注素养框架内部层级结构,深入阐释、及时更新素养内涵,建立素养内与素养间相互关联的层级化、结构化体系,也应注意素养发展进阶研究,系统设计跨学段的素养框架,从终身学习的角度进行整体规划。[①]

对课程和教学改革而言,重要的是如何将核心素养渗透到课程中、落实在课堂上。钟启泉指出,"核心素养"勾勒了新时代的公民必须具备的人格品质及关键能力,规约了学校教育的方向与方法,对当前基础教育改革有着重要的指导意义。"核心素养"赋予了传统的"基础素养"以新时代的内涵。根据当代学习科学的研究和梳理,对基础素养的界定经历了三个发展时期:第一个时期,认为素养就是技能,"三基"(读、写、算)

---

① 师曼等:《21 世纪核心素养的框架及要素研究》,《华东师范大学学报(教育科学版)》2016 年第 3 期,第 29—37 页。

就是典型的代表。第二个时期,把基础素养看成是学校所传授的知识。比如联合国教科文组织提出的"功能性扫盲",就把懂电脑作为在信息时代生存的必要的知识和技能。第三个时期,把基础素养看成是社会文化的创造。虽然关键能力、核心素养、21世纪技能这些说法不一,但实质相同,其基本的诉求只有一个,就是培养"真实性学力"。真实性学力不是虚假的应试的能力,需要有真实性的学习来支撑,这就要求课程的改革和课堂的转型。①

王斌华则指出,"核心素养"是一个热词,但如何定义它至今没有定论,还处于仁者见仁、智者见智的阶段。欧盟关于关键能力的研究给了我们启发:第一,核心素养是一个总称,包括若干个具体的核心素养;第二,至今还没有发现为各门学科制定的相应的核心素养;第三,核心素养基于布卢姆的目标分类法,它的合成要素或者组合要素还是我们原来强调的知识、技能与态度;第四,核心素养居统领地位,高于各门学科的课程标准或教学大纲,对所有学科具有导向作用;第五,核心素养的原意是关键能力,它的英文表述是 key competence,讲 8 个核心素养时用复数,表示这是一个整体;第六,"关键"、"能力"这两个英语单词强调的是"关键"和"少数",而国内最近的研究涉及的能力似乎太多了。如何在这么多的能力或者素养当中确定符合我国国情的少数的关键的能力,是一个很重要的任务。②

钟启泉认为:从核心素养到学科素养,到单元设计,再到课时计划,一线教师需要基于这些环节,开展日常教学活动。其中单元设计既是课程开发的基础单位,也是课时开发的背景条件。单元设计是课时计划的指引。在"应试教育"的背景下,很多教师基本上没有单元设计的概念,"课时主义"把教学内容碎片化,导致知识点的处理缺乏全局性的掌握,流于低层次的知识技能训练。"三维目标"应该是跨课时的,甚至是跨学期、跨学年的。所以,单元设计应该打破课时主义的束缚,基于核心素养整合不同的教学策略。单元设计的起点是学生的认知,学习是知识的建构。建构主义学习设计的思路不是侧重于教师讲授的内容,而是思考学习的设计。简单地说,就是从"教案"走

---

① 张肇丰:《基于核心素养的单元教学设计——第十届有效教学理论与实践研讨会综述》,《上海教育科研》2016 年第 2 期,第 18—21 页。

② 同上注。

向"学案"。建构主义的学习设计涵盖了六要素：情境、协同、支架、任务、展示、反思。这六个要素作为有影响力的手段都是重要的，其顺序是动态的。从单元编制的角度说，学校课程无非是两种课程——计划型课程（阶梯型课程，学科课程）与"项目型课程"（登山型课程，活动课程）——的组合。"阶梯型课程"的单元编制是以"目标—达成—评价"方式来设计的，"登山型课程"的单元编制是以"主题—探究—表达"的方式来设计的。后者的单元设计将成为世界课程发展的主流。作为跨学科学习的单元学习，具有如下特征：(1)以作业与制作活动为中心展开学习；(2)主动地展开项目的规划、运作与评价；(3)基于"问题意识"与"目的意识"实现自身的想法；(4)展开"社会参与"与作品创作的实践活动；(5)通过体验，掌握综合的知识、技能与态度。当今国际教育界重视"核心素养"，即"真实性学力"，不过，"真实性学力"需要同"真实性学习"与"真实性评价"配套。"真实性学力—真实性学习—真实性评价"，这就是基于"核心素养"的单元设计的基本诉求。①

(三) 在"教教材"与"用教材教"之间把握合理尺度

新课程改革以来的流行说法是反对"教教材"、提倡"用教材教"，或者是变"教教材"为"用教材教"。有论者认为，"教教材"和"用教材教"代表两种不同的教材使用观念。由传统"教教材"转为"用教材教"是新课程改革赋予教师的职能。② 但也有研究者认为，从教材内容与功能的共性来看，"教教材"与"用教材教"在教学中根本不构成对立关系，"教教材"也是用教材教，"用教材教"也离不开教材教。③

有论者从语文学科的视角探讨了"教教材"与"用教材教"的关系，认为语文教材文本资源无疑是确定教学内容的主要依据。虽然不能说教材文本资源就是教学内容，但教学内容的确定必须依据教材文本资源。只有依据教材文本资源才能确定"教什么"和"学什么"的问题。语文教材是以文本形式构成的教学内容载体，它以特定的结构方

---

① 张肇丰：《基于核心素养的单元教学设计——第十届有效教学理论与实践研讨会综述》，《上海教育科研》2016 年第 2 期，第 18—21 页。
② 高瑞荣：《从"教教材"到"用教材教"：争议与反思》，《上海教育科研》2016 年第 7 期，第 10—13 页。
③ 李学：《"教教材"还是"用教材教"——兼论教材使用功能的完善》，《教育发展研究》2008 年第 12 期，第 82—85 页。

式呈现教材编者对"教什么"与"学什么"的构想与设计。所以，离开了教材文本资源，教学内容的确定就无从谈起。只有在"教教材"的基础上，根据教学实际，灵活适当地"用教材教"，才能使教学内容实现动态性生成与拓展。①

来自一线的教师认为：实现从"教教材"到"用教材教"的转换，需要教师抓住五个环节，做到五环相扣，即：研读课标，领会理念要求；解读教材，把握内容意图；加工教材，使之符合需要；精心设计，文本变为预案；合理组织，依境灵活变通。② 换言之，就是要有对教材起码的尊重，要走进教材，吃透教材，而不要以超越教材为借口，回避钻研教材。很多时候，我们需要老老实实"教教材"。就语文学科而言，要真正做到"用教材教"，更好地使用教材，应当注意以下问题：围绕教学目标处理教材，针对语文特点用活教材，厚积薄发吃透教材，把语文教材优化成学材。③

也有研究者认为：从"教教材"到"用教材教"要求教师在思想观念上作些调整，降低教材在教师心中长期以来形成的神圣不可动摇的地位，把其仅看成一个有巨大利用价值并可进行适度改造的材料，即由"圣经式"教材观转变为"材料式"教材观。④

事实上，"教教材"和"用教材教"不是对立的非此即彼的关系，而是不同的教学境界。"教教材"指的是那种恪守教科书文本，尽量"不越雷池一步"的状态，属于对教学内容及相关要求"循规蹈矩"的境界。"用教材教"则是相对灵活或超然的态度，利用教科书文本的典型作用，将其作为一个"范例"、一个载体乃至一个"引子"来引导学生学习，是一种"从心所欲而不逾矩"的境界。

教师对教材文本不一样的处理方式，体现出他们对教材不一样的态度。例如教一首七言或五言古诗，无论整节课时间怎样充裕，无论课件如何"丰富"，有些老师都不会离开这首诗的内容范围，这就是典型的"教教材"。比如说教苏轼的《饮湖上初晴后雨二首》之一："水光潋滟晴方好，山色空蒙雨亦奇。欲把西湖比西子，淡妆浓抹总相宜。"有的老师整节课转来转去都出不了这首诗，他们会出示不同季节及一天之内不同时段

---

① 曹明海，赵宏亮：《教材文本资源与教学内容的确定》，《语文建设》2008 年第 10 期，第 4—6 页。
② 李国华：《"用教材教"要注意五环相扣》，《教育实践与研究》2011 年第 6B 期，第 7—8 页。
③ 朱德民：《对"教教材"与"用教材教"的反思》，《当代教育科学》2010 年第 10 期，第 48—51 页。
④ 何永红：《如何从"教教材"到"用教材教"：从两则教学案例谈起》，《上海教育科研》2007 年第 2 期，第 81—83 页。

的西湖美景图片,甚至不惜以西施的各种"淡妆"和"浓抹"的图例,来直解诗人的比喻,以至于挤压了学生最后一点点想象空间。如果换一种方式,从这一首诗出发,挑选几首别的诗人咏西湖的诗词,就是横向的拓展;又或者引出苏轼的另一首词《定风波》,比较其中"也无风雨也无晴"一句与"淡妆浓抹总相宜"不一样的豁达与随性,则是纵向的扩展。到课程结束时,还可以作一些相关的阅读推荐,从而大大扩充教材的知识容量和学习空间,引导学生更好地读书和学习。

总之,鼓励教师超越"教教材"的层次,是要打破教材文本对教学活动的不当限制和对教师教学设计思想的禁锢;倡导教师"用教材教"则是鼓励教师把教材文本当作一个可迁移的"原点"。当然,这种对教学内容的拓展与迁移,也应视学科的不同而采取不同的处理方式。

第四章

教学方法与教学技术

中共中央办公厅、国务院办公厅于 2017 年 9 月 24 日印发的《关于深化教育体制机制改革的意见》，不仅要求"改进教学方式和学习方式"、"创新教学手段"，同时也要求教师创新教学方法。方法，与教育教学活动相伴而生，只要是有"师"有"生"，只要是在"教"、在"育"，就肯定会用到一定的方法。改革开放之初，教学改革就是从方法的改革起步的；对国外教学思想的引进，也是从教学方法的引入开始的，如向赫尔巴特学到了"启发法"，向杜威、布鲁纳学到了"发现法"，向兰本达学到了"探究—研讨法"，等等。这些方法的引进也引发了对传统教学方法的反思与更新。随着新一轮基础教育课程改革的启动，以人为本的教学理念逐渐被接受，学生在学习中的主体地位的逐渐凸显，对自主、合作、探究等学习方式的大力提倡，都带来了教育改革领域教学方法的重要变革。计算机技术、互联网技术和人工智能等技术的发展，更是带动了教学方法和技术手段的崭新变化与迅速发展。

一、 教学方法更新

什么是教学方法，我国许多学者从不同角度和侧面给出了各种定义：

教学方法"是为达到教学目的、实现教学内容，运用教学手段而进行的，由教学原则指导的一整套方式组成的，师生相互作用的活动"。[1]

"教学方法，是在教学过程中，教师和学生为实现教学目的、完成教学任务而采用的教与学相互作用的活动方式的总称。"[2]

"教学方法是为了完成教学任务而采用的办法，它包括教师教的方法和学生学的

---

[1] 王策三著：《教学论稿》，人民教育出版社 1985 年版，第 244 - 245 页。
[2] 李秉德主编：《教学论》，人民教育出版社 1991 年版，第 197 页。

方法,是教师引导学生掌握知识技能、获得身心发展而共同活动的方法。"①

分析比较上述不同的定义表述,可以发现一些共性,如都强调教学方法的双边性和互动性,承认教学方法是一种活动模式,认为教学方法具有系统性。

教学方法的系统性是指:教学方法作为教学系统的一部分与教学系统内外各种因素如教学目的、教学内容以及师生的互动关系相互制约、相互联系。首先,教学目的决定着教学方法的方向。其次,教学内容和教学方法相互影响,一方面,教学内容制约着教学方法,特定的教学内容总有适应的特定的教学方法,另一方面,教学方法又对教学内容,甚至对教学改革产生重大影响。毋庸置疑,教学改革的推进,必然伴随着教学方法的更新。

(一) 以"精讲多练"优化讲授法

1. 讲授法及其适用范围

讲授法指教师通过口头语言系统地向学生传授知识的方法,是学校教学中最常用的一种以语言传递信息为主的教学方法。讲授法又可分为讲述法、讲演法和讲解法三种。讲述法是指教师对某个事物或事件系统地进行叙述和描绘。讲演法是在描述事实的基础上,由教师对事物进行系统完整的分析、论证,并得出科学结论的一种方法。讲解法是指教师向学生说明、解释科学概念、公式和定理的方法。

讲授法适用于对系统知识的传授,教师采用讲授法讲解系统知识有助于学生形成完善的知识体系。在班级授课制中,讲授法既经济又可靠,能够省时、高效地开展知识教学。但是讲授法不利于因材施教,无法兼顾每个学生的个体差异,在使用讲授法进行教学的过程中,教师只能将十几个甚至几十个不同的学生假想成一个个体。对教师而言,讲授法是一种传统的教学方式,对学生而言,这是一种接受性的学习方法。

2. 传统教学中的讲授法

在传统观念的影响下,人们普遍认为良好的课堂秩序是安静的,教学过程应该是不间断的,任何打破预设教学过程的行为都是应该避免的,但学生的活动是不可控的,因此,为了保证教学过程不间断地进行,许多教师选择"剥夺"学生的话语权,将几十个

---

① 王道俊,王汉澜主编:《教育学》,人民教育出版社 1989 年版,第 242 页。

有思想、有个性的个体想象成一个个"木头"，基于此，讲授法一直是我国教学实践中最常用的一种教学方法。但传统课堂中讲授法的使用存在缺乏师生互动，关注学习结果而不关注学习过程，忽视学生的主体地位，忽略学生的生命成长等问题。有许多学者对传统的封闭型课堂进行了批判，"传统课堂的教学只关注知识的接受和技能的训练，过程、方法、情感、态度、价值观受到了冷落和忽视，这种教学在强化知识、技能的同时，从根本上失去了对人的生命存在及其发展的整体关怀，从而使学生成为被肢解的人，甚至是被窒息的人"。① "在封闭的课堂教学中，往往知识是深刻的，教学是肤浅的；内容是复杂的，教学方式是简单的；考试成绩是高的，但课堂上传授的知识往往外在于人的精神生活；技能训练是充分的，甚至是过度的，但课堂本身却缺少智慧生成和生命活力"。② "封闭性课堂教学推行的是'单向—注入式'的落后教学观，它将学生的学习过程看成是被动的'他组织'，而不是主动的'自组织'；把学生的学习过程看成是量的积累过程，而不是质的建构过程。开放性的课堂教学不是以教代学，而应是因教行学，以教促学"。③ 由此可见，优化讲授法已成为燃眉之急。

3. 以"精讲多练"优化讲授法

随着新课程改革的推行，学生的主体地位得到认可，教育研究者们越来越关注课堂教学中学生的主体性，呼吁课堂从封闭预设走向开放互动，变被动学习为主动学习，传统课堂中的讲授法因其种种弊端在教学过程中渐渐被忽视，但讲授法作为一种最基本且过去在课堂中使用频率最高的方法，仍有其存在的必要性。在新课程背景下，必须对讲授法进行创新优化，以发挥其重要教学价值。李秉德认为："讲授法从教师的角度看，它是一种传授的方法；从学生的角度看，它是一种接受性的学习方法。"④讲授法作为一种传授的方法，具体怎么传授与传授者有着密不可分的关系。如果教师在采用讲授法时，秉持着教师中心、单向传授知识的理念，那么讲授法会变成一种"填鸭式"教学方法，但假如教师将学生视为教学的主体，在讲授过程中旨在促进学生思考，那么讲

---

① 余文森：《试论教学的开放性》，《教学理论与实践》2004 年第 9 期，第 42—44 页。

② 徐冬青：《从封闭走向开放：当代课堂教学改革的走向》，《基础教育》2011 年第 2 期，第 89—93 页。

③ 王育培：《从封闭走向开放——试论开放性课堂教学的构建》，《厦门教育学院学报》2001 年第 12 期，第 12—16 页。

④ 李秉德主编：《教学论》，人民教育出版社 2001 年版，第 123 页。

授法亦可成为一种启发式教学方法。讲授法本身不应被否定,如何使用讲授法才是关键。

为尽可能地消除传统课堂中讲授法存在的种种弊端,研究者们先是提出了"精讲多练"、"讲练结合",后有不少人认为"多练"只是关注练的数量和频率,未突出练的方式和效果,因而又提出了"精讲精练"、"精讲巧练"、"精讲活练"等不同的说法。

"练"在中国的教学传统和教学改革进程中一直是受重视的。"学而时习之"的"习"就有练习、复习的意思;在因受凯洛夫教育学影响而在中国日常课堂教学中一直占据主流地位的"综合课五环节"中,课堂练习、课下作业是必备环节。在改革开放以来教学改革家们提出的种种策略或模式中,"练"基本是不缺席的,如"读读、议议、练练、讲讲"(段力佩"八字教学法"),"自读课、教读课、练习/作业课、复读课"(钱梦龙"三主四式语文导读法"),"自学、启发、复习、作业、改错、小结"(黎世法"六课型单元教学法")……不仅不缺席,而且很多时候是上升为教学原则的,如钱梦龙提出要"以教师为主导,以学生为主体,以训练为主线"。宁鸿彬建立了以训练学生自学能力为核心的教学结构,他认为文章要由学生自己读懂,疑问要由学生自己提出,问题要由学生自己分析解决,知识要由学生自己发现获取,规律要由学生自己去概括掌握,教师只在"指导"上下功夫,在打开学生各个学习实践环节的"思路"上作文章。在这样的教学思想指导下,他进一步提出了"通读—质疑—理解—概括—实践"五步阅读教学程序教学法。五步之中,包括四个相关的环节:一是认真读书,提出问题;二是分析研究,解决问题;三是归纳总结,掌握知识;四是加强练习,运用知识。

精讲不是少讲,更不是不讲。精讲是改变过去那种填鸭式、满堂灌、教师一讲到底的教学方式,在全面把握知识的情况下,注意详略得当,突出重点、突破难点,充分调动学生的积极性。对于教材上一些非重点或简单的、学生能理解的内容可以少讲或不讲,对于重点或难点内容,教师不仅要花时间多讲,而且要讲清讲透。[①]

"多练"其实是针对过去老师讲得多、学生练得少的现象提出的,单纯理解为练的次数就狭隘了。"精练",突出的是"精选"练习内容,求质量,不贪多。"巧练"、"活练"是强调练的方式应灵活多样,且教师应加以指导。通过"练"来加强理解、掌握方法、巩

---

① 陈树林:《学习"洋思中学"教学模式反思——精讲活练》,《才智》2011年第21期,第179页。

固知识和培养能力,是将知识转化为能力的关键。

　　讲练结合,精讲善练,可使讲和练相互促进、相得益彰,但要注意如下要点：(1)教师应当将学生视为教学活动的主体,讲授要围绕学生的学习来进行。教师应当意识到,教学内容只是教学的外在要求,只有将之转化为学生的内部需求,才能够实现学生的发展,而教师的职责便是促进这一转化。教师只有在充分考虑到学生的具体需求、发展状况、认知基础的前提下才能够有效地重新组织教材,开展恰当的教学设计,使讲授达到教学目的。(2)教师在讲授的过程中应当注意教学艺术的运用,力求通过语言艺术的运用,在营造轻松良好的课堂氛围的同时,吸引学生注意力。此外,教师应当善于提出启发性问题,激发学生的思维,促进学生积极思考。(3)要与其他教学方法相结合。教师在教学过程中不仅要完成知识的传授,还应培养学生的学习能力、创造能力以及各种实践能力。教师应当根据教学内容的性质,针对不同的教学内容选择适当的教学方法,最大限度地调动学生的学习积极性,让学生在学习的过程中不仅完成知识的习得,还能够体验建构知识、生成知识的乐趣。

(二) 启发式、参与式教学指导思想带来教学方法的更新

　　学生参与教学的方式对其身心发展具有截然不同的影响。如果学生在教学活动中的主体地位没有得到落实,只是消极地参与到教学活动中,处于一种被动接受、死记硬背的学习状态,对老师持完全的依赖态度,那么教学活动的效果就会大打折扣；但若学生能够积极主动地参与到学习中,成为学习的主体,积极主动地进行独立思考,那么他就能够对教学内容有较为深刻的理解,亦会收获较好的教学效果。因而,为了促进学生的身心发展,教学应该引导学生从被动接受式的学习转向主动开放式的学习,改变过去机械接受的学习状态,激发学生学习的主动性和积极性,从以学习结果为重向以学习过程为重转变。伴随着"帮助学生学会主动学习"这一理念的普及,启发式教学、参与式教学等教学指导思想受到广泛关注,探究式、讨论式等鼓励学生主动学习的教学方式开始被广泛应用,在做到倡导有意义的学习和自主性学习的基础上,培养学生主动获取新知识以及分析问题、解决问题的能力。

　　1. 启发式、参与式教学指导思想

　　"启发式"教学其实是带有深厚的中国传统教育文化底色的。孔子曰："不愤不启,

不悱不发,举一隅不以三隅反,则不复也。"朱熹解释说:"愤者,心求通而未得之意,悱者,口欲言而未能之貌。启,谓开其意;发,谓达其辞。"也就是说,学习者没有到思而不得其解、焦虑困惑即"心愤愤"的状态时,老师不要轻易去开启他;学习者想通了却一时没找到合适的词句或方式来表达,即处于"口悱悱"状态时,老师也不要贸然迫使或代替他去表达。《学记》中说:"道而弗牵,强而弗抑,开而弗达。道而弗牵则和,强而弗抑则易,开而弗达则思。和易以思,可谓善喻矣。"同样表达了重启发、抓时机、顺势而为、因势利导的启发式教学思想。

启发式教学要求教师在教学时从学生的知识基础、年龄、心理特征、认知结构等实际情况出发,根据教学任务和学生学习的客观规律,以启发学生思维为核心,采用多种方式,激发学生学习兴趣,调动学生学习的积极性和主动性,促使学生主动学习。启发式教学强调学生在学习过程中的主体地位,认为学生是学习的主体,教师是学习的主导者,其教学过程应该能够激发学生内在学习动机,充分发挥学生智力,调动学生思维。创设问题情境是启发式教学的关键点,"创设'问题情境'就是在教材内容和学生求知心理之间制造一种'不协调',把学生引入一种与问题有关的情境的过程。这个过程也就是不协调—探究—深思—发现—解决问题的过程。制造'不协调'必须要设置疑问,把需要解决的课题有意识地、巧妙地寓于各种各样符合学生实际的知识基础之中,在他们心理上造成一种悬念,从而使学生的注意、记忆、思维凝聚在一起,以达到智力活动的最佳状态"。①

"参与式"教学则带有浓厚的民主色彩。参与式既是一种民主政治,也是一种民主的生活方式。平等、理解、对话、协商,是参与式教学或培训的"关键词"。

参与式教学要求教师将学生放在教学的主体地位,通过组织活动,鼓励学生主动参与到教学活动中,全面调动学生的积极性与创造性,同时,最大限度地发挥学生自身的潜能,完成教学目标。有学者认为主动参与有情境性、整体性、差异性、群体性等特征。主动参与的情境性即"学习活动中的情境,包括目标、内容、结果等要素","在学习过程中,学生往往借助活动情境所提供的信息去发现问题、提出问题和解决问题"。参与的整体性表明,"学生的参与学习作为一种个体与群体的活动,总是表现出一定的结

---

① 陈琦,刘儒德主编:《当代教育心理学》,北京师范大学出版社 1997 年版,第 135—136 页。

构、层次和功能"。"在学校教育情境中,作为一种认识活动的主动参与,其基本过程为:兴趣—分析—创意—操作—评价"。参与的差异性则表现在不同的参与类型和不同的参与度上,一般可将参与学习分为主动参与的接受学习、主动参与的探究学习、被动参与的接受学习和被动参与的探究学习四种。参与的群体性则表现为"学生的学习是一种社会性活动,是个体活动与群体活动的统一"。①

2. 教学方法的更新

传统的教学活动在传统知识观的影响下,习惯于将学生看作有待加工塑造的对象;将儿童的心灵视为没有任何痕迹的"白板",可任人在上面随心所欲地涂写改造;将人的大脑视为仓库,教学活动的任务则是往"仓库"里填塞知识。这种注重知识传授、着重培养"存储"能力的教学,实质上就是一种灌输式教学或"储蓄式教学"。"它把学生变成了'容器',变成了可任由教师'灌输'的'存储器'。教师越是往容器里装得完全彻底,就越是好老师;学生越是温顺地让自己被灌输,就越是好学生……学生是保管人,教师是储户。教师不是去交流,而是发表公报,让学生耐心地接受、记忆和重复储存材料"。② 这种灌输式的教学剥夺了学生在学习中的主体地位,使教学沦为单向、刻板、机械和强制的知识灌输。

不同于传统教学方式中将学生视为"容器"的灌输式教学,启发式和参与式教学思想都凸显了学生在学习过程中的主动性,要求学生主动参与到学习过程中,激发学生思维,在促进学生主动学习的同时帮助学生学会学习。基于此,讨论式教学、探究式教学等有助于调动学生学习积极性、培养学生思考能力和主动学习能力的教学方法开始受到广泛关注。

讨论式教学法是指让全班以班级或者小组为单位,在教师的指导下,对某一个具体问题各抒己见,不断深化认识、实现发展的教学方法。讨论法能够通过讨论辩论的形式集思广益,在鼓励学生积极思考、乐于表达的同时扩大学生视野,帮助学生摆脱自我中心式的思考方式。在设计讨论法的讨论题目时,教师应当充分考虑学生的已有知

---

① 裴娣娜主编:《现代教学论(第一卷)》,人民教育出版社 2005 年版,第 262—263 页。

② [巴西]保罗·弗莱雷著,顾建新等译:《被压迫者教育学》,华东师范大学出版社 2001 年版,第 24—25 页。

识经验,从学生的经验出发,结合教学目的设计适当且有价值的讨论题。讨论前,教师应当让学生提前做好准备,只有拥有了一定的知识基础,讨论才能有深度地开展。讨论过程中,教师应当明确自己的主导地位,在讨论中发挥主导作用,不仅要随时纠正学生在讨论过程中出现的问题,还要控制讨论方向,确保讨论能够在集中于论题的基础上深入地开展下去。若在讨论过程中出现冷场或者讨论思路中断等突发情况,教师应当巧妙地进行衔接。需要注意的是,在讨论时教师应当表明中立态度,不透露任何能够暗示个人主观价值判断或提示讨论结果的信息。在讨论结束后,教师应当带领学生做好总结,对讨论中的不同观点进行简要概括,并记录最后的讨论结果,以帮助学生形成完整的知识体系。

探究式教学法是指在教学过程中,教师指导学生对某个知识点进行自主学习、深入探究并进行小组合作讨论,从而完成知识的习得的教学方法。有学者认为,"探究式学习是一种积极的学习过程,是指学生在学科学习中自己探索问题的一种学习方式",其特点是教学内容具有综合性与开放性,教学过程具有自主性与参与性,学习成果具有创新性与多样性,教学评价具有多元性与发展性。①

在启发式、参与式等教学指导思想引领下的探究式、讨论式教学方法都鼓励学生主动积极参与,凸显了学生在课堂中的中心地位,学生思考、探究、讨论、参与的过程就是学生知识生成的过程,也是个体生命成长的过程。这样的教学过程,不仅帮助学生实现了知识的内化,还培养了学生主动学习的能力。

二、 从教学手段到教学技术

20 世纪 90 年代以来,伴随着以网络技术、多媒体技术为核心的现代信息技术的普及,人们的生活发生了莫大的改变,人类开始步入信息化社会。在信息化浪潮的推动下,教学改革亦在朝着教学信息化的方向不断推进。1999 年颁布的《中共中央国务院关于深化教育改革,全面推进素质教育的决定》明确提出要"大力提高教育技术手段

---

① 都兴芳,刘平:《探究式学习与学习策略》,《中国教育学刊》2005 年第 8 期,第 41—42 页。

的现代化水平和教育信息化程度"。[①] 而后的《国务院关于基础教育改革与发展的决定》亦指出要"大力普及信息技术教育,以信息化带动教育现代化"。[②]《国家中长期教育改革和发展规划纲要(2010—2020 年)》更是多处强调信息技术的重要性,指出要"充分发挥现代信息技术作用,促进优质教学资源共享","加快教育信息基础设施建设","加强优质教育资源开发与应用"。[③]

面对信息技术的发展和普及,教学手段开始步入多媒体网络技术时代。多媒体网络时代的教学特点不仅体现在课堂教学手段的日新月异上,还表现为网络教学的普及。

(一)课堂教学技术的更新

多媒体网络时代教学手段不断更新,技术早已走进课堂,技术的发展为课堂教学带来了新气象。

1. "三通两平台"建设

刘延东同志曾在 2012 年全国教育信息化工作电视电话会议中指出,"十二五"期间要以建设"三通两平台"工程为抓手,建设教育资源公共服务平台和教育管理公共服务平台。"三通两平台"中的"三通"即"宽带网络校校通、优质资源班班通、网络学习空间人人通","两平台"是"三通"开展应用的支撑,即"教育资源公共服务平台"、"教育管理公共服务平台"。"三通两平台"的建设旨在促进教学与技术的深度融合,提高教学质量,实现优质教学资源的共建共享,缩小区域、城乡、校际差异,促进教育公平,促进学习化社会的建设。

2000 年教育部下发了《关于在中小学实施"校校通"工程的通知》。"校校通"一方面要求基本解决各级各类学校的宽带接入,另一方面则要求基本完成各级各类学校网络条件下的基本教学环境建设,旨在建立学校与学校间的信息交流渠道,实现校际资源共享。教育部 2008 年工作要点明确提出要"积极发展农村中小学现代远程教育,努力推进'班班通,堂堂用',让广大中小学学生共享优质教育资源"。"班班通"推行的根

---

① 中共中央、国务院:《中共中央国务院关于深化教育改革,全面推进素质教育的决定》,1996 年 6 月 13 日。
② 国务院:《国务院关于基础教育改革与发展的决定》,2001 年 5 月 29 日。
③ 中共中央、国务院:《国家中长期教育改革和发展规划纲要(2010—2020 年)》,2010 年 7 月 29 日。

本目的是推进信息技术在教研活动中的广泛应用,使基本实现"校校通"的学校的大部分班级能够在课堂教学中利用优质数字教学资源。"专递课堂"、"名师课堂"和"名校网络课堂"等促进优质教育资源共享,促进教育均衡发展的项目都在完成"班班通"建设后得以推进。"人人通"则是为教师和学生建立实名制上网学习空间,旨在将技术与教学实践的融合落实到每个学生和教师的日常活动中。

"三通"之间相互关联,层层递进,"校校通"属于基础设施层面,"班班通"属于课堂教学层面,"人人通"则是个性化学习层面。从"校校通"到"班班通",再到"人人通",经历了从校园信息化环境建设,到课堂教学信息化环境建设,再到个性学习信息化环境建设的过程,反映了校园信息化由表及里,教育信息化全面发展的趋势。

2. 智慧教室的构建

智慧教室在英文中通常表述为"Smart Classroom",这一词在1988年由罗纳德·雷西尼提出,与之相关的词语还有"Intelligent Classroom"、"Classroom of Future"、"Classroom of Tomorrow"。在国内,与智慧教室相关的概念还有"智能教室"、"未来教室"、"未来课堂"等。国内关于智慧教室比较有代表性的研究有华东师范大学的"未来课堂"研究项目、"未来教师空间站",清华大学的"智能教室"等。

(1) 智慧教室的概念界定

国内有许多学者对智慧教室进行了概念界定。陈卫东认为,所谓智能教室,就是借助智能空间技术实现的增强型教室,具体表现为教师与学生可以便捷地控制和操作教室中的各种光电设备,包括电脑、投影仪、交互式电子白板、试听装置等,以便快速地获取资源并在此环境中开展包含远程教学在内的多种多样的教学活动,其特征为自然和谐的人机交互。基于对国内外文献的分析,陈卫东等人总结,智慧教室主要实现的功能有,课堂笔记的自动化,记录课堂教学过程,促进协作学习,教室中电气设备控制的集成化、自动化,智能远程教学五种。[①]

黄荣怀等人认为:"教室是一种物理环境,必须能够为课程的实施提供支撑。在传感技术、网络技术、富媒体技术及人工智能技术充分发展的信息时代,教室环境应是一

---

① 陈卫东,叶新东,张际平:《智能教室研究现状与未来展望》,《远程教育杂志》2011年第4期,第39—45页。

种'能优化教学内容呈现、便利学习资源获取、促进课堂交互开展、具有情境感知和环境管理功能的新型教室',这种教室被称为智慧教室。"①

聂风华等人认为智慧教室是为教学活动提供智慧应用服务的教室空间及其软硬件装备的总和。智慧教室是在物联网、云计算、大数据等新兴信息技术的推动下,教室信息化建设的最新形态。立足教学活动需求,提供智慧化的应用服务是智慧教室的核心使命,达成最优化的教学效果是智慧教室的终极目标。运用智慧技术,提供智慧服务,实现智慧管理是智慧教室区别于以往多媒体教室和网络化教室的主要特征。②

由此可见,智慧教室是在现代信息技术支持下,基于以人为本、以学生为中心理念的,为使用者智能提供最舒适的课堂环境,支持多种授课模式,促进课堂交互,优化教学内容呈现,实现教学资源便利获取以达成教学效果最优化的教室。

（2）智慧教室的模型

① "S. M. A. R. T. "模型

黄荣怀等人基于对智慧教室"智慧性"涉及教学内容的优化呈现,学习资源的便利性获取,课堂教学的深度互动,情境感知与检测,教室布局与电气管理等多个方面内容的认识,设计了包含内容呈现（Showing）、环境管理（Manageable）、资源获取（Accessible）、及时互动（Real-time Interactive）、情

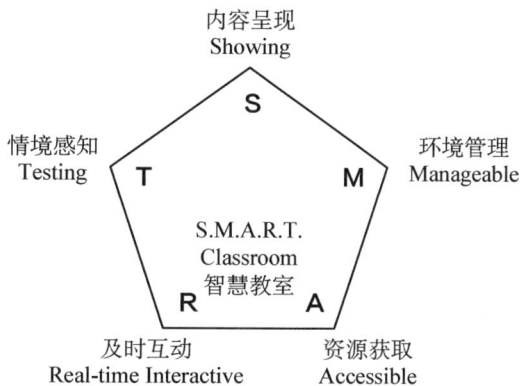

图 4 - 1　智慧教室"S. M. A. R. T. "概念模型(M1)

境感知（Testing）这五个维度的"S. M. A. R. T. "概念模型,如图 4 - 1。③

基于"S. M. A. R. T. "概念模型,黄荣怀等人还分别从"内容呈现（S）"、"资源获取（A）"和"及时交互（R）"三个维度来增强教室的设计,把教室分为"高清晰"型、"深体

① 黄荣怀,胡永斌,杨俊锋,肖广德:《智慧教室的概念及特征》,《开放教育研究》2012 年第 2 期,第 22—27 页。

② 聂风华,钟晓流,宋述强:《智慧教室:概念特征、系统模型与建设案例》,《现代教育技术》2013 年第 7 期,第 22—27 页。

③ 黄荣怀,胡永斌,杨俊锋,肖广德:《智慧教室的概念及特征》,《开放教育研究》2012 年第 2 期,第 22—27 页。

验"型和"强交互"型三种,如表 4-1 所示。①

表 4-1　三种类型的智慧教室比较

	教学模式	教室布局	内容呈现	资源获取	及时交互
"高清晰"型	传递—接受	"秧苗式"为主	双屏显示无线投影	支持讲授的资源和工具	以师生互动为主
"深体验"型	探究性	多种布局均可	学生终端	丰富的资源和教学工具;全面支持各种终端接入	以生机交互为主
"强交互"型	小组协作	"圆型"为主	小组终端	支持小组协作的资源和工具	以终端支持的生生交互为主

② "I-SMART"模型

聂风华等人从系统组成的角度构建了由基础设施(Infrastructure)、网络感知(network Sensor)、可视管理(visual Management)、增强现实(Augmented reality)、实时记录(real-time Recording)、泛在技术(ubiquitous Technology)六大系统组成的

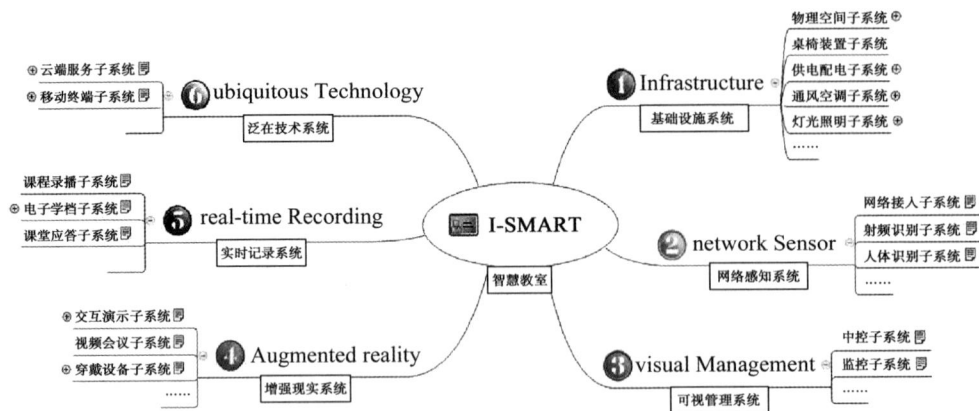

图 4-2　"I-SMART"智慧教室模型

---

① 黄荣怀,胡永斌,杨俊锋,肖广德:《智慧教室的概念及特征》,《开放教育研究》2012 年第 2 期,第 22-27 页。

"I-SMART"智慧教室模型。①

教学技术的不断发展必然带来教学方式的更新,对教师亦提出了新的要求,纵使技术再完善,缺乏能够使用技术的人,技术终归无法发挥其自身优势。

(二) 网络教学的兴起

1. 慕课

慕课(Massive Open Online Course,简称 MOOC),即"大规模的网络开放课程",是在线开放课程的一种独特类型,具有大规模、开放性、在线等特点。慕课不仅会为学习者提供学习材料、视频和测试题,还支持学习者与教师以及其他学习者之间的交流,学习者在完成慕课课程的学习之后即可获得慕课平台颁发的对应课程的电子版合格证书。有些慕课平台为满足学习者的需求,与愿意提供学分的大学合作,学习者在慕课平台上完成学习,即可获得该大学的相应学分。总而言之,学习者可以在慕课平台上学习、讨论、完成作业、考试、拿证书,经历学习的全过程。全球比较成规模的慕课三大平台是 Coursera、Udacity、EdX,这些平台均以英语为主要语言。"在合作模式上,Udacity 不与高校结盟,而是与教师合作,与部分高校在学分认可和学位授予方面合作,致力于发展成为取代传统大学的知识传播功能的机构组织;Coursera 与高校结盟,由学校开发课程,鼓励学分互认,有志于创建一个全新的大学系统;Edx 只与各国的顶尖高校结盟,协助学校开发课程,并设有网上虚拟实验室,学习者可以进行模拟实验,主要是研究采用线上线下混合教学模式以提高教学质量。"②

随着慕课的普及,对慕课的评价也出现了争议。一是对慕课实施效果的争议,有人认为慕课能够实现优质资源共享,解决教育质量低下等问题,也有人认为虽然我们勾画了美好的蓝图,但慕课的实际影响与教学效果有待验证。二是对慕课影响力的争议,有人认为慕课将在国内引发一场教学革命,亦有人认为网络学习现在所占的市场份额还非常有限,说其能引发教育领域的革命或者教育格局的重新洗牌还为时尚早。三是对慕课能否促进教育公平的争议,有人认为慕课实现了优质教育资源共享,能够改变

① 聂风华,钟晓流,宋述强:《智慧教室:概念特征、系统模型与建设案例》,《现代教育技术》2013 年第 7 期。
② 李志民:《"慕课"的兴起应引起中国大学的觉醒》,《中国高等教育》2014 年第 7 期,第 30—33 页。

教育资源不均的现状,使那些原本无法上大学的群体有机会学习大学课程,有利于促进教育机会公平。但亦有人认为对于现代信息基础设施落后的农村地区,普及慕课还不现实;要使慕课充分发挥作用还需要有成熟的在线教育生态系统与数字学习文化的支持。对于信息素养平均水平较低的农村学生和农民工来说,慕课离他们还很遥远。[①]

2. 微课

微课即 Micro-lecture,"'微课'是按照新课程标准和课堂教学实践,以教学视频等为主要载体,反映教师在课堂教学过程中针对某个知识点或教学环节而开展教与学活动的各种教学资源有机结合。'微课'的核心内容是课堂教学视频(课例片段),同时还包含与该教学主题相关的教学设计、素材课件、教学反思、练习测试及学生反馈、教师点评等教学支持资源,它们以一定的组织关系和呈现方式共同营造了一个半结构化、主题突出的资源单元应用'生态环境'"。[②] 为配合中小学生认知特点,微课的教学视频时长一般为 5—8 分钟,教学内容较少,通常仅涉及一个知识点。

在国外,微课的雏形为美国北爱荷华大学 LeRoy A. McGrew 教授提出的 60 秒课程(60-Second Course)和英国纳皮尔大学 T. P. Kee 提出的 1 分钟演讲(The One Minute Lecture)。[③] 在国内,微课的概念于 2010 年由广东省佛山市教育局胡铁生最先提出。自 2013 年起,国内对微课的研究迅速升温。我国微课发展共经历了微课的"微资源构成"认识与实践阶段,微课的"微教学活动"认识与实践阶段,微课的"网络微课程"认识阶段这三个阶段。[④]

与微课相近的一个名词是微视频,但微课和微视频之间有着本质的区别。教学微视频是一种单一的教学资源,但"微课是为了完成一个教学目标围绕某个知识点、教学活动或者技能而展开的以微视频为中心和焦点的课或课程"。[⑤] 系列微课与慕课有点类似,但通常来说,慕课是大规模的网络开放在线课程,而微课多为校本资源。慕课和

① 祁涛,王应解:《关于慕课若干认识误区的思考》,《中国电化教育》2015 年第 10 期,第 28—32 页。
② 胡铁生:《"微课":区域教育信息资源发展的新趋势》,《电化教育研究》2011 年第 10 期,第 61—65 页。
③ 梁乐明,曹俏俏,张宝辉:《微课程设计模式研究——基于国内外微课程的对比分析》,《开放教育研究》2013 年第 1 期,第 67—75 页。
④ 胡铁生,黄明燕,李民:《我国微课发展的三个阶段及其启示》,《远程教育杂志》2013 年第 4 期,第 36—42 页。
⑤ 谢贵兰:《慕课、翻转课堂、微课及微视频的五大关系辨析》,《教育科学》2015 年第 5 期,第 94 页。

微课都是翻转课堂实现的有力支撑。

(三) 线上线下学习相结合

翻转课堂是线上线下学习结合的典型代表。翻转课堂即"Flipped Classroom"或"Inverted Classroom"，是网络学习支持下的一种新型教学模式。它将传统课堂的讲授结构进行颠倒，对课堂时间的使用进行重新规划，即将需要讲授的知识点录制成视频，由学生回家进行自主学习，课堂上的时间则用于师生、生生间的深度交流，翻转课堂的实现离不开微课、慕课的支持。翻转课堂这一名词最早由莫里·拉吉和格兰·波兰特于 1996 年首次提出。2007 年前后，乔纳森·伯尔曼（Jon Bergmann）和亚伦·萨姆斯（Aaron Sams）基于实际困扰——学生由于生病无法来上课或者因为家太远而为前来上课耗费了过多时间等情况开发出了"学生在家看视频讲解，老师在课堂上指导作业"这一新型授课方式。

翻转课堂的推广与"可汗学院"的兴起有着密不可分的关系。可汗学院由孟拉加裔美国人萨尔曼·可汗（Salman Khan）创建。最初，可汗为了给亲戚家的孩子远程辅导数学，便录制了教学视频，并将之放在 YouTube 网站上，不仅供亲戚家的孩子学习，也供有需要的人免费观看。2007 年可汗在整合以往教学视频的基础上，创立了非盈利各科教学网站。可汗学院上大量的优质免费视频，大大降低了教师使用翻转课堂的门槛。重庆市江津聚奎中学自 2011 年起便开始对适合本校的翻转课堂进行探讨。2013 年，华东师范大学与国内 20 多所学校发起的"C20 慕课联盟"（C 即 China，20 即国内 20 余所知名高中/初中/小学）推动着翻转课堂成为国内教育信息化热点。

随着翻转课堂的兴起，学界普遍认为翻转课堂具有以下优势。

1. "翻转课堂"是一种混合学习方式

一方面，翻转课堂包含了在线的视频学习和线下的面对面学习，是一种线上线下的混合。"翻转课堂，本质上是一种将面对面的、传统的课堂教学与在线教学结合起来的混合学习模式，它是家校分别在学生学习中角色与功能上的调整"。[1] 另一方面，亦

---

[1] 焦建利：《慕课给基础教育带来的影响与启示》，《中小学信息技术教育》2014 年第 2 期，第 128—129 页。

有学者认为翻转课堂是"混合了直接讲解与建构主义的学习"的一种混合学习方式。①

2. "翻转课堂"拥有比传统课堂更优的教学模式

较之传统课堂,"翻转课堂"将知识传授放在课外,给了学生更多的学习自主性,学生在家可以按照自己的学习进度,选择自己合适的时间在最舒适的地点进行学习。在课堂上,教师则可以就学生的学习困惑或者其他的学习需求,为学生答疑解惑,或者组织学生就某一问题进行深入探讨。张新明等人指出:"翻转课堂'课前传授＋课上内化'的教学形式与传统教学过程正好相反,这是大多数人理解的传统意义上的翻转课堂。但他们却忽视了翻转课堂的两个关键点:第一,课外真正发生了深入的学习;第二,高效利用课堂时间进行学习经验的交流与观点的碰撞能够深化学生的认知。"②田爱丽认为,翻转课堂更加符合学生的学习规律,是先学后教的一种形式,相对于一般导学形式的先学后教,微视频学习更加生动活泼,能吸引学生的学习兴趣,同时,微视频资源更便于保存检索。还有,网上学习互动平台和学习系统的建设,便于教师及时掌握学情。研究表明,学生听讲知识或概念讲解的时候,不是最需要教师讲授的时候,视频学习可以取代教师的知识讲解,而学生最需要教师帮助的时候,是做作业遇到困难、产生迷惑的时候,翻转课堂更能帮助解决这一问题。③"翻转课堂通过对学习时间的重新分配给予学生更多自主支配的时间,使学生能够根据自己的步调控制各自的学习,真正做到了学习向学生的回归,体现了学生学习的主体性。"④

3. "翻转课堂"有利于凸显学生的中心地位

在传统的教学过程中,课堂的主要任务是知识的讲解。在这种课堂教学过程中,不管是讲授,还是师生互动,教师都占据着中心地位。但在"翻转课堂"教学模式下,线上学习时,学生可以控制教学视频的进度,课堂交流时,学生可以就自己的困惑、想法

---

① 张跃国,张渝江:《"翻转"课堂——透视"翻转课堂"》,《中小学信息技术教育》2012 年第 3 期,第 8—10 页。

② 张新明,何文涛:《支持翻转课堂的网络教学系统模型探究》,《现代教育技术》2013 年第 8 期,第 21—25 页。

③ 田爱丽:《借助慕课改善人才培养模式》,《中小学信息技术教育》2014 年第 2 期,第 13—15 页。

④ 张新明,何文涛:《支持翻转课堂的网络教学系统模型探究》,《现代教育技术》2013 年第 8 期,第 21—25 页。

和教师、同学进行交流,学生获得了学习的主导权。"在翻转课堂中,教师和学生的角色定位发生了变化。教师从传统课堂中的知识传授者和课堂管理者转变成为学习指导者和促进者",[①]"学生真正成为课堂的主角,对知识的探究和学习主要由学生们自主进行,教育进入一个学生可以进行自我知识延伸的时代"。[②]

但亦有研究者指出,翻转课堂的授课模式较之传统授课模式要占用学生更多的时间,在无形之中增加了学生的压力,可以尝试却不能常试。至于翻转课堂能否真的提升学生的思维水平,能否真正提升教学质量,还有待实证研究者进一步的考证。

三、 聚焦深度学习,开发教学新技术

当今世界教育发展的主要趋势是:教育已经成为贯穿全体公民一生的终身教育,促进人全面发展的素质教育,突出学习者个性的创新教育。[③] 因而在教育过程中培养学生的终身学习能力,自主创新、自主学习能力已成为教育工作者需要解决的重要问题。2010 年颁布的《国家中长期教育改革和发展规划纲要(2010—2020 年)》指出,在教育教学中要注意培养学生的自主学习能力,注重培养学生学习的主动性、独立性、体验性和问题性。[④] 在这样的背景下,与浅层学习相对的深度学习吸引了大量教育研究者的目光。

(一) 深度学习的提出

1. 机器学习中的深度学习

机器学习的发展可以分为浅层学习和深度学习两大阶段,机器学习领域是最早使用深度学习这一名词的领域,"深度学习是机器学习中表征学习方法的一类"[⑤]。在机器学习中,深度学习被定义为"一系列试图使用多重非线性变换对数据进行多层抽象

① 刘震,曹泽熙:《"翻转课堂"教学模式在思想政治理论课上的实践与思考》,《现代教育技术》2013 年第 8 期,第 17—20 页。
② 同上注。
③ 张浩,吴秀娟,王静:《深度学习的目标与评价体系构建》,《中国电化教育》2014 年第 7 期,第 51—55 页。
④ 中共中央、国务院:《国家中长期教育改革和发展规划纲要(2010—2020 年)》,2010 年 7 月 29 日。
⑤ 顾小清等:《超越碎片化学习:语义图示与深度学习》,《中国电化教育》2015 年第 3 期,第 39—48 页。

的算法"①。机器学习算法是一门模拟人的意识、思维和信息过程的人工智能科学。机器学习自 2006 年开始关注深度学习,"深度学习技术采用的方法主要是无监督学习,取代了人参与的特征选取的过程,自动进行特征学习,通过对原始输入数据的处理分析自主发现一些有效特征"。② 深度学习技术是对人工神经网络(Artificial Neural Network,ANN)的发展,通过模仿人脑的逐层抽象机制来解释数据,设计算法对事物进行多层级分布式表示。③

为我们所熟知的"苹果语音助手"、"人脸识别"技术等都有赖于机器领域深度学习技术的支持。2016 年 3 月以 4∶1 的战绩战胜围棋世界冠军的 AlphaGo,其工作原理之一便是深度学习。

2. 教育领域的深度学习

深度学习(Deep Learning)也被译为深层学习,最早由美国学者 Ference Marton 和 Roger Saljo 于 1976 年在其发表的《学习的本质区别:结果和过程》中首次提出。

国内最早对深度学习概念进行阐释的是黎加厚教授,他指出,"深度学习是指在理解学习的基础上,学习者能够批判性地学习新思想和事实,并把它们融入原有的认知结构中,能够在众多思想间进行联系,并能够将已有的知识迁移到新的情境中,作出决策和解决问题的学习"。④ 在黎加厚教授对深度学习进行定义后,许多学者开始关注深度学习,且纷纷给出了自己的定义。

孙银黎从知识分类的角度出发,对深度学习进行定义,提出"深度学习是在陈述性知识和程序性知识基础上,追求对策略性知识的进一步深化,它注重对知识接受之后

① Bengio, Y. Learning deep architectures for AI. *Foundations and trends® in Machine Learning*,2009,2(1),pp. 1 - 127. 转引自顾小清等:《超越碎片化学习:语义图示与深度学习》,《中国电化教育》2015 年第 3 期,第 39—48 页。

② Deng, L., Li, J., Huang, J. T., et al. Recent advances in deep learning for speech research at Microsoft, Rabab Ward. *2013 IEEE International Conference on Acoustics, Speech, and Signal Processing*, Vancouver:IEEE, 2013,p. 8604 - 8608. 转引自顾小清等:《超越碎片化学习:语义图示与深度学习》,《中国电化教育》2015 年第 3 期,第 39—48 页。

③ Bengio, Y. Deep learning of representations:Looking forward. In Dediu, A. -H. (ed.). *Statistical Language and Speech Processing*. Berlin, Heidelberg:Springer Berlin Heidelberg, 2013, pp. 1 - 37. 转引自顾小清等:《超越碎片化学习:语义图示与深度学习》,《中国电化教育》2015 年第 3 期,第 39—48 页。

④ 何玲,黎加厚:《促进学生深度学习》,《计算机教与学》2005 年第 5 期,第 29—30 页。

的反思和学习者认知结构的重建"。①

有些研究者认为深度学习的实现与高水平思维的运用密切相关。"高阶思维是深度学习的核心特征,发展高阶思维能力有助于实现和促进深度学习,同时深度学习又有助于提高学习者的思维品质和学习效能"。②"深度学习是学习者通过对新知识的批判性分析和与原有知识的整合,形成对学习内容的理解,以便应用所学来解决复杂问题,完成学习迁移,最终能以改变个人思想或行为的方式内化知识的一种学习,它通常指向的是批判性思维、抽象思维和创造性思维等高级思维"。③"从认知角度看,深度学习是一种运用高阶思维能力对复杂概念或知识的理解与运用"。④

有的研究者强调深度学习的主动性。"深层学习的发生受到学习者学习动机、个人能力、学习流程、学习策略、学习环境以及情感和行为投入等因素的影响,强调高阶认知目标层次和思维能力,总的来说,是一种有意义的学习,一种主动学习"。⑤"深层学习是一种由学习者的'认知需求'和'内在动机'驱动的,基于理解并具有批判性和反思性的学习方式,其核心是主动的意义建构、有效的知识迁移和真实问题的解决"。⑥"深度学习是学习者具有内在的学习倾向,能运用所学解决实际问题,并最终学会学习,形成新的行为或思维习惯的过程,也就是我们通常所说的'有所思',并能'学以致用'的过程"。⑦

有的研究者认为"深度学习的最终结果是概念的转变",⑧"学习的结果是概念的转变、高水平思维的发展,还包括身体、情感、审美、道德和精神的成长,即态度、情感和价值观的持久改变"。⑨

除了上述几位研究者外,国内还有很多研究者都对深度学习给出了自己的定义,

① 孙银黎:《对深度学习的认知》,《绍兴文理学院学报》2007 年第 11 期,第 34—36 页。
② 张浩,吴秀娟:《深度学习的内涵及认知理论基础探析》,《中国电化教育》2012 年第 10 期,第 7—11 页。
③ 王永花:《深度学习理论指导下的混合学习模式的实践与研究》,《中国远程教育》2013 年第 4 期,第 73—77 页。
④ 康淑敏:《基于学科素养培育的深度学习研究》,《教育研究》2016 年第 7 期,第 111—118 页。
⑤ 顾小清等:《超越碎片化学习:语义图示与深度学习》,《中国电化教育》2015 年第 3 期,第 39—48 页。
⑥ 刘宇,解月光:《大学生深层学习的过程研究及思考》,《中国电化教育》2014 年第 7 期,第 56—62 页。
⑦ 涂频:《基于云空间的教师团队深度学习研究》,《中国教育信息化》2014 年第 2 期,第 55—56 页。
⑧ 段金菊:《e-Learning 环境下促进深度学习的策略研究》,《中国电化教育》2012 年第 5 期,第 38—43 页。
⑨ 俞丽萍:《基于变构模型的深度学习研究》,《中国教育学刊》2015 年第 11 期,第 38—41 页。

虽然不同的研究者侧重点有所不同,表达方式亦有差别,但基本都反映出深度学习具有注重批判理解、强调信息整合、促进知识建构、着意迁移运用、面向问题解决、提倡主动终身、[①]重视元认知的参与、强调高阶思维等特征。

(二) 促进深度学习的教学方法和学习过程模型

1. 促进深度学习的情境建构

许多研究者关注到真实情境对促进深度学习的重要性。有研究者指出,在教学过程中,教师应创设促进深度学习的真实情境,引导学生积极体验。[②] 有研究者认为反思意味着批判,加之真实性的情境,二者构成了深度学习发生的情境保障系统,缺一不可。[③] 有研究者认为,有必要在学校场境中培养学习者非良构问题的解决能力,以使其满足社会对深层学习的需求。[④] 还有研究者提出应该注重营造积极的混合学习环境。[⑤] 有研究者认为,情境学习针对儿童学习知识的复杂性、学习过程的不确定性、学习系统的开放性以及学习催发儿童潜能的不易性,以"利用艺术之美"、"情感生成之力"、"凭借儿童活动"、"发展想象、培养创造力"为对策,进行教学设计,让儿童在与教师和伙伴的互动中,与世界和生活的联系中学习知识,为他们的学习提供了有力的支撑,营造了高质量的学习环境。[⑥]

2. 实现深度学习的方法策略

深度学习这一学习理念的实现,有赖于学习方法或策略的支持。许多研究者都对有助于实现深度学习的方法策略进行了一定的研究。

一些研究者从教学策略着手,对深度学习的实现提出了自己的看法。段金菊根据思维水平以及学习的深度层次将学习分为学习的外显行为、学习的认知过程、学习结

---

① 张浩,吴秀娟:《深度学习的内涵及认知理论基础探析》,《中国电化教育》2012年第10期,第7—11页。
② 安富海:《促进深度学习的课堂教学策略研究》,《课程·教材·教法》2014年第11期,第57—62页。
③ 阎乃胜:《深度学习视野下的课堂情境》,《教育发展研究》2013年第12期,第76—79页。
④ 冯锐,杨红美:《基于故事的深度学习探讨》,《全球教育展望》2010年第11期,第26—32页。
⑤ 王永花:《深度学习理论指导下的混合学习模式的实践与研究》,《中国远程教育》2013年第4期,第73—77页。
⑥ 李吉林:《学习科学与儿童情境学习——快乐、高效课堂的教学设计》,《教育研究》2013年第11期,第81—91页。

果三个阶段,并分别给出了 E-Learning 环境下促进这三个阶段深度学习的策略。她认为,在激发外显学习行为阶段,可以采用动机激发策略和启动策略。在促进认知加工过程阶段,可以采用控制加工策略和建构知觉策略、意向表征和命题表征策略、问题表征策略、认知重组策略。在最后一阶段则可采用情景记忆和语义记忆策略。[①] 康淑敏认为,深度学习的发生,基于具有一定思维空间和挑战性的学习任务或活动载体。倡导问题化学习,推进实践性学习,开展主题性学习,强化拓展性学习,都有助于促进深度学习的发生。[②] 杜鹃等人认为,深度学习的教学策略应注重以学为主,如主导、支架、建模、反思、元认知策略等。[③] 俞丽萍提出了基于变构模型指导的深度学习策略。她认为在深度学习过程中,可以通过学生与现实的对质,学生与新信息的对质,学生之间的对质,学生与教师的对质等多重对质方式,使学生解构原有概念;通过小组学习、游戏、角色扮演、图示、概念图、模型、类比和隐喻等思维助手,帮助学生构建概念网络;通过调用知识,促进新知识的固着;启用元认知。[④]

一些研究者结合基础教学方式特点对促进深度学习提出了自己的看法。叶信治认为深度学习应当提倡整体性教学方式。[⑤] 张治勇、李国庆认为学习性评价是促进深度学习的有效路径。他们指出,学习性评价在促进学生自主学习、有意义学习及探究性学习等方面具有重要意义。[⑥] 冯锐、杨红美认为,故事是支持深度学习的有效形式。[⑦]

综上所述,国内研究者们所提出的促进深度学习的方式、策略,基本围绕深度学习理念的特征展开,旨在调用学生的高阶思维,通过真实的环境、思维助手等方式促使学生反思、批判、建构知识。

[①] 段金菊:《e-Learning 环境下促进深度学习的策略研究》,《中国电化教育》2012 年第 5 期,第 38—43 页。

[②] 康淑敏:《基于学科素养培育的深度学习研究》,《教育研究》2016 年第 7 期,第 111—118 页。

[③] 杜娟,李兆君,郭丽文:《促进深度学习的信息化教学设计的策略研究》,《电化教育研究》2013 年第 10 期,第 14—20 页。

[④] 俞丽萍:《基于变构模型的深度学习研究》,《中国教育学刊》2015 年第 11 期,第 38—41 页。

[⑤] 叶信治:《深层学习与支持深层学习的教学策略》,《中国大学教学》2008 年第 7 期,第 26—28 页。

[⑥] 张治勇,李国庆:《学习性评价:深度学习的有效路径》,《现代远距离教育》2013 年第 1 期,第 31—37 页。

[⑦] 冯锐,杨红美:《基于故事的深度学习探讨》,《全球教育展望》2010 年第 11 期,第 26—32 页。

3. 促进深度学习的过程模型

基于对深度学习的研究,许多研究者对深度学习的过程模型进行了架构。

(1) 基于反思的深度学习过程模型

张浩、吴秀娟等人在借鉴加涅、皮连生、布卢姆等学者的教育理论以及国外学者对深度学习框架的构想的基础上,构建了深度学习的一般过程模型,如图4-3。他们认为,"注意与预期"、"激活原有知识"和"选择性知觉"是一般性学习活动都具备的环节,"整合知识信息"和"批判性分析"阶段开始的对新知识的深度加工以及"知识建构与转化"则是决定深度学习能否实现的关键环节。"迁移应用"和"创造"体现了深度学习的高阶特性。同时他们指出,实际上这几个环节往往前后交错、循环往复,贯穿于整个活动过程中,甚至包含在其他学习环节中。而基于反思的深度学习,就是将反思性学习作为实现深度学习的有效途径。[2] 张浩等人根据每个环节深度学习的特质及反思所发生的时机,将反思分为学习活动前的反思、学习活动中的反思以及学习活动后的反思,结合深度学习一般过程模型,最后形成如图4-4所示的基于反思的深度学习过程模型。

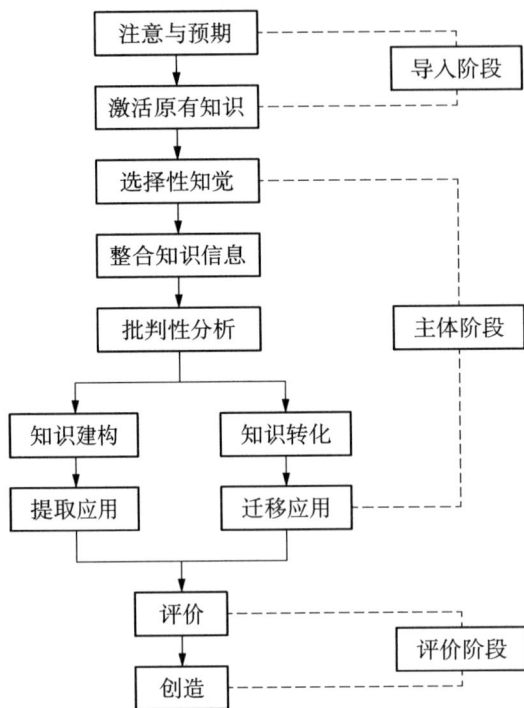

图4-3 深度学习一般过程模型[1]

---

① 张浩,吴秀娟,倪厂清:《基于反思的深度学习:内涵与过程》,《电化教育研究》2014年第12期,第23—28页。

② 同上注。

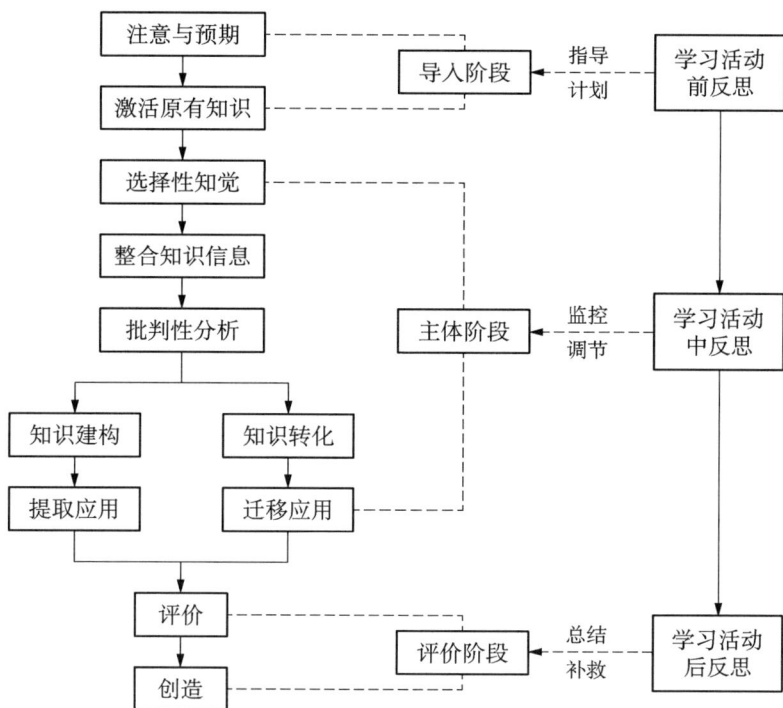

图 4-4　基于反思的深度学习过程模型①

（2）刘宇的深度学习过程模型

刘宇在安德森、杜建霞等学者和 DELC 的研究成果的基础上，综合"个体认知视角"和"基于实践的取向"，将网络环境下深层学习的过程分为生成动机、获取新知、深入理解、迁移应用、反思评价、创造六个阶段，构建了如图 4-5 所示的深层学习过程模型。②

（3）深度学习机制模型

张静、陈佑清则提出了深度学习机制模型。他们认为知识内容、社会中介和学习

---

① 张浩，吴秀娟，倪厂清：《基于反思的深度学习：内涵与过程》，《电化教育研究》2014 年第 12 期，第 23—28 页。

② 刘宇，解月光：《大学生深层学习的过程研究及思考》，《中国电化教育》2014 年第 7 期，第 56—62 页。

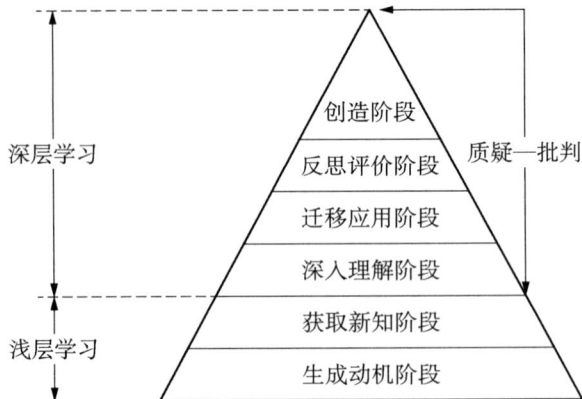

图4-5　深层学习过程模型①

者心理机能,分别从学习客体、主体间性和学习主体三个不同的侧面诠释了深度学习过程发生的条件。深度学习的发生,是深度的认知性学习、社会性学习与身份发展三位一体的共同结果。②

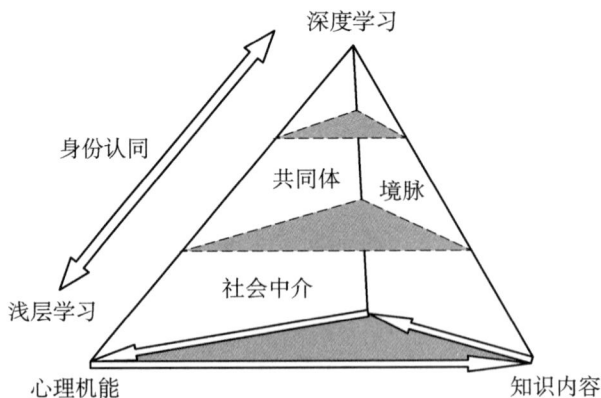

图4-6　深度学习机制模型③

深度学习更倾向于是一种理念,其实现和发生需要研究者对教育教学、学习方式

---

① 刘宇,解月光:《大学生深层学习的过程研究及思考》,《中国电化教育》2014年第7期,第56—62页。
② 张静,陈佑清:《学习科学视域中面向深度学习的信息化教学方式变革》,《中国电化教育》2013年第4期,第20—24页。
③ 同上注。

等领域进行研究以提供理论支持，继而在理论的指导下探索促进其发展的策略、方法。深度学习作为一个较新的领域，目前看来其理论研究仍停留在较为表层的水平，有待更进一步的探索。

（三）深度学习的技术支持

为帮助学生实现深度学习，教师需要在学生有需求时给予其个性化的指导，但由于资源的缺乏，学生时常无法及时获取教师的反馈。随着人工智能技术的不断发展，技术或许可以帮助我们完成一些由于人力上的资源缺乏而无法实现的师生交互，进而帮助学生在学习时实现深度学习。

1. 计算机辅助教学

计算机辅助教学（Computer Aided Instruction，简称 CAI）即"把计算机系统的功能和教师的课堂讲授有机地结合在一起，它既包括系统化的课程学习内容以及相应的练习和测试题目，还能够为学习者提供个别指导、对话咨询等学习支持"。① 广义地说，"计算机作为一个教学媒体，是帮助进行教学活动的工具，任何将计算机应用到教学过程中的教学方法，只要是提高了这个教学活动的教学效果，推动了教育改革的开展，有利于由应试教育向素质教育转化，这个教育活动就是合理的，就是有存在价值的，这个教学活动就应该被认为是'正统的'计算机辅助教学"。② 20 世纪，计算机辅助教学的发展经历了从以行为主义为理论基础的软硬件开发研究阶段，到关注学习者内部心理过程、强调学习者心理特征与认知规律的实践探索阶段，最后进入以学生为中心、重视"情境、协作、会话和意义建构"的规模应用阶段的过程。③

计算机辅助教学系统包括面向帧的计算机辅助教学和生成性计算机辅助教学。面向帧的计算机辅助教学系统只按照事先设定好的路径开展教学，对教学内容缺乏了解，无法根据教学对象的差异实现因材施教。生成性的计算机辅助教学旨在克服面向帧的计算机辅助教学无法实现因材施教的局限性，在考虑学生认知心理的基础上，构建了能够记录学生行为反应的学生模型，而生成性智能教学系统能够根据学生模型动

---

① 刘清堂，毛刚，杨琳，程云：《智能教学技术的发展与展望》，《中国电化教育》2016 年第 6 期，第 8—15 页。
② 李艺：《计算机辅助教学的概念、实践及其他》，《中国电化教育》1999 年第 9 期，第 5—8 页。
③ 刘清堂，毛刚，杨琳，程云：《智能教学技术的发展与展望》，《中国电化教育》2016 年第 6 期，第 8—15 页。

态地生成问题。

2. 智能教学系统

智能教学系统的概念由斯利曼（Sleeman）和布朗（Brown）于 1982 年提出，是计算机辅助教学的进一步发展。智能教学系统结合了人工智能技术以及多媒体信息技术，"建立了更为完善的学生模型，不仅可以记录学生认知风格和认识基础，还能动态地跟踪学生的知识状态"。[①]"它能够模拟人类专家，根据学生自身的特点，对其实施个性化教学。"[②]

智能教学系统包括领域专家模型（Domain Model）、学生模型（Student Model）、教师模型或教学策略知识模型（Tutoring Model）和人机接口（User Interface）。专家模型主要负责为学生的学习提供合适的学习资源，以及对学生的学习表现进行评估；学生模型负责呈现学生的动态行为，例如学生的认知特点、行为习惯和知识水平等；教师模型负责进行教学策略决策；人机接口则是学习者和教学系统交互的平台。

智能教学系统能够为学习者提供合适的学习资源和教学策略，并根据学习者的学习情况，给予学习者个性化的指导和反馈，亦有学者表示，"智能导学系统实质上就是智能家教，即模拟一对一教学"，[③]"教育的目的便是为学习者提供最佳的教育资源和学习环境，并运用科学的互动机制和学习过程使学习者的知识结构得到改变。智能导学系统就是以认知学习理论为支撑，强调教学情境中教育资源与学习者之间的联系对建立和发展学习者内部认知结构的影响"。[④]

3. 适应性学习支持系统

鉴于智能教学系统仍然是以教学而非学习为主，没有实现学生从被动式的接受教学到主动建构学习的转变，且伴随着多媒体技术、网络通信技术和人工智能技术的发展，数字化学习已渐渐成为人们崇尚的一种学习方式，许多专家开始转向适应性学习支持系统的研究。

---

① 张剑平，陈仕品：《计算机辅助教学的智能化历程及其启示》，《教育研究》2008 年第 1 期，第 78—63 页。
② 徐鹏，王以宁：《国内人工智能教育应用研究现状与反思》，《现代远距离教育》2009 年第 5 期，第 3—5 页。
③ 朱莎，余丽芹，石映辉：《智能导学系统：应用现状与发展趋势——访问美国智能导学系统专家罗纳德·科尔教授、亚瑟·格雷泽教授和胡祥恩教授》，《开放教育研究》2017 年第 10 期，第 4—10 页。
④ 同上注。

适应性学习支持系统能够支持学生的个性化学习,"适应性学习支持系统本质上是一类个别化的学习支持系统,它能够提供一个适应用户个性化特征的用户视图,这种个性化的学习视图不仅包括个性化的资源,而且包括个性化的学习过程和策略"。[①]如今,"利用适应性学习系统可以支持人们的个性化学习,促进知识的自我建构,从而发展高阶思维能力"。[②] 总而言之,适应性学习支持系统支持的学习是因人而异的,它能够对学习个体进行学习诊断,即使是学习相同的知识,适应性学习支持系统也能够为学习者提供不同的学习方式,以帮助学习者更有效、更快速地进行学习。

[①] 李克东:"CBE 研究的目标和任务",http://free. eol. cn/download/cbe2005/likedong. swf(阅读时间:2017 年 12 月 20 日)。

[②] 边联,解月光:《适应性学习系统构建中的双向适应问题研究》,《中国电化教育》2009 年第 3 期,第 9—12 页。

第五章

教学模式与教学策略

《国家中长期教育改革和发展规划纲要（200—2020 年）》指出，要"深化课程与教学方法改革，推行小班教学"。2017 年 9 月印发的《关于深化教育体制机制改革的意见》也要求"改进教学方式和学习方式，变革教学组织形式"。本章主要讨论 40 年来我国教学改革在教学组织形式方面的革新与变化。教学组织形式既包括传统意义上的个别教学、班级授课、分组教学等形式，也包括教学模式、教学策略、教学制度等顺应学校变革和课程改革要求而展开的各种改进、改革和改造。由于教学模式和教学策略备受关注，所以本章以此命名。

一、　教学组织形式的演进

在教学过程中，师生之间的相互作用、教学手段和教学方法的运用、教学过程的开展等问题都涉及教学组织形式理论。所谓教学组织形式，就是教学活动中，师生相互作用的结合形式，或者说是师生的共同活动在人员、程序、时空关系上的组合形式。①

教学组织形式是教学活动中不可缺少的重要部分，是理论转化为实践，或实践上升为理论的重要中介。教学系统中的各个因素及其相互之间的关系都需要在一定的教学组织形式中实现效益最大化。研究不同的教学方法在怎样的教学组织形式中才能最大限度地发挥作用，是提高教学质量的重要课题。无论是抽象的教学规律和理论，还是具体的教学手段和方法，都只有通过教学组织形式才能发挥出最大功效。在教学改革历史中，很多教学方法的突破、课程体系的改革或教学领域的变革，都离不开教学组织形式的改革。同样，教学组织形式的重要变化，对教学系统中的其他因素也有深刻的影响。

教学组织形式的演进大致可以概括为：个别教学—班级授课制—多元化的教学

---

① 杨小微主编：《现代教学论》，山西教育出版社 2010 年版，第 188 页。

组织形式（包括道尔顿制、分组教学、合作教学等）。教学组织形式在不同时期呈现出各异的面貌，也因各个时期主导教育思想的变化而不断发展变革。社会形态经历了从原始农业社会到近代工业社会，再到现代信息社会的转变，教学组织形式也随之发生了改变，经历了从以个别教学组织形式为主到以集体教学组织形式为主，再到关注个性发展的多元化教学组织形式的发展过程。

（一）个别教学

个别教学就是教师对学生开展个别教学活动的组织形式，教师对教学内容、教学进度和时间安排等不作统一要求。这一教学组织形式产生于古代，是社会经济发展到一定阶段的产物。古代社会的学校成型后，教学就从体力劳动和社会生产中分离出来，成为一种专门的活动。这一时期的学校教学内容单一，学生人数较少，因而学校也就以个别教学的形式开展教学活动。

我国古代私学大师孔子拥有"弟子三千"，"贤者七十又二"，首开个别教学之风。他在教学中提出因材施教、启发诱导和教学相长等观点，要求依据学生个性特点和实际水平进行教学，至今仍有启发借鉴意义。古希腊教育家苏格拉底、柏拉图、亚里士多德等人也都是著名私学大师，他们设立学园，对学生进行个别化教学，注重培养学生的思辨能力和表达能力。

虽然个别化教学难以实现系统化、科学化的知识传授，教学效率低下，但这一教学组织形式适应了当时生产力和科技水平相对较低的社会现实，教师能依据学生的个人特点进行个性化教学，这是其独特的优点。

（二）教学的基本组织形式——班级授课制

1. 班级授课制的确立及其特点

班级授课制是近代资本主义兴起的产物，其出现及全面推广大幅提高了学校的教学效率和教学质量，是教学组织形式的一次变革。所谓班级授课制，是指将学生按年龄或智力水平编成不同的班级，每一班级有固定的学生和课程，由教师按照固定的教学时间表对全班学生上课的组织形式。这一教学组织形式产生于近代资本主义兴起的时期，科技和社会生产力的迅速发展对人才培养提出了新要求，一方面需要扩大教育对象,实现教育的专门化,另一方面需要丰富和充实教学内容,特别是增加自然科学的内容,这又进而要求对教学组织形式进行改革,以适应社会发展对人才培养的需求。

1632 年,捷克著名教育家夸美纽斯在总结前人和自己实践经验的基础上,出版了《大教学论》,该书最早从理论上对班级授课制进行了阐述,为其产生和确立奠定了理论基础。由此,班级授课制的轮廓基本形成。

19 世纪,德国教育家赫尔巴特提出了教学过程的形式阶段理论,即明了、联想、系统和方法,使得班级授课制进一步完善并被确定为西方学校教学的基本组织形式。

20 世纪中叶,以苏联教育家凯洛夫为代表的教育研究者提出了课的类型和课的结构理论,使班级授课制形成一个完整的理论体系。

我国最早采用班级授课制的是 1862 年清政府在北京设立的京师同文馆。1902 年,清政府颁布《钦定学堂章程》,确定癸卯学制后,班级授课制在全国广泛推广,并成为我国教学的基本组织形式。

无论是在空间组织形式还是在内容、时间安排上,班级授课制都有其鲜明的特征,主要表现在以下几个方面:

(1)将学生按照年龄和智力发展水平进行分班,使得每个班的学生具有相近的年龄和受教育程度,教师对整个班级进行相同内容的教学,由此大幅提高了教学效率并节省了教师的人力。

(2)把教学内容按学科和学年划分为既相互联系又相对独立的不同部分,使每一部分都在学生可以接受的范围之内并能够相对连续和完整地展开教学,其中每一小部分内容和教学活动都称为"课"。

(3)每堂课的教学有相对严格的时间限制,以保证教师在一定的时间内完成教学任务;课与课之间有适当的间歇,有助于师生消除疲劳;各学科单科独进,或多科轮流交替。

2. 班级授课制的优越性和局限性

班级授课制在我国教学实践领域已经延续了一百多年,尽管受到一定的批判和责难,但就目前而言,仍然是我国的基本教学组织形式。其优越性和局限性如下:

优越性:

(1)有利于提高课堂教学的效率。教师在同一时间面向全体学生授课,系统传授科学知识,节省了时间和精力,并提高了教学效率,扩大了教学规模,适应了工业化社会大量培养熟练技工的需求,有利于实现教育普及化。

(2)有利于提高教师的专业化水平。班级授课制按教师所学专业进行教学分工,有利于教师发挥优势;各学科教师相互合作,有利于共同完成教学任务,提高教学质量。

(3)有利于学生在群体中合作学习。集体授课的形式为学生扩充了教育资源,学生可以和教师、同伴探讨交流、合作学习、共同提高。教师可以在教学中充分发挥主导作用,授予学生系统、完整的知识,促进学生个性发展。

局限性:

(1)教学活动由教师主导,阻碍了学生学习主动性的发挥。教学活动以教师为中心,学生被动接受现成的知识成果,学习活动缺少独立性和创造性,不利于学生探索精神和创新精神的培养。

(2)集体教学更适用于科学知识的学习,偏重对学生理性的培养,而不适用于音体美等文科知识的学习,忽视了学生非理性的情感世界的发展。

(3)难以满足学生个性化发展的需求。统一的教学方法和教学内容难以适应所有学生的学习情况,不利于因材施教教学原则的落实,不能顾及每一个学生的发展。

(4)教学内容和学科专业的划分过细,违背了科学知识的整体性规律,不利于人的全面发展。且按部就班地开展教学活动,缺少变通、缺乏灵活性,也不利于学生通过学习适应快速发展的社会。

3. 班级授课制中课的类型和结构

课是学校开展教学活动的基本组织单位,集中反映了班级授课制的特点。按照每节课需要完成的教学任务和采用的教学方法,可以把课分为单一课和综合课两大类。

(1)单一课

单一课是指教师在一节课中主要完成一项教学任务或采用一种教学方法的课。包括以传授新知识为主的新授课,为使学生加深对所学知识的理解并将其转化为技能技巧的练习课,以帮助学生复习巩固所学知识并建立新旧知识联系为目的的复习课,以总结和分析阶段性作业完成情况或检测结果为主的讲评课,以检查学生对知识技能掌握情况为任务的考查课等,它们"只担负一道或二道'工序'的教学任务"。[①]

（2）综合课

综合课是指教师在一节课中综合运用多种教学方法,完成多种教学任务的课,也被称为混合课。综合课的内容一般包含学习新教材内容、练习巩固、检查知识掌握程度等多个方面,因而综合课是"包括掌握知识过程全部或大部分环节或工序的课"。[②]综合课要完成的多项任务并不处于同等重要的地位,一般侧重于新知识的讲授,结合复习巩固和技能提升的训练。综合课方法灵活,内容充实富于变化,一般适用于儿童难以长时间保持注意力的特点,因而普遍为小学中低年级所采用。此外,多项活动交叉进行,更加能激发学生的学习兴趣,取得好的教学效果。

课的结构是指一堂课的基本组成部分,以及各部分之间的相互联系与相互作用等。课的类型不同,其结构就不同。同一类型的课,由于学生年龄特点与教师运用的教学方法不同,其结构也有所差异。最常见的课的结构是在赫尔巴特"五段教学法"基础上确立的:

（1）组织教学。即教师在课的开始阶段,采取一定手段安定课堂秩序、集中学生注意力,创设情境唤起学生情绪,使学生做好学习准备,以保障课堂顺利开始并有序进行。

（2）复习过渡。即在组织教学后,通过复习上节课内容,检查学生对旧知识的掌握情况,唤起学生记忆,加强新旧知识之间的联系,让学生尽快进入学习角色。

（3）讲授新教材。即向学生传授新知识,并帮助学生发展认知,培养各项能力等。讲授新课是教师对教材内容进行比较、分析、综合、概括的过程,是向学生展示思维推导和逻辑演绎的过程,也是教学的中心环节。

（4）巩固新知识。即在传授新知后,通过随堂练习对新授知识点加以巩固,以帮助学生消化理解,加深印象,同时在新旧知识之间建立联结,使学生将新知识纳入其原有知识结构中,实现知识的内化。

（5）布置课外作业。即在整节课结束之前,布置一定的课外练习,使学生学会独

---

① 王策三著:《教学论稿》,人民教育出版社 1985 年版,第 277 页。
② 同上注。

立运用课外知识,形成一定的独立分析和解决问题的能力。

以上五个部分及其顺序构成了大部分课的基本结构,但其结构并非一成不变的,而是随着课的类型、教学任务、教学内容、教学方法等的不同有所改变。"如果说课的结构是固定不变的,那么它必将阻抑教师的创造性,造成一种刻板式的教学;如果课的结构不是固定的,是无定形的,那么,它将产生自发性,往往出现一种毫无根据的教师教学法的主动性。"①

(三) 多元化教学组织形式

20 世纪中叶,第三次工业革命给社会生活和生产带来了革命性的变化,各国纷纷掀起了教学改革的浪潮。针对班级授课制强调整齐划一、难以照顾学生个性差异、不利于因材施教的弊端,各国开始对教学组织形式进行改革,新的教学组织形式应运而生。

改革的总趋势:各国仍然坚持以班级授课制为基本教学组织形式,在其基础上进行改革和创新,同时通过个别化教学来打破班级授课制中"班"、"课"、"时"的界限,探寻多样化的教学组织形式。改革尝试建立一种以课堂教学为基础,又适应个体学习的综合型组织形式,把集体教学和因材施教相统一,形成两者优势的合力。西方各国主要开展了如下尝试:

1. 道尔顿制

随着班级授课制在学校的广泛普及,其弊端也日益显现,如统一的教学内容和教学方法难以顾及所有学生的发展需求,不利于学生主动性和创造性的发挥等。20 世纪初,进步主义思潮兴起,批判班级授课制、倡导个性化教学的呼声日益高涨,道尔顿制等新的教学组织形式应运而生。美国教育家帕克赫斯特于 1920 年在马萨诸塞州道尔顿中学提出了道尔顿制,并在该校试行。这一教学组织形式废除了年级和班级教学,学生在教师指导下,根据事先制定的学习计划,按照不同进度和时间安排,独自在作业室内完成不同内容的学习。道尔顿制是针对班级授课制存在的弊端而提出的,其目的在于发展学生个性,使学习适应学生的能力、兴趣和需要,强调给学生以自由和自

---

① 马赫穆托夫:《课堂教学:类型学,结构,分析》,《外国教育资料》,1986 年第 8 期,第 28—30 页。

主学习的空间。

道尔顿制的主要措施为：按月安排学生的学习内容，各科教师与学生订立相应的学习公约，教师根据学生的学习进度，指定学生完成一个月的作业，并将其公布于作业室内；学生根据自己的能力，自由掌握学习进度和学习时间，并在学习过程中与教师或同伴进行讨论；学生在考试合格后才能订立下一个阶段的公约；以各科作业室代替传统教室，并按照不同学科的要求布置实验仪器、参考图书等学习用具。

这些举措在一定程度上激发了学生的学习兴趣和积极性，有利于学生独立性和主动性的发挥，但同时也存在一定的弊端，如教学时间长、教师耗费精力多、学生学习难度大且学习成果层次有异等。道尔顿制作为对班级授课制的改良，曾在美国被广泛推广。

2. 分组教学

分组教学是对班级授课制的改革，形成于 19 世纪末 20 世纪初，其目的在于克服集体教学难以顾及学生个别差异、难以对学生进行因材施教的弊端。所谓分组教学，就是按照学生的能力或学习成绩，将学生分为不同的组别进行教学的组织形式。分组教学的典型代表有伯克的"个别计划"、帕克赫斯特的"道尔顿制"、沃德的"分团制"、华虚朋的"文纳卡特制"以及贝里的"底特律制"。

在具体的学校实践中，分组教学大致可以分为两类，一类是学校层面的分组教学；另一类是班级层面的分组教学。学校层面的分组教学是指在一所学校内，按照学生的学习能力、学习兴趣和学习成绩来划分资质各异的班级，这一学校内部的分班方式包括跨学科能力分组、学科能力分组和兴趣分组三类。

（1）跨学科能力分组是按照智识高低、学习成绩把某一年级的学生分为若干组，教师按照不同的教学内容和教学进度来开展基础课、普通课、提升课等不同程度的教学。

（2）学科能力分组是依据学生在某门学科或某些学科上的成绩或学习能力来分班，其最大的优点在于考虑了学生在不同学科上的学习差异。

（3）兴趣分组是按照学生的兴趣爱好及其选修的课程来进行编班，如课外活动小组、兴趣活动小组等。这一分班方式可以跨班级甚至跨年级，在全校范围内实施。

班级层面的分组教学是指在保留按年龄分班这一传统的基础上，根据学生学习情

况的分化和变化,将其编入暂时性的学习小组。这一班级内部的分组形式有两种做法:

(1)经过一段时间的教学和观察后,对班内学生进行测验,根据测验结果将学生分为不同的学习小组,学生根据所在小组的层次完成相应的学习任务,不同的学习小组之间可以定期流动。

(2)根据学生的学习能力或兴趣爱好进行分组,每一组学生分别借助不同的媒介或方法进行学习。可以是借用教学机器进行自学,可以是优差生混合分组,通过相互帮助促进学习,也可以由教师直接辅导。

分组教学充分考虑了学生的学习能力和兴趣的差异,便于教师组织适应学生个性发展的教学,能适应不同层次学生的需求,有利于因材施教。但同时,这一教学组织形式增加了教师的负担,也可能在学生中间产生贴标签效应,不利于学生个性的健康发展。

3. 合作学习

合作学习是 20 世纪七八十年代以来,为解决学校面临的教育教学难题,力图大面积提高教学质量而寻找的出路,是针对学生集体进行的一次有益尝试。其基本做法就是把教学班分为多个小组,每个小组由能力、水平、性格各异的 2—6 名学生组成,按照一定的合作程序,以小组学习为主要方式,穿插教师辅导和组间交流,使全班同学对一项课题形成相对成熟的和完整的理解,并借由小组合作学习的成果对每位学生进行评价。合作学习的目的在于,使学生通过有组织的协作活动来完成学习任务,增强学生学习动机的同时提高其学习成绩,培养学生和同伴合作的意识和能力。

合作学习理论认为,教师在课堂上的教学行为及整个教与学的过程,几乎都发生在学生之间相互作用的情境中。约翰逊兄弟提出了学生群体组织的三种形式:合作的、竞争的和不相干的。只有合作的群体分组方式才是积极的教学组织形式,只有这种结构才能触发学生之间的积极合作,从而提升教学质量。这种互助合作小组的主要特点有:

(1)组内异质,组间同质。学生之间的合理差异体现在合作小组的内部,而各小组之间则是水平相当、基本平衡的状态,为班级范围内的公平竞争创造条件。

(2)公平竞争,合理比较。取消传统的结果性评价标准,将各组测验结果和组员个人表现相结合,形成新的评价标准。小组测验的团体总分由各成员的贡献累积而成,优生组第一级与差生组第一级可以赢得相同的积分点数。这种在个人起点基础上进行的合理竞争和公平性评价的做法,可以激发每个学生参与竞争的积极性。

(3) 任务分割,结果整合。各小组负责相应研究课题,小组各成员在学习内容和学习结果上相互依赖,最后在全班汇报交流,实现资源共享。

(4) 分配角色,分享领导。在小组合作中,成员分别扮演读题员、记录员、操作员、计算员、报告员等不同的角色,在不同的课题中可以相互交换,以此保证成员之间明确分工、相互合作,实现学生对不同角色和任务的尝试。

(5) 相互帮助,相互协作。和传统学习方式相比,合作学习的教学组织形式更加强调成员的参与性,通过计算个人成绩、共同承担责任、分享领导等途径提升学生的合作能力。

合作学习的教学组织形式倡导以学生之间的协同活动来促进个体学习,克服了传统教学或忽视学生自主性,或丧失学习共同性的弊端。合作学习通过积极的人际交往,建立民主的师生关系,并以集体促进个体进步,是一种有发展前景的集体教学个别化途径。[1]

二、 教学模式创新

教学模式是当前教学研究的热点问题,指在一定教学思想或教学理论指导下建立起来的较为稳定的教学活动结构框架和活动程序。以往教学理论多采用机械、静态的方法来分析教学现象或处理教学问题,而现代教学理论则主张把教学活动看作是包含教学对象、教学内容、教学手段、教学组织形式等各方面的大系统,各要素之间相互作用、相互联系,并与外部教学情境发生关系。

教学模式来源于实践,而又高于实践,同时也是对教学理论的具体化。教学模式这一概念的提出有利于弥合教学理论与教学实践之间的鸿沟,实现理论研究者和实践工作者之间的沟通和对话。

---

[1] 杨小微主编:《现代教学论》,山西教育出版社 2010 年版,第 195 页。

改革开放以来,如火如荼的中小学教学改革呼唤教学理论界提供更精练、更可操作、更具本土化色彩的教学模式。在一线教师与教学理论工作者的合作研究之下,越来越多的教学模式被创造出来,如效率模式、情感模式等。

(一) 效率模式

美国认知学派心理学家布鲁纳最早提出认知结构的观点,并提出要重视学生认知结构的发展。布鲁纳认为,学习的实质在于主动地形成认知结构,学习者不是被动地接受知识,而是主动地获取知识,并通过把新获得的知识和已有的认知结构联系起来,积极地构建其知识体系。他指出,"不论我们教什么学科,务必使学生理解该学科的基本结构"。布鲁纳认为基本概念和原理是学科结构最基本的要素,学习结构就是学习事物是怎样相互联系的,因为这些基本结构反映了事物之间的联系,具有普遍而有力的适用性。

这一教学模式的基本特征是关注学生结构化知识的获得以及智力、能力的发展,通过传授结构性知识来帮助学生形成对知识的理解、记忆、迁移和运用,一些学科教学改革研究也因此大大缩短了教学年限。比较有代表性的有马芯兰"小学数学教材教法改革实验"、赵宋光"综合构建法数学教学新体系实验"等。

案例 1:小学数学教材教法改革实验

北京幸福村中心一小(现朝阳实验小学)马芯兰老师在思维品质发展理论指导下,将沿用多年且基本是亦步亦趋渐进展开的传统教材编写顺序打乱,按照新的逻辑方式重新编排教材,创造新的课型和教学方式,开展了颇有影响的教材教法改革实验,只用了三年时间就教完了小学五年教材的全部内容。

马芯兰教学改革的特点在于,依据知识的内在联系和儿童智力发展的规律,运用学习迁移原理,对小学数学的教材和教法进行全面改革。首先通过知识结构图的梳理,突出教材中的基本概念、法则和原理,并以此为中心,从纵横两方面进行教材的调整和重新组合,"纵"是将知识按其内在联系与发展规律,组成"知识线","横"是把具有互逆关系的知识内容组成"知识块",由此把相关知识点结合在

一起,形成较为全面的知识结构体系。同时展开教法改革,在教学中强调学生对重点知识的理解和掌握,使其形成完整的认知结构。马芯兰教学法尤其注重学生创造性思维品质的获得和发展,通过讨论式教学、渗透式教学、发散式教学对学生进行思维训练,突出对其数学能力和思维品质的培养。

　　马芯兰通过对教材的改革和整合,将小学数学知识凝练成五十八节课,在帮助学生建立整体知识网络的同时,大大缩短了教学时间,使得拓展性教学成为可能。学校整合学科课时安排,设立必修、选修、拓展内容以满足不同学习者的需求。课程设置开始转向关注人的发展,课程目标突出对学生能力的培养,课堂教学强调因材施教。马芯兰教学改革实验在提高学科教学效率的同时开始关注学生的内涵式发展,为期七年的两轮教学实验都取得了显著成效,改革经验也在全市范围内得到推广。

　　马芯兰教材教法改革以知识迁移为立足点,教给学生知识的整体结构,使学生形成完整的认知结构。其教学突出基本概念和原理,不断引申上下位概念,加强知识的内在联系。对于跨度较大、学生难以理解的知识点,适当进行渗透,在全面熟悉教材、了解学生学情的基础上为其搭建"桥梁",引导学生理解并将新知纳入自身原有的知识体系。马芯兰教学改革在指导思想和研究思路上都受到了布鲁纳结构主义教学理论的影响,强调学科的知识结构,注重对学生思维的培养,引导学生主动发现。

案例 2:综合构建法数学教学新体系实验

　　广东星海音乐学院赵宋光教授运用哲学、美学、完形心理学的研究成果,以综合构建的方式开展了小学数学教学新体系实验。实验自 1978 年开始,带来了课程结构、教学内容的重大变革,使学生在受教育过程中逐步形成辩证思维的基础。实验仅用两年半时间就完成了六年制小学数学教学任务,且实现了学生知识、技能、情感的交融发展。

　　综合构建教学体系中的"构建"一词源于皮亚杰的建构主义学习理论,即建构起关于外部世界的知识,从而使自身认知结构得到发展。赵宋光教授将其运用于数学领

域,形成了"综合构建法数学教学新体系"。这一新体系强调各个领域的综合性,就数学知识角度而言,是算术、几何、代数等全部内容的综合;从生理角度来看,是视觉、听觉、触觉等多感官的综合使用;就教学过程而言,是实物教具、学具、图像等多种手段的综合;从教学目标角度来说,是知识、技能、情感三方面共同构成的综合性目标。实验强调学生学习的内在动机,坚持引导学生主动建构,注重实现课堂的生成性价值,它要求在规范与自主辩证统一的教学中使学生的综合素质得到全面提升。

"综合构建法数学教学新体系"具有四个显著特点:(1)从课程内容的选择上看,新体系打破了传统"繁、难、偏、旧"和过于注重书本知识的现状,转向关注学生生活以及与现代社会有密切联系的内容。(2)从教材编排上看,它打破了统编教材过分强调机械练习、进度过慢的安排,抓住算术、代数、几何三者的内在联系,以代数方法指导四则运算,以方程模式和比例模式指导解应用题,以质因数连乘积形式指导学生掌握不同数学领域的内在贯通性,从而使学生透彻消化数学知识。(3)从教学目标上看,它在统编教材关于掌握数和形、会进行四则运算、培养逻辑思维能力和空间观念的传统提法基础上,提出要实现学生知识获取和技能训练的统一,注重对学生发散性思维和逻辑思维能力的培养,完成知识、技能和情感的统一构建。(4)就教学手段而言,直观教具的充分运用与教师丰富的肢体动作和语言活动相互配合,形成严密的操作方式,帮助学生实现认识从具体到抽象的飞跃。

"综合构建法数学教学新体系实验"依据"构建生成"学习理论进行设计,这一理论把教学过程分为五个阶段,即有言语伴随的实物操作活动、面对符号序列进行有手势表演的阅读讲说、寻找符号序列变换的规律、面对图像在理性操作统率下用语言组织起想象中的一整套实物操作、从规范化的符号结构中看出合乎当前目的的转换方式。

新体系的一系列操作程序,使原来很多用语言难以表述的复杂算理在形象化的操作过程中清晰地展示出来,这样,低年级的学生不仅能够理解这些算理,而且其思维能够在具体和抽象的不同层次之间自由转换,有效地训练了思维的灵活性,促进了抽象思维的发展。"综合构建法数学教学新体系实验"在北师大实验中学和北京八中取得了一定成效,学生数学思维表现活跃且具有迁移性,能举一反三,易于接受新知识,善于主动发现问题并尝试自行解决问题。目前这一教学新体系也已普遍应用于语文、科学等其他学科。

（二）情感模式

　　传统教学理论认为教学是一种特殊的认识活动,以知识发展和技能训练为重点,忽视了教学的育人价值,即教学对人的生命发展的意义。2001 年 6 月,国家教育部颁发《基础教育课程改革纲要(试行)》,明确提出要改变课程过于重视知识传授的倾向,"关注学生的学习兴趣和经验……倡导学生主动参与、乐于探究、勤于动手";要求课程标准结合本学科特点,加强过程性、体验性目标,引导学生主动参与、亲身实践。[①] 自此,关注学生在学习中的情感和体验成为教学改革的热点问题,以学生"情感"为中心的教学理论和改革试验不断涌现。

　　情感不同于认知或经验,是具有主观性的心理活动,因而情感教学重视学生的内在情感和体验,依据个体认知特点,通过创造或再现一定教学情境,使学生在亲身经历的过程中主动理解并建构知识、发展能力、产生情感、获得生成性发展。它所关心的不仅是学生通过教学能达到的认知水平或能获得的技能技巧,还有人的生命价值的彰显和扩展,以及学生对生命的感悟和思考。参与教学的师生都是独特的生命体,是由知、情、意共同构成的生命体。教育应当是关乎生命的活动,因为"教育是依靠人的特殊的精神生命活动的过程,它最终或基本上是由一个带有整体性、活动性和生长性的生命自己实现的"。[②] 情感教学模式就是满足学生生命发展所需的教学方式,它让学生在体验中有所发现、有所生长,让课堂焕发出生命力。

　　情感模式的特点首先在于其对生命的尊重与关怀、对个体生成性的理解和培育。学生是未完成的个体且存在差异性,这意味着每位学生都具有无限发展的可能,因而其目标的设定不局限于当下,而是考虑到遥远未来的结果。其次,情感模式能够满足学生自主发展的需要,满足其不断追问、探索、创造并借此获得成就感和意义感的欲望,如此一来,学生能在这一过程中体会到自我存在的价值,使自主意识得到培育。最后,情感模式中的师生是相互尊重且理解的,教师不仅仅要"传道授业解惑",而且要把学生当作独立个体来看待,实现真正意义上的对话,实现精神与心理的沟通。

　　对学生而言,情感是促进学习的精神力量,更是其完满人格及幸福人生的构成基

---

① 教育部:《基础教育课程改革纲要(试行)》,2001 年 6 月 8 日。
② 闫守轩:《体验与体验教学》,《教育科学》2004 年第 3 期,第 32—34 页。

础。"生命·实践"教育学派开创者叶澜教授用动态生成的观点阐述了教学的丰富含义,尤其强调学生在其中的情感体验和生命体验。她认为课堂教学应当被视为师生人生中一段重要的生命经历,是他们生命有意义的构成部分,因而课堂教学目标的设定不应局限于发展学生认知能力,而要把情感目标纳入其中,挖掘课堂教学所蕴含的巨大生命活力,满足学生作为"人"的全面发展需求。

这一教学模式重点关注学生的情感和体验,关注学生作为完整生命体的成长和需求。教育改革者普遍看到了学生是作为独立个体存在的,具有独立且完满的人格,因而他们从重点关注知识、技能转向重视学生的学习体验。在这一过程中,可以感受到教学改革逐渐具有的生命性和人文关怀精神。

案例3:情境教学实验

江苏省南通师范学校第二附属小学语文特级教师李吉林,从 1978 年起开始进行小学语文情境教学实验。实验经历了四个阶段:第一阶段,在阅读教学中创设情境,把言和行结合起来,对学生进行文学片段的语言训练;第二阶段,"观察情境教作文",引导儿童学会观察,在情境中展开联想,加深体验,习作时在再现情境中构思,在进入情境中陈述,促使儿童因情动而辞发;第三阶段,通过生活显示情境、实物演示情境、音乐渲染情境、图画再现情境、扮演体会情境、语言描绘情境六种不同途径创设和教材有关的情境对儿童进行美感教育,促使儿童由感受美而入境、爱美而动情、理解美而晓理;第四阶段,在前三阶段的基础上,运用形式上的新异性、内容上的实践性、方法上的启发性这情境教学三原则,进一步促进儿童的整体发展。①

情境教学以形真、情深、意远、理寓其中为特点,以生动形象的场景唤起学生的学习情绪,教师的语言、情感、教学内容、课堂氛围等共同形成了广阔的心理场,作用于儿童心理,促使其自觉投入学习活动中,达到儿童整体和谐发展的目的。教学中选用的情境大多源自生活,以简化的形体、暗示的手法,获得与现实相对应的形象,给学生以

---

① 李秀伟著:《唤醒情感——情境体验教学研究》,山东教育出版社 2007 年版,第 59 页。

真切之感。①

　　情境教学中促进儿童发展的前提、基础、重点、动因及手段五方面,构成了实验的内在机制:(1)以培养学生兴趣为前提,促进学生向知识领域不断探索。通过新异的教学手段创设情境,激发学生的学习情绪,满足其好奇心和求知欲望。(2)以指导观察为基础,强化学生对情境的感受。情境教学提倡让学生回归自然,通过观察感知周围世界,再由教师加以启发性的导语,唤起学生对美的想象。(3)以发展思维为重点,着眼于学生的创造性思维培养。情境教学以"发展"为教学目的,包括学生语言、智力、情感等心理品质的整体和谐发展,重点发展学生思维品质,尤其注重对其创造性思维的培养。(4)以陶冶情感为动因,进行道德渗透教育。情境教学引导学生从感受形象出发,在真实的情感中形成正确的道德观念。(5)以训练语言为手段,贯穿实践性。②

　　情境教学改革实验由雏形到日渐完善,逐步形成了以情景交融为特色的新的小学语文教学体系,情境的价值和功能得到广泛认可并在教学实践中起作用。特别是在人文学科的教学中,引导学生在情境中亲身实践,调动学生情感进行充分的体验式教学,是落实学生主体地位、实现学生自主建构的良好选择。情境教学实验在推行后的三十年中,由最初的语文学科的情境教学发展到了涵盖儿童成长诸领域的情境教育,并落实到情境课程,形成了独特的情境教育理论体系和操作模式。情境教育顺应儿童天性,将课堂知识与社会环境联系起来,将儿童认知活动与情感活动结合起来,不失为一次提高儿童素质的有益尝试。

(三) 掌握学习

　　布卢姆和卡罗尔是掌握学习的倡导者。布卢姆发现,每个教师在新学期或新课程开始时,总怀着这样的预想:大约有三分之一的学生将完全学会所教的事物,三分之一学生将不及格或刚好"通过",另外三分之一的学生将学会所教的许多事物,但还算不上是"好学生"。③ 学生能力被认为具有个体的高度稳定或持久的特性,④学生早期

---

① 李吉林著:《情境教学实验与研究》,四川教育出版社 1998 年版,第 20 页。
② 李吉林:《情境教学的理论与实践》,《人民教育》1991 年第 5 期,第 27—33 页。
③ [美]本杰明·S. 布卢姆著,王钢等译:《布卢姆掌握学习论文集》,福州教育出版社 1986 年版,第 66 页。
④ 同上书,第 44 页。

的成绩和未来成就之间往往表现出高度的相关性,并且学生之间的能力差异会日益增大。

布卢姆指出,我们若完全接受这种设想,就意味着承认学校对学生能力的作用非常微弱,学生能力差异的原因并不在学校。对于学生能力存在差异的原因,不同的人有不同的猜想,据布卢姆总结,主要有上帝、遗传(学)、家庭环境及运气这几种原因。但布卢姆认为,这种设想是将学生分等的设想。在这种设想下,人们认为,学校的任务就是筛选出好学生,并鼓励其接受尽可能多的教育。

但布卢姆并不赞成这种观点,他认为造成学生之间差异日益扩大的原因是教师没有对学生在学习上碰到的困难采取任何措施。布卢姆认为,我们应该转变对学生及其学习态度的看法,大多数学生可以用全力学会教师教给他们的所有东西,他们没有学会,是因为教师没能对他们进行有针对性的指导。大多数教师是真正关心学生进步的,但传统课堂结构阻碍了学生接受个别指导和强化。传统课堂中,大多数教师倾向于把大部分精力花在那些看上去最不需要个别辅导的好学生身上。

20世纪60年代初,哈佛大学研究员约翰·B.卡罗尔提出,他认为有学得快的学生,也有学得慢的学生。[①] 学习能力的差异是个人学习速度造成的,只要有足够的时间和机会,每个学生都能完成高水平的学习。[②]

布卢姆和他的学生们研究证实了卡罗尔的说法。为了解决传统学习观带来的问题,布卢姆花了几年工夫考察了现行的课堂教学模式的有效性。通过对教学模式的多次实验与研究,布卢姆等人最终形成了改进课堂教学的计划:掌握学习教学法。

但在研究掌握学习的过程中,他们又提出了第三种设想:如果提供适当的学习条件,大多数学生在学习能力、学习速度、进一步学习的动机方面会变得十分相似;[③]但若学习条件不利,学生在这几方面的差异便会增大。因而第三种设想认为,在适当的学习条件下,学生学习成绩的好坏,学习速度的快慢都是可以改变的。

掌握学习建立在失败不是教育过程的必然结果这一前提基础上。掌握学习模式

① 本杰明·S.布卢姆著,王钢等译:《布卢姆掌握学习论文集》,福州教育出版社1986年版,第45页。
② 同上书,第9页。
③ 同上书,第47页。

认为每个学生都有能力掌握任何教学内容。[①] 布卢姆的掌握学习课堂与传统课堂并没有很大的差异,不同之处体现在安排学习任务的先后次序,安排评价工作,如考试上。在传统课堂中,考试用来决定考生的等级,而在掌握学习中,考试是对学生进行的诊断性的预测,用来帮助衡量学生对教材的理解水平。考试过后,没有充分掌握教材的学生将得到进一步的帮助,已经掌握了教材的学生,将被给予更丰富的学习内容,以便其能更精确、深入地理解教材,同时他们也需要帮助其他学生学习教材。

考试结束后,对于已发现的学生中存在的共同性错误,即大部分学生都犯的错误,教师应及时进行讲解。至于其他错误,则由学生以 2—3 人一组的分组形式,相互检查各自不同的错误并互相帮助。

除此之外,教师还可以为学生提供矫正性反馈,即参照考试中的个人错误,利用课外时间针对性地给孩子布置额外的阅读和书面作业,帮助其掌握知识。布卢姆指出,学生并不会如人们所想的那样排斥额外的作业,当学生发现自己可以通过努力达到目标时,他们便会愿意付出更多的努力。

至此我们可以发现,评价与反馈构成了掌握学习的显著特点。掌握学习与传统学习的最大区别在于,教师必须清楚地了解学生是否对学习过程中的每一步骤都做了充分的准备。[②] 在实施掌握学习的班上,80％至85％的学生在开始下一步学习前已经达到了掌握水平,并且这一比例不会随着学习任务的增多而下降,反而会上升。布卢姆指出,这与掌握学习方法导致的心理效益有关。如果儿童感到他可以胜任现阶段的学习,那么他的兴趣就会增加,如果他感受到了不胜任,那么他就会对学习失去兴趣。

同时,布卢姆亦承认部分学生可能天生带有部分缺陷,即使利用掌握学习也无法使他学好;同时也有些学生可以被视为神童。但对95％至97％的学生而言,掌握学习能有效地提高其学业水平。

(四) 合作教学模式

合作教学模式是教育家阿莫纳什维利于 20 世纪 80 年代创立的教学模式,是指以

---

① 本杰明・S. 布卢姆著,王钢等译:《布卢姆掌握学习论文集》,福州教育出版社 1986 年版,第 9 页。
② 同上书,第 16 页。

尊重学生个性、发扬人道主义精神为宗旨,与权力主义、强迫命令的教学理论相对立的教学模式。这一教学模式的显著特点就是,创建相互合作、相互信任的师生关系,尊重学生个性,让学生在学习过程中自由选择、全身心投入,从而实现教学与发展、教学与生活的和谐统一。这要求教师带着对学生的关心走近学生生活,做学生的朋友、伙伴,站在学生成长的角度来看待和理解学生的行为,满足学生个性发展所需。只有从学生的立场出发组织教学,与学生合作,才可能激发学生的主动参与性,使其积极投身于学习活动中。

合作教学模式提出了发展性、人性化、合作性等教学原则。

(1)发展性原则

合作教学致力于研究在什么样的条件下,教学能最大限度地发挥学生的潜力,促使学生精神世界的成长。合作教学认为,学生是具有可塑性和无限发展可能的个体,教育就是要为其创设平等合作、互助互爱的外部环境,构建良好的人际交往关系,最大限度地激发他们的内在潜能,促使其在认知、创造力、社会性等方面有所发展。

(2)人性化原则

合作教学以人道主义精神为宗旨,主张人性化的教学过程。教师应当热爱学生,以其无私真挚的爱塑造学生健全的人格;在教学中不断优化课堂环境,通过创设人性化的环境,使学生在自由宽松的氛围中学习与成长。

(3)合作性原则

师生合作是建立在双方平等基础上的理解与对话,可使两者在精神深处达成共识,以发展为目的,在人性化的教学过程中展开的教学都应以师生合作的形式表现出来。师生只有在互尊互爱的基础上才能真诚合作,共同成长。

在具体教学实践中,合作教学模式形成了一套鼓励学生自愿参加教学活动的教学方法,比如"教会思考"、"夺取知识"、"说悄悄话"、"今天谁来当老师"等。在合作教育学者眼中,教师在教学中可以有意识地遗漏或歪曲某些知识点,通过故意犯错来引发学生对错误的思考和批判。让学生通过与教师展开智力搏斗而获得乐趣,就是所谓的"夺取知识"法。"今天谁来当老师"就是引导学生走上讲台,运用老师平时使用的教学方法,给别的同学上5分钟课。合作教学模式涉及的教学方法是建立在新的学生观和新的教学观基础上的,对今天的主体性课堂教学有一定的借鉴意义。

富于合作精神与人道主义思想的合作教学对现代教学过程观、师生观也有一定的启发意义。这一教学模式赋予教师新的定义,批判了传统课堂中教师主导的局面,提高了学生的主体地位和能动性,教学过程不再是一种对象性认识过程,学生的学习也不再是被动接受、亦步亦趋地复述课本知识的过程,而是师生之间、生生之间相互对话、相互理解的过程。创设良好的人际关系和学习氛围是保持教师教学的有效性、使学生获得成功的条件。

在合作教学过程中,教师不再是教学中的权威和领导,而是促进学生学习的指导者和帮助者。教师的作用不在于给学生现成的知识,而在于为学生提供充足的学习资源和有效的学习手段,将自身的知识经验、技能、处事态度都转化为学生的学习内容;学生也不再是被动接受知识的容器,而是学习的主动发起者和意义建构者。学生成为学习的主人,在教师的引导下,自觉自主地开展学习,并对学习活动本身承担责任。

(五) 探究—研讨模式

探究—研讨模式是美国兰本达教授倡导的一种新型自然科学学科的教学模式,即学生在教师引导下对自然事物进行观察、记录和描述,从而形成解释认识对象的思维模式,并在实践中加以检验,以发现现象背后的内在联系,获得对自然界的理解。这一教学模式的过程主要由"探究"和"研讨"两个环节组成。在探究环节,教师围绕科学概念选取与之关联紧密的学习材料或实物材料,为学生呈现真实的科学现象供其独立思考和探索,发现事物的性质和规律,从而初步获得对事物的感性认识。在研讨环节,教师则重在引导学生将自己对客观事物的看法用语言完整表达出来,并和同伴相互交流、补充和讨论,加深对事物之间关系的理解,形成对概念的科学认识。

探究—研讨模式注重学生的自主探究,结论由学生自己观察、分析和讨论得来,而不是由教师强加给他们。教师在其中对学习材料的选择起到整体把握的作用,组织学生探究并在讨论过程中加以适当的点拨和引导。在整个教学过程中,材料的选择尤为重要,既要为学生实践活动创设良好的条件与环境,充分调动学生的感官和探究新事物的欲望,又要通过结构性材料的引导,培养儿童独立获取知识、自主探索和创造的能力。"研讨"的过程是相互合作的过程,学生集思广益,相互补充和修正,逐步做到去伪存真、由表及里,理解科学概念。探究—研讨模式改变了过去以教师讲学生听为主的教学方式,学生成为学习的主人,积极参与其中。当然,这对教师提出了更高的要求,教师不仅要引导学生学会主动获取知识,发展思维能力,而且要为学生创造有利的学习条件,同时要在教学过程中敏感地把握学生的心理状态和学习进度,巧妙地加以引导和助推,善于启发诱导、鼓励学生合作,课后还要组织学生的后续活动。看似轻松的教师实则需要做好更充分的准备工作,在教学过程中起到主导作用。

探究—研讨模式的具体操作步骤可以概括为:(1)精心设置材料,诱发学生探索的欲望。材料是学生探究和发现的来源,教师需要在研读教材的基础上,根据学生心理发展特点设置材料,让学生在产生好奇心的同时能够层层深入地去发现新知。(2)巧妙设计疑难,创设自由探究的情境。设计疑难的目的是启发学生思维,突出重点问题,解决难点问题。(3)组织集体研讨,归纳综合科学的结论。探究阶段是以学生感性认识为主的,而研讨阶段则要让学生对事物的认识上升到理性高度,这对学生表达能力、思维能力提出了更高要求,也是探究—研讨模式必不可少的重要环节。

实行探究—研讨模式需要遵循一定的教学原则。首先,自然教学必须引导学生对现实材料进行探究,即教师针对学生所要掌握的知识点设计和选择一些实物材料,引导学生调动自己的观察力、想象力和创造力,探索出材料中包含的概念。低年级学生仍处于形象思维阶段,对概念的理解需要借助于一定的直观材料,主动探索和发现的过程能让学生的好奇心和求知欲得到满足。其次,自然教学需要给予学生研讨的机会,让学生展示自己的探究成果,可以让他们相互提问甚至争论,鼓励不同的想法和观点,激发学生思维。最后,教学过程应该是"学为主体,教为主导"相统一的过程,即教师在教学中要尊重学生的独立性,放手让学生自由探索,同时教师作为牵风筝线的人,也要随时予以点拨和强化,保证学生在合理范围内自由发挥。

案例4:尝试教学实验

　　江苏省特级教师邱学华自20世纪80年代初开始推行尝试教学法实验,即让学生在旧知识的基础上先尝试练习,教师在学生尝试的过程中指导学生自学课本,引导学生讨论,在学生尝试练习的基础上再进行讲解。[①]

---

① 邱学华主编:《尝试成功的学习:尝试教学实验研究20年》,教育科学出版社2002年版,第17页。

尝试教学是有别于生活中的尝试概念的特殊教学活动,其基本观点是:学生能尝试,尝试能成功。学生在上课之前已经具备了一定的知识基础和丰富的生活经验,根据最近发展区理论,学生有能力自学适当范围内的新知识并将之内化为自身知识结构。有别于美国心理学家桑代克提出的"试误说",尝试教学法并不提倡盲目地尝试错误,而是强调教师指导下的学生自主尝试,学生依据教师提供的循序渐进的教材内容,发挥旧知识的迁移作用,实现"先练后讲"。

尝试教学法的教学程序大致可分为五步:(1)出示尝试题,即提出问题。数学知识大多以习题形式呈现,因而尝试练习题也需要和课本中的例题相仿,做到在类型和结构上具有内在联系,便于学生实现迁移。所出示的尝试题要具有启发性,能够激发学生学习兴趣,引发其主动思考并尝试解答的意愿。(2)自学课本,即在学生产生好奇心和求知欲后,引导学生阅读课本例题,自主学习掌握。带着问题的自学往往更具有针对性,能够充分调动学生积极性。(3)尝试练习。教师在这一过程中需要多加走动,及时发现学生在尝试练习中存在的困难,充分捕捉学生资源,为后期讲解做准备。(4)学生讨论。教师根据学生板演情况,引导学生评讲讨论,甚至鼓励不同的观点之间的争论,这不仅能帮助学生更充分地理解例题,也是对学生数学语言表达能力及分析推理能力的锻炼和提升。此外,学生在讨论过后迫切渴望得到正确答案,得到教师的肯定,这时候进入最后的教师讲评环节就显得顺理成章。(5)教师讲解。学生不仅要学会解例题,还要掌握知识点,能够举一反三,这就需要教师进行系统讲解,尤其要针对学生存在困难的地方着重强调,确保学生知其然也知其所以然。以上关于尝试教学法的各个环节并非固定不变的,而应根据具体情况灵活变动,比如,可以在出示尝试题后增加变式等。[①] 整个教学过程使学生的学习由被动接受转化为主动探究,教师角色也由主导者转化为引导者。

尝试教学法实验先后推行至江苏、浙江、河南、广东等全国各地,因其顺应学生发展规律而取得显著成效。主要表现在学生自主学习能力和探索创新精神得到提升,养成了较好的学习、思考习惯;课堂教学效率也较之前有大幅提高,参与教学改革实验的学生大多能主动回答教师提问,作业正确率也提高了;学生课堂练习的时间增多,基本能当堂完成作业,减轻了学生课后作业的负担,使学有余力者可进行拔高训练,而基础

---

① 邱学华主编:《尝试成功的学习:尝试教学实验研究 20 年》,教育科学出版社 2002 年版,第 17—19 页。

相对薄弱的学生也有时间向教师求教,由此,学生学习成绩得到提高。

当然,尝试教学法也存在一定局限性。首先,这一教学方法对学生自学能力要求高,不适用于低年级学生的相关学习,即便是对中高年级学生实施的尝试教学也需要有一个循序渐进的过程,逐步提高其自主学习的能力。其次,前后关联性较低的内容不利于尝试教学的开展,尤其是新知识点的教学,学生难以结合已有知识结构实现迁移。再者,尝试教学法相对更适用于算法类知识的教学,而对于图形、计量单位等内容的教学则不适宜采用尝试教学法。最后,尝试教学法的运用需要教师具备良好的教学指导能力,要善于捕捉学生资源,敏锐地察觉学生存在的困难和疑惑并予以有针对性的解答。另外,教师如何选择练习题,才能既调动学生尝试的欲望,又不至于让学生因费解而受打击,也有一定难度。

三、 教学策略优化

教学策略的概念出现于 20 世纪 70 年代末,但引起教学理论和实践界广泛关注是在 20 世纪 90 年代末。所谓教学策略是指为了达成教学目的、完成教学任务,而在清晰认识教学活动的基础上对教学活动进行调节和控制的一系列执行过程,包括教学内容、教学思路、教学方法、教学评测等一系列有助于最优化实现教学目标的工作方式的总和。随着课程改革的日渐深入,教学策略也引起了越来越高的关注度。有学者认为,新课程方案实施成败的关键,在于新的教学观念如何转化为教学行为,而教学策略是沟通教学观念与教学行为的中介和桥梁,是教学观念的具体化和程序化,也为教学的变革提供现实途径和强力支持。[①] 在此基础上的课程整合,以及分层教学、走班制、学分制、导师制等教学管理体制的变革成为教学策略的研究热点问题。

(一) 推进分层教学、走班制、学分制、导师制等教学管理制度改革

当前我国经济社会正处于发展转型期,教育的改革与发展呈现出"新常态",需要

---

① 田良臣、刘电芝:《教学策略:沟通教学观念与教学行为的中介桥梁——兼论新课程方案的实施》,《贵州师范大学学报(社会科学版)》2003 年第 4 期,第 98—102 页。

要从同质化教育向个性化教育、从生存型教育向发展型教育转变，为每一个孩子提供优质而适切的教育成为新时期学校变革的使命。社会对人才培养的要求由以往关注学生知识技能的掌握，开始转向注重学生综合素质的发展。关注学生的个性化成长成为学校的转型之举。

2010 年 7 月，教育部出台《国家中长期教育改革和发展规划纲要（2010—2020年）》，提出要"关注学生不同特点和个性差异，发展每一个学生的优势潜能。推进分层教学、走班制、学分制、导师制等管理制度改革"，[①]为教学策略的优化提供了政策依据。

1. 分层教学

分层教学是在充分考虑学生的知识基础、认知水平、个性特征、兴趣爱好等各方面的基础上，对学生进行层级划分，并对不同层级的学生进行有针对性的教学和指导。由于增加了学生的实际情况作为分层依据，同一层次内学生的基础和水平相对一致，对学生的学习和教师的教学都更为有利，能够比较好地适应学生的兴趣和差异。分层教学主要有以下几种典型模式。

（1）班内分层教学

这一教学策略在保留行政班的基础上，根据学生的学习能力、学习风格等实际情况对学生进行分层，以不同的教学目标和教学方法对学生进行教学，辅之以不同的辅导和评价方式，使不同层次的学生获得充分发展。

（2）分层走班模式

学校依据文化课测试成绩来对学生知识和能力水平进行分层，通常分为三个或四个层次，再根据分层结果安排同一层次的学生组成新的教学集体。这一分层教学模式的特点是，教师根据学生所处的不同层次确定相应的教学目标，重新组织教学内容，使之适应不同基础的学生，并使学生能有所提升。

（3）能力目标分层检测模式

学生根据自身条件，先选择相应的学习层次，通过一学期的学习及努力，在学期末再进行层次调整。这一形式参照了国外的"核心技能"原理，给学生以更多的自主选择

① 中共中央、国务院：《国家中长期教育改革和发展规划纲要（2010—2020 年）》，2010 年 7 月 29 日。

权,引导学生在认识自我的基础上综合考虑自身条件和阶段性目标,更利于因材施教。教师在教学过程中辅之以"分层测试卡"(即分层目标练习册),对学生实行多层次的评价,在承认个体差异性的前提下,对每个学生的劳动成果予以应有的肯定。对于层次较低的学生,应当把重点放在对当堂所学内容的检测上,而对于层次较高的学生则要侧重于对其创新精神和创造能力进行检测。

(4)课堂教学的"分层互动"模式

这一课堂教学策略要求教师通过调查和观察,掌握班级内每个学生的学习状况、认知水平、性格特征及兴趣爱好等,将学生按照心理特点分组,形成多个学习群体。该模式中的小组合作学习和成员之间的相互帮助,能促进师生之间和生生之间的互动,为每个学生创造个性发展的机会。

(5)定向培养目标分层模式

这种模式多限于职业教育,即按照学生的毕业去向进行分层教学。学校通常在学生入学时就通过调查了解其升学和就业意向,在尊重学生和家长意愿的基础上对其进行正确定位,然后以学生的基础和发展为依据,将之分入升学班和就业班。两个班的教学目标和知识难度有所区分,升学班更注重应试能力的训练,而就业班则突出文化课知识和职业实践相结合。经过一年的学习,学校会为学生提供第二次选择的机会;升学班进一步强化文化课,而就业班则以职业技能训练为主。

2. 走班制

2003年3月,教育部印发《普通高中课程方案(实验)》,指出课程内容的设置应当遵循"选择性"原则:选择性——为适应社会对多样化人才的需求,满足不同学生的发展需要,在保证每个学生达到共同基础的前提下,各学科分类别、分层次设计多样的、可供不同发展潜能学生选择的课程内容,以满足学生对课程的不同需求。① 课程"选择性"原则的提出推动了高中选修课程的开发以及选修课走班制的实施。2010年7月,教育部出台《国家中长期教育改革和发展规划纲要(2010—2020年)》,明确提出要推行走班制,并从"人才培养体制改革"维度对走班制的推行提出了政策

---

① 教育部关于印发《普通高中课程方案(实验)》和语文等十五个学科课程标准(实验)的通知,2003年3月31日。

性要求。新一轮高考招生制度改革的全面推进带来了高中主流教学组织形式的转型，走班制成为许多高中学校的普遍选择。如何在走班制背景下进行学校改革，以适应学生个性化发展对教学和课程体系建设的要求，越来越成为学校探索和实践的重点。

（1）注重课程整体设计

构建全新的课程结构是实施走班制的前提和关键，既要能满足学生多样化的学习需求，适应社会对人才培养的要求，又要能综合考虑国家课程和学校课程特色，因地制宜地构建多元、整合的课程体系。当前存在三种较为成功的课程建构模式。

一是按学生学习水平把课程分为三个层次：面向全体学生的基础类课程，面向部分学生的拓展类课程以及面向个体的研究类课程和兴趣特长类课程。① 以浙江省嘉兴市第一中学数学课程的设置为例，该校开设了基础类课程、拓展类课程和研究类课程，每一类别设置Ⅰ到Ⅲ三个层级，学生可根据自己的专业倾向自主选择。三种课程类型中的 A 类课程面向全体学生，B 类课程面向数学水平中等及以上、希望将数学发展为优势学科的学生，C 类课程面向数学资优生，以及有意愿参加自主招生、数学竞赛的学生。以学习水平为标准的分层方式，既保证学科基础性，又适当拓展以满足学生的学习发展需求。

二是按学生生涯规划方向，区分教学的专业水平和层次。北京十一中学理科课程的分层就是以学生生涯规划标准划分教学层次的典型，该校物理、化学等理科科目针对学生未来发展区分为五个层次，社会与人文发展方向的学生进入要求最低的层次，对科目感兴趣且将来有可能并愿意从事相关职业的学生可以选择要求最高的层次。这一课程建构模式根据学生原有基础、学习潜能和发展方向的不同，对学科进行分层设计，指向学生多样的发展旨趣。

三是依照考试科目，将课程设置与学业水平考试、高考、自主招生考试等各种考核考试相衔接。这是新高考改革背景下最为直接有效的应对方式，因而普遍为大多数高中学校所采纳。在这一模式下，学生依据自身的学习兴趣及对各学科学习情况的评估，确定选考科目，学校对其进行适当的引导和调整，并开设相应教学班。

---

① 裴娣娜：《新高考制度下深化普通高中课程改革的几个问题》，《中小学管理》2015 年第 6 期，第 4—6 页。

（2）开展生涯规划教育

走班制赋予学生更多选择权，同时也对学生的自主选择能力提出更高要求，包括对当前课程的选择和对未来职业的选择。这就需要学校对学生进行生涯规划指导，帮助学生明确未来发展目标并制定当前学习计划。浙江省温州中学将生涯规划课程纳入走班制课程体系，构建了由"职业生涯规划"、"高中三年学业规划"及"近期学习规划"三个层次组成的结构系统。其中，"职业生涯规划"即专业方向规划，帮助学生认识自我，树立美好的职业愿景；"高中三年学业规划"引导学生合理规划，学会学习；"近期学习规划"则将生涯规划落实到具体的行动中，增强学生执行力。三个层次的课程呈逐级细化的状态，学生需要对自身职业生涯有一个清晰的目标，进而将其不断细化，落实到具体的学习计划中。

（3）综合运用网络媒介

走班制的实行给学校课程设置、学校排课、学生选课、学生学籍管理等各方面带来了难题，同时，学校对走班制学生的监督和管理力度也较传统班级授课制下的更为薄弱。而综合运用网络媒介，是对走班制的有益补充。

杭州师范大学附属中学充分利用互联网优势，开展"互联网＋选课走班教学"的实践模式，借助网络实现校本课程开发、调查并指导学生选课、实施必考科目分层走班及选考科目分类走班，帮助学生科学有效地选课并找到适合自身发展的道路。首先，学校通过网络了解学生发展需求，围绕核心素养的基本要求完成对必修课的校本化改造及特色选修课程群的构建；对学生职业性向进行调查并在此基础上指导学生选课，在提升学生选择能力的同时最大限度地突显其选择性。其次，学校开设走班制网络管理平台，对学生考勤、作业、课堂表现、成绩、分班等情况进行记录和管理，完善选课走班的课堂教学形态，为走班制提供有力保障。第三，学校以双向选择的方式，为每位学生配备成长导师，导师在充分了解学生个性特征、学科成绩、学习潜力等方面的基础上，为学生提供学业辅导、选课指导、心理疏导等帮助，并通过网络平台及时反馈学生在校情况，便于导师、学生、家长三者之间的沟通。

3. 学分制

学分是学生顺利修习某一学科后得到的计数单位，学生修满一定学分后才能顺利毕业。学分制是指以学分来衡量学生学习量多少的课程管理制度，学生只有在修满学校规定的学分后才能顺利毕业。① 学分制倡导弹性的教学计划和学制,要求教学计划有较大的时间弹性和选课弹性,其以学分代替学年,以选课代替排课,允许学生根据自己的能力与兴趣安排个人的修学计划。目前学分制有以下几种比较成熟的类型。

（1）学年学分制

既有学年制的特征,又有完全学分制的特征,既保留了学年制计划性强、专业分类严密完整的特性,又具有学分制的某些长处,如在课程的选修方面给学生以一定范围的自由度。

（2）完全学分制

把必须取得的毕业总学分作为毕业标准,要求完全按照培养目标和教学计划来规定各门课程的学时、确定每门课程的学分、设置必修课和选修课、规定各类课程的比例。

（3）绩点学分制

在学分制基础上产生,用以显示学生每门课程的学习成绩质量,其计算公式为：学分绩点 = 学分 × 绩点。

（4）加权学分制

在学分制基础上产生,用以显示学生重点课程的学习质量,以区分学生专业水平高低。根据课程类别,确定不同的权重系数,计算得出学生各门课程的加权学分,作为学生选拔和评奖评优的重要依据。

（5）附加学分制

要求学生在修满教学计划规定内的学分外,修习附加学分,主要指要求学生参加学科竞赛或学术活动、文体活动、公益活动等。

学分制把选课的人数作为评价教师的标准之一,这能够增强教师的竞争意识,有利于提高教学效果。对学生而言,学分制允许学生选择感兴趣的课程,这能够激发学生的学习积极性、主动性和独立性,有利于学生潜能的激发。但同时,学分制也存在一定的弊端,如,学生选课自由度加大,给行政管理工作带来一定困难,学生因选课经验不足而存在一定程度的迷茫等。

---

① 杜开颜：《福州八中"选课制、走班制、学分制"教育综合改革》,福建师范大学,2006 年。

4. 导师制

导师制就是指在实行班主任制的同时,聘请本班的任课教师作为学生的指导教师,对学生进行思想引导、学习辅导、心理疏导、生活指导的一种个别化教学辅助制度。[①] 导师制实现了教师角色的转变,班主任和任课教师除了日常教学工作外,还要转变身份,从管理走向引领,由单纯的学科教学者转变为学生的导师、咨询师、教学顾问等。

班级授课制的弊端一直以来遭到社会的指责,而集"教"、"导"一体的教学指导制度——导师制,其出现可以在一定程度上解决班级授课制的问题,实现因材施教,真正落实个别化教育;此外,导师制可以为学生选课提供专门化的指导,成为教学组织形式和教学模式变革的有效辅助。

(1) 为学生提供选课指导

导师可以根据对学生学习生活及兴趣爱好的判断和了解,指导学生作出科学合理的选择。首先,建立完善的导师制度,从指导思想、导师职责、管理机制等方面进行精细化、科学化构建,为导师工作的开展及选课指导提供制度化依据。其次,完善选课指导制度,引导学生制定个性化修习计划。学校应对课程安排进行详细说明,导师和学生则应共同了解并参与课程计划的制定,避免学生自主选课的盲目性和随意性。最后,扩大导师队伍,实现专门化指导,一方面减轻教师作为学生成长导师的繁重负担,另一方面,不同领域的专业化指导对学生而言更具针对性。

(2) 关注学生多方面成长需求

学科教师转变为学生成长导师后,除了日常学科教学外,还应扮演学生学习的辅导者、心理健康发展的疏导者、个性的培养者、生活经验的分享者、人际交往的指导者等多重角色,尤其是要为学生提供学习辅导,帮助学生解决学习过程中遇到的难题,这是学生普遍认为导师应当承担的责任。除此之外,导师的出现对学生树立正确的人生观、价值观,形成和谐的人际关系也起到重要作用。

当然,导师的指导应当建立在对学生充分了解的基础上。每个学生都是独立的个体,其受教育状况、家庭背景及学习方式各不相同,因此,他们存在的问题也不尽相同。

---

① 王巧银:《新课程背景下高中导师制的问题探讨》,陕西师范大学,2010年。

另外,不同学段的学生对指导的需求不同,低学段的学生处于适应和过渡阶段,对陌生环境及新的学习方式的适应状况相对较差,此时,导师的作用在于帮助学生实现平稳过渡;高学段的学生面临较大的升学压力,此时,导师的作用在于帮助学生以平常心面对升学考试。因此导师在对学生进行学业指导的过程中要对不同的学生区别对待,充分了解他们需要解决的难题,真正实现导师制为学生提供指导的目的。

为应对新高考改革带来的改变,浙江省宁波市第四中学在高一年级尝试取消固定班级的班主任制度,取而代之的是"成长导师制"。这一导师制度的创新点和最大特点在于,完全取消原来的行政班班主任,为每个班级配备三名"成长导师",实行分组管理,三人协调合作。具体说来,该校将高一年级每个班学生分成 A、B、C 三个小组,每个小组配备一位成长导师,每位导师需要负责该组成员的个性化成长与全面发展,包括学生选课、学习、生活等各方面。为了加强对学生的有效监督和管理,宁波市第四中学又在"成长导师制"的基础上,辅以"轮值导师制"与"首席导师制",从学生整体发展的层面给教师工作以参考意见。首席导师协商制定教师每周的工作总计划,并将具体工作的开展要求传达给轮值导师,轮值导师和每班成长导师相互配合,营造并维护学校良好的学习氛围。这两项制度的确立,有利于成长导师具体工作的开展。成长导师的工作重点是每周与组内成员开展至少一次导师活动,增强对学生的了解,全面细致地掌握每位学生学习与生活中存在的困惑,及时解决学生的难题;同时在选课方面为学生提供指导,引导学生制定科学合理的学习计划。

(二) 课程整合下的教学策略创新

自 2001 年《基础教育课程改革纲要(试行)》颁布以来,各级各类教育部门及学校开始了对课程实施与改革的尝试与探索。

2015 年 9 月 18 日,浙江省教育厅发布《浙江省教育厅办公室关于促进义务教育课程整合的指导意见》(简称《意见》),提出课程整合应以培养学生思想品格、综合素质为目的,要能够体现学科核心素养的要求。学校应合理规划与设计课程整合方案,开齐开好基础性课程和拓展性课程。《意见》对学校课程整合提出具体要求:学校应根据实际,从学科内的局部整合到学科间的主题整合,再到"全课程"的统整,逐步推进。改革起始阶段以德育类课程、综合实践类课程的整合实施为重点。鼓励小学阶段探索其他课程领域的整合实施。①

除浙江省明确提出推动学校课程整合的进程外,很多学校也对此进行了有益尝试。如清华附小的"1＋X课程"探索、北京十一学校亦庄实验小学的"全课程"探索、重庆谢家湾小学的"小梅花"课程探索等。

1. 清华附小的"1＋X课程"育人体系

面对新时期教育发展的新要求,构建学校课程实施的整体规划,并带动学校教学和管理的系统整合是学校课程改革的出路。② 为此,清华大学附属小学融合"主题教学"和"整合"的理念,在落实国家课程规划要求的前提下,结合学校发展特色及学生具体情况,构建了"1＋X课程"育人体系,将教材和课程内容以主题的方式进行重新整合。其中"1"是指优化整合的国家基础性课程,其重视基础,即整合后的必修课程仍然作为学生发展的基础和底线;"X"是适合学生个性化发展需求的拓展性课程,这是对基础性课程的补充、延伸和拓展。需要注意的是,两者并非简单相加,而是相辅相成,学校将在发展的动态过程中逐渐确定两者之间合适的比重。

2. 北京十一学校亦庄实验小学的"全课程"教育实验

"全课程"教育实验就是在遵循国家课程标准的基础上,以培养全面发展的人为目标,打通学科界限,实现课程覆盖学习、活动、生活等诸多领域的综合性课程改革。该项实验致力于从课程入手改变学校文化和生态,让师生拥有幸福完整的教育生活。校长李振村认为,"全课程"教育改革实验的核心不是所有课程的简单叠加,而是指向人的全面发展,指向学生生活的全面改革。在"全课程"实验背景下,知识被赋予了过程性、体验性和生命性,是具有生长力的知识;教师不仅要关注如何完成教学工作,还要关注孩子的天性及其在学习过程中的快乐体验。

北京十一学校亦庄实验小学的"全课程"教育实验以始业课程为抓手,推后拼音的学习,淡化学科概念,以生动有趣的主题整合现有学科,将绘本、故事、绘画、音乐、舞蹈等融入课程中,帮助学生更好地适应学校生活。

---

① 浙江省教育厅:《浙江省教育厅办公室关于促进义务教育课程整合的指导意见》,2015 年 9 月 15 日。
② 窦桂梅:《新课改背景下课程整合的实践探索——清华大学附属小学"1＋X课程"育人体系建构的案例研究》,《教育研究》,2014 年第 2 期,第 154—159 页。

3. 重庆谢家湾小学的"小梅花"课程

重庆谢家湾小学围绕学生终身发展所需的能力和素养,确立了"一切有积极影响的元素都是课程"的课程改革理念,从整合学科入手,解构原有课程体系,重新建构了融学科课程、社团课程、环境课程于一体的"小梅花"学校课程体系。这一课程体系将十几门国家、地方课程分成阅读与生活、数学与实践、科学与技术、艺术与审美、运动与健康五大类别,学生可自由选择任意类别的课程。校长刘希娅表示:"谢家湾小学的课改并不是一步到位的,从明确思路,初步构建课程体系到最终全面实施阶段,经历了一个艰难的过程。"

谢家湾小学的课程整合改革最终在全校的不断探索和坚持之下,走出了一条独具特色的创新之路。教育部课程中心主任田慧生评价说:"谢家湾小学的课程整合把握住了课程改革的大趋势,目前已经走到改革的前沿领域,其经验令人鼓舞,值得肯定。"[1]

课程整合策略实际上是一种指向全人教育的教学策略,它把原本枯燥乏味的学习转变为生动有趣的生活,强调跨学科整合,突出全面性、自主性、趣味性的课程特色。其优化和整合的过程加强了课程的实践性和教学的针对性,使学校课程的设置更符合学生个性化发展的需求。但同时,整合后的课程对教师多方面素养也提出了更高的要求:一方面,任课教师需要很好地把握学生的心理特点和认知水平,并在全面掌握各门学科内容的基础上进行教材编写和课堂教学;另一方面,为配合全课程的推行,很多学校采用包班制的班级管理模式和走班制的教学组织形式,这就需要教师从原本单一的学科教师转变为素质全面的全科教师,从过去只关注学生学科学习转向全面关注学生成长。

当前关于小学是否需要细分学科的争论颇多,赞成者认为术业有专攻,分科能保证教学内容和教学方式的专业性;反对者认为目前小学教育学科划分过细,个别学科教学目标不明确,导致学生考试压力过大。双方各执己见,促成了当下以传统分学科教学为主流,个别地区开始尝试全科教育的格局。我们应当看到,全科教育力求打破学科边界,实现真正意义上的多学科融合,其追求全人教育的出发点是好的,但全科教师能否等同于全能教师,全科课程是否必然实行包班制,仍然是值得思考的问题。

---

① 张双山:《刘希娅:六年影响一生》,《中国人大》2014 年第 20 期,第 42—45 页。

第六章

学生学习方式的演变

党的十九大提出要"加快建设学习型社会,大力提高国民素质"。人的学习能力、学习风格和学习品质,跟人的其他方面素养一样,都是从小养成的,因而,基础教育阶段对人的学习而言,的确是十分关键的奠基工程。人的学习能力、风格和品质,又与人的学习方式息息相关。人类获得知识是一个动态生成过程,"科学的本质,不在于已经认识的真理,而在于探索真理"。[①] 为此,联合国教科文组织在《学会生存——教育世界的今天和明天》一书中指出:"教育应该较少地致力于传递和储存知识,而应该更努力寻求获得知识的方法(学会如何学习)。"[②]在教学活动中,"学会学习"意味着学生学习状态的根本转变,即从被动接受式学习转变为主动参与式学习,也意味着学生学习方式的根本转变,即从个体学习转变为小组合作学习,从传承性学习转变为创新性学习。

一、 从被动接受式学习到主动参与式学习

学习方式和学习心态的变化是改革开放 40 年以来学校教学变革的重要表现。学习者的主体地位逐渐得到确立和强化,其学习方式也从传递记诵转向主动探究与发现,课堂越来越成为学生学习的主阵地。

(一) 学习方式转变: 从被动学到主动学

在传统知识观的影响下,学生被看作是具有可塑性且待加工的对象,他们的心灵是没有任何痕迹的"白板",可以任人随心所欲地加工和塑造。教学活动的任务就是用知识去填充大脑这个"容器",注重知识的传授和记忆能力的培养,在本质上是一种灌

---

① 夏禹龙等编著:《科学学基础》,科学出版社 1983 年版第 45 页。
② 联合国教科文组织国际教育发展委员会编著,华东师范大学比较教育研究所译:《学会生存——教育世界的今天和明天》,教育科学出版社 1996 年版,第 12 页。

输式教学或填鸭式教学,"它把学生变成了'容器',变成了可任由教师'灌输'的'存储器'。教师越是往容器里装得完全彻底,就越是好教师;学生越是温顺地让自己被灌输,就越是好学生……学生是保管人,教师是储户。教师不是去交流,而是发表公报,让学生耐心地接受、记忆和重复存储材料"①。这种教学方式否定了教和学应有的意义,把学生的学习建立在受动和依赖的基础之上,忽略了人的主动性、能动性和独立性,致使原本生动活泼的教学演变为机械、枯燥的知识灌输。对此,巴西教育家保罗·弗莱雷作了生动的描绘:(1)教师教,学生被教;(2)教师无所不知,学生一无所知;(3)教师思考,学生被考虑;(4)教师讲,学生听——温顺地听;(5)教师制定纪律,学生遵守纪律;(6)教师作出选择并将选择强加于学生,学生唯命是从;(7)教师作出行动,学生则幻想通过教师的行动而行动;(8)教师选择学习内容,学生(没有人征求其意见)适应学习内容;(9)教师把自己作为学生自由的对立面而建立起来的专业权威与知识权威混为一谈;(10)教师是学习过程的主体,而学生纯粹只是客体。②

而现代教学则认为,学生如何学习对其身心发展具有截然不同的作用。如果学生能够主动参与教学活动,积极地进行独立思考,那么他就能比较深刻地理解学习的内容并对知识有相对稳固的掌握;而如果学生的学习完全依赖于教师,他自己只是被动、消极地接受知识,那就难以取得有效的学习效果。因此,教学活动要引导学生实现从被动接受式学习向主动参与式学习的转变,激发学生学习的积极性和主动性,改变学生以往被动、机械、消极的学习状态,倡导学生进行发现学习、有意义学习和自主学习,不仅要关注学生学习的结果,更要关注其学习过程。在此基础上,教学活动还要引导学生掌握系统扎实的基础知识和基本能力,让他们学会如何学习,培养其主动获取新知识的能力和分析解决问题的能力。

1. 发现学习和接受学习

从是否经历了主动探究发现的过程来看,学习可以分为接受学习和发现学习。美国教育心理学家、认知心理学家布鲁纳于 20 世纪 50 年代末最早提出"发现学习"这一

---

① [巴西]保罗·弗莱雷著,顾建新等译:《被压迫者教育学》,华东师范大学出版社 2001 年版,第 24—25 页。
② 同上书,第 25—26 页。

概念,它是指由学生自己发现问题,自己得出结论或找到答案的学习方式。布鲁纳认为,在发现学习中,学生学习的主要目的并不是接受并记住教师所教的现成知识,而是主动发现和探究,自己去获取知识;教师教学的主要目的也不是向学生传授或灌输知识,而是创设情境并引导学生自主学习,发现知识。发现式的学习方式能激发学生的内在学习动机,提升学生的学习积极性,同时在引导学生自主探究的过程中培养其发现问题和独立解决问题的能力,充分体现了学生的主体性。

"接受学习"这一概念由美国认知教育心理学家戴维·保罗·奥苏贝尔提出并进行系统研究,它指的是学习内容以定论的方式呈现给学生,学生不需要经历发现的过程就可以直接获取知识的学习方式。奥苏贝尔主张有意义的接受式学习,这种学习方式并非机械和被动的,学生能在学习过程中同时投入认知与情感、逻辑思维与直觉思维等,是学生对教师所教知识有选择性的理解和内化的过程。接受式学习能使学生在短时间内大量、快速地习得人类已掌握的知识和经验,避免认识过程中不必要的困难和曲折。

尽管发现学习和接受学习这两种学习方式在过程和具体操作上有所差别,但两者并非完全对立的概念。学者王顺德指出,日常教学中很难将发现学习和接受学习完全区分开来,因为在接受学习中,教师并不直接把知识组成只需要学习记忆的结论呈现给学生,而是会通过提出问题或设置情境的方式让学生进行一定程度的探索;而发现学习中,教师通常也会进行方法上的指导和方向上的引导,这种发现学习也就融入了很多接受学习的成分。①

2. 有意义学习和机械学习

从学习内容是否以有意义的方式获得来看,学习可以分为有意义学习和机械学习,这一对概念由奥苏贝尔于 20 世纪 60 年代提出。按照奥苏贝尔的观点,有意义学习是指学生能主动将新的知识概念与原有认知结构中的观念建立起实质性和非人为性联系的学习方式,这种联系主要是通过学生已有认知结构的同化或顺应来建立的。同化是改变所学知识的结构,顺应是改变自身的知识结构,最终目的都在于将新知识内化至自己的知识结构中。而机械学习则是指学习任务与学生原有认知结构之间不

---

① 王顺德:《论学习方式的变革》,华中师范大学,2006 年。

发生相互作用的学习方式,即学生知识的习得不需要理解其意义而只需要通过机械记诵。在教学活动中,有意义学习比机械学习具有更大的作用。通过机械学习习得的知识与学生原有认知结构没有建立起稳定的联系,因此学生只能在短时间内保持对这些知识的记忆,很容易将其遗忘;而有意义学习以同化和顺应为心理机制,学生将已有知识作为理解新知识的基础,使新知识和原有观念体系建立联系,从而更好地理解并长久记忆所学知识。

所谓"实质性和非人为性联系,指这些观念与学习者认知结构中原有观念的适当部分,如表象、已经有意义的符号、概念或命题的关联"①。也就是说,当前的学习任务与学生原有的知识结构通过某些连接点适当地联系了起来。当学生能够在具有潜在意义的学习内容与自身原有认知结构之间建立起一种实质性的和非人为性的联系时,他就能够有效地把自己已有的知识作为理解、消化新知识的基础。新的内容被同化到学生原有的认知结构中,不仅获得了新的意义,也使得新知识成为了学生已有观念体系中的一部分。

传统教学往往以机械记忆、反复训练为主要学习方式,忽视了学生的主动性及他们在学习过程中对知识的理解性应用,长期以机械方式学习的学生缺乏独立解决问题的能力和创新能力,不利于其长远发展。相比较而言,有意义学习更注重学生对知识的理解和掌握,强调学生在学习过程中知识结构的不断完善,因而学生的创新意识和动手能力也在得到发展。由此可以发现,学生通过机械学习获得的知识只有被理解并内化,才能对学生本身的学习能力和心理素质产生正向影响。

奥苏贝尔认为,在有意义学习中,新的学习总是建立在原有的学习基础之上的,人们总是利用原先的知识来促进后继的学习,而后继的学习又可以巩固和加深原有的学习。因此,在教学活动中,有意义学习应当具备以下三个条件。

(1)学生自身已经做好进行有意义学习的准备,即进入了在新知识与自身认知结构之间建立起实质性和非人为性联系的准备状态。也就是说,学生能够把学习看作是主动内化的过程。

(2)学生原有认知结构中的内容能够成为学习新知识的基础。

---

① 邵瑞珍主编:《教育心理学参考资料选辑》,上海教育出版社 1990 年版,第 111 页。

（3）学习内容本身是有意义的，能够与学生认知结构中的有关知识相联系，找到同化点，在适当条件下能够被学生同化到其认知结构中。

在有意义学习的基础上，奥苏贝尔提出了讲解式教学应遵循的两条重要原则——"不断分化"和"综合贯通"。不断分化原则是指将知识由上位到下位、由一般到个别进行纵向联系和组织。也就是说，教学活动应首先呈现一般的、包容广的和概括的内容，然后循序渐进地呈现细节和特例。这样，学生不仅能加快学习的进度，而且容易保持和迁移。这种从一般到个别，从上位概念到下位概念逐步分化的教学方式其实是一种演绎式教学。综合贯通原则是指帮助学生发现已有知识之间的异同，从而实现对已有观念的理解和重组。而知识之间的综合贯通，指的是知识之间的横向联系和组织。奥苏贝尔认为，之所以存在机械教学是因为以往的教学内容过于分散破碎，造成了学生认知过程的混乱，使他们无法真正理解知识之间的联系。而在有意义学习中，学生需要了解新旧知识之间的相似点和联系点，从而找到同化新知识的切入点。奥苏贝尔倡导的有意义的讲解式教学有四个特点：第一，要求师生进行大量的相互作用。教师在呈现教材的同时，要能够引起学生的思考和反应。第二，大量地运用例子。在教学活动中辅助以图画、图解或图片等多种形式。第三，这种教学活动是演绎式的。首先呈现最一般的上位概念，而后从中推演出较为具体的下位概念。第四，这种教学活动具有一定的程序。教材需要循序渐进地呈现给学生。

我国新一轮课程改革重点指向学生学习方式和课堂教学形式的变革，要求改革课程实施过程中过于强调接受学习、死记硬背、机械训练的现象，倡导自主学习、合作学习、探究学习等新的学习方式，促进学生在教师指导下主动地、富有个性地学习。钟启泉在对课程改革纲要的解读中指出，转变学生的学习方式就是要转变原本单一的、他主的和被动的学习方式，提倡和发展多样化的学生学习方式，特别是要提倡自主、探索与合作的学习方式，让学生成为学习的主人，使学生的主体意识、能动性和创造性得到不断发展，使学生的创新意识和实践能力得到发展。① 自主学习指学习者自行确立学习目标、制定学习计划，通过一定的学习策略解决问题并进行自我评价的学习方式。自主学习是相对于"被动学习"、"机械学习"而言的，其核心是发挥学生学习的主动性

---

① 钟启泉等主编：《基础教育课程改革纲要解读》，华东师范大学出版社 2001 年版，第 247—252 页。

和积极性,充分体现学生的主体地位和认知主体作用。探究学习相对于接受学习而言,是学习者通过确定研究主题,在创设的情境中开展探究活动从而获得知识、技能,形成探索精神、发展创新能力的学习方式。探究学习注重引导学生通过质疑发问、分析研究、不懈钻研来解决问题,并最终指向探索精神和创新能力的培养,对学生的积极参与和主动创新提出更高要求。

《国家中长期教育改革和发展规划纲要(2010—2020 年)》也提出,要创新教育教学方法,"倡导启发式、探究式、讨论式、参与式教学,帮助学生学会学习。激发学生的好奇心,培养学生的兴趣爱好,营造独立思考、自由探索、勇于创新的良好环境"。[①]

学生学习方式有否发生转变是衡量课程改革成功与否的重要标志。随着新一轮课程改革的实施,我们真切地感受到学生学习方式的逐渐改变及由此带来的巨大变化:课堂气氛活跃,学生学习主动性增强;学生个性得到张扬,创造性思维习惯逐渐养成;师生关系更为融洽,师生的精神面貌大有改变;学生的学习兴趣日趋浓厚。

(二) 学习心态转变:从"要我学"转向"我要学"

现代教学的一个重要特征就是学生主体地位的落实,教学要能够引导学生进行自主学习,使其成为教学活动的主人。因此在教学过程中,要改变学生以往被动的学习心态,把学习转变为学生自主、能动、独立的活动,引导其实现学习心态从"要我学"向"我要学"的转变。

在教学过程中,自主性学习要求学生对自己为什么学习、能否学习、如何学习和学习什么内容等问题有自觉、清晰的认识。如果学生的学习动机是自我驱动的,学习内容是自我选择的,学习策略是自我调控的,学习时间是自我计划和管理的,且最终能够对学习结果进行自我评价,那么这种学习就是自主的;反之,如果学生在学习中完全依赖于他人的监督和指导,那么他的学习就是非自主的。从学习过程来看,如果学生在学习新知识之前就能够积极制定学习目标和学习计划,在学习过程中能够对学习方法和学习时间进行自我监控和调节,在学习之后能够对学习结果进行自我检查、反思和总结,那么这种学习就是自主的;反之,如果学生在学习过程中完全依赖教师的指导和

---

① 中共中央、国务院:《国家中长期教育改革和发展规划纲要(2010—2020 年)》,2010 年 7 月 29 日。

安排,那么他的学习就是非自主的。

我国有学者从心理学角度对自主学习进行了深入研究,认为学生的自主学习需要具备一定的条件。

(1) 自主学习要以学生已有的心理发展水平为基础,即"能学"。从发生学的角度来看,自主学习是在个体的自我意识产生之后才出现的,自我意识应该是学生进行自主学习的最基本的内部条件。只有在自我意识形成后,个体才有"主我"和"客我"之间的分化,才能有意识地调控自己的学习活动。

(2) 自主学习要以学生具有内在的学习动机为前提,即"想学"。内在的学习动机是自主学习不可缺少的内部条件,也是评判学生学习是否自主的重要依据。在没有外部压力的情况下,如果学生缺乏内在的学习动机,就不可能自行确定学习内容和方法,并自觉开展学习活动,自主学习也就无从谈起。与自主学习有关的内在动机主要包括自我效能感、价值意识、目标定向、学习兴趣等,学生在这些动机成分上表现出来的特点将直接影响其内在的学习动机水平。自我效能感是个体对自己是否有能力完成某一行为的推测与判断,在教学过程中就表现为学生对自身学习活动能力的判断。通常情况下,自我效能感高的学生,更愿意通过独立学习,实现自己预定的学习目标。价值意识是指个体意识到学习结果对自身的重要意义,对学习结果的良好预期是推动学生自主学习的重要内部动力。目标定向可以分为以掌握知识、增长技能为目的的掌握性目标和以显示能力、获取赞许为目的的表现性目标,前者对学生的自主学习具有更大的推动作用。学习兴趣和学生学习的自主性也呈正相关,学习兴趣越浓厚,学生学习的自主性也越强。

(3) 自主学习必须以学生掌握一定的学习策略作为保障,即"会学"。学生在学习过程中需要掌握并熟练运用适当的学习策略,包括管理学习时间、分解学习目标等一般性学习策略和复述、列提纲等具体的学习策略,以减少对教师的依赖并提高学习效率。

(4) 自主学习要以学生具有意志控制能力为条件,即"坚持学"。学生在学习过程中尤其是遇到问题时,要能够用意志力控制自己坚持下去。一般说来,学生在学习之初都具有一定的学习动机,但是,随着学习活动的进行、学习困难的增加,学习动机的推动作用会逐渐减弱,而意志控制的作用会逐渐增强。换言之,学习动机对自主性学习具有更强的启动作用,意志控制对自主性学习具有更强的维持作用。①

可见,主动性是自主学习的基本特征,它对应于他主学习的被动性,两者在学习活动中主要表现为"我要学"和"要我学"。他主学习是受到外在的诱惑或强制而被动进行的学习,学生没有内生出学习的动机和兴趣,这样的学习缺少主体之间的平等交往,缺少主动选择的能力,久而久之,学生难以适应当前重视信息选择和重组能力的社会。而自主学习则表现为学生对获取知识有内在需求,这种状态下的学习是具有发展性意义的活动,能对学生认知的发展,尤其是自我意识的觉醒和自主能力的提升产生重要影响。

这种主动要学的心态首先表现在学习动机上,学生具有内在学习动机的支持,有丰富情感的投入,能积极参与制定有价值的学习目标,而不是在外界压力下被动、消极地从事学习活动。其次表现在学习方式上,学生能够努力摆脱对教师或他人的依赖,积极采取各种措施对学习进行自我选择和自我调控,从中获得积极的情感体验。再次表现在学习时间上,学生能够合理地安排和从事自己的学习活动,积极制定学习计划并做到自我约束,以更好地实现预定的学习目标。最后还表现在学习结果上,学生能够及时对学习结果进行检查、反思和总结,并根据学习任务对学习计划作出相应调整。

二、从个体性学习到小组合作学习

在传统的个体性学习中,学生个体与个体之间存在着竞争性,每个学生在班级中都是孤立的一员。在小组合作学习中,竞争存在于学习小组与学习小组之间,而学生个体与个体间则是一种合作关系。合作学习小组通常由4—5名在性别、成绩、个性特点等方面具有异质性的学生组成,不同学生依据其不同的个性品质,在组内扮演不同的角色。组内的异质性分布一方面保证了小组成员之间的差异性,为小组成员间的相互合作、取长补短和优势互补奠定了基础;另一方面保证了班级内各个小组都处于相近的水平和起点,有利于公平竞争。在任务分配过程中,任务先由班集体分配到小组,再由小组分配到个人,每个小组成员都在任务完成过程中承担着特定的责任,小组的

---

① 庞维国:《论学生的自主学习》,《华东师范大学学报(教育科学版)》2001年第2期,第78—83页。

最终成绩与每个小组成员的任务完成情况息息相关。在参加单元测验或者竞赛时，每个小组成员须独立完成，不允许组内成员之间互相帮助，小组成员的得分总和构成小组的总体成绩。总而言之，在以小组为单位的学习过程中，学习具有组内异质，组间同质；任务分割，结果整合；个人计算成绩，小组合计总分；公平竞赛，合理比较；分配角色，分享领导等特点。

从个体性学习到小组合作学习的转变，实现了学生在学习目标上从对抗到共赢，学习方式上从竞争到合作，学习状态上从独学到共学的改变。

（一）学习目标从对抗到共赢

1951年，为了解释不同的目标设置对个体行为方式和学习成果的影响，社会心理学家设计了著名的经典实验——明茨实验。明茨实验要求被试每人手上拉一根拴着小球的线，将小球从一个大小恰好只能允许一个小球进出的瓶口中拉出来。被试们被告知，谁第一个将小球从瓶口拉出，谁就会得到奖赏，谁落后，谁就要受到惩罚，因而各小组成员都争先恐后地想要将自己的小球拉出，最终小球都挤在了瓶口。随后，实验组成员告知被试，下一次实验会将整个小组的成绩作为评判标准，先拉出所有小球的小组成员都将被给予奖赏，后完成的小组则将受到惩罚。在更改规则后，所有小组都摆脱了原先因急于将自己的小球拉出而导致小球拥堵在瓶口的尴尬局面，大家一致采取合作的方式，按顺序将小球一个一个从瓶口拉出。这个实验充分说明，目标设置对个体的行为方式有着极其重要的影响。

在实际学习过程中我们发现，当不同个体的学习目标存在对抗的时候，个体与个体之间容易产生"损人利己"的恶性竞争；当不同个体的学习目标彼此分离时，其他个体达成目标与否对个体自身没有任何影响，因而个体丝毫不在意其他个体达成目标与否，每个个体都是独立的学习者；当个体与团体中的其他个体拥有共同的学习目标时，团体成员之间就产生了相互依赖、相互促进的关系，团体成员之间乐于分享所得。

在个体性学习过程中，学习者之间往往存在着对抗性或者彼此间相互独立的学习目标，这很可能会引起学生间的恶性竞争，或导致学生漠视其他学习个体的学习状况。例如在考试成绩排名时或者参加竞赛时，第一名总归只有一个，假若其他个体获得了第一名就意味着自己与第一名无缘；再比如，虽然我的同学有知识点没有弄懂，但其实他成绩的好坏与我并没有很大的关联,我不需要帮助他。而在小组合作式的学习过程中,小组成员间有着共同的学习目标,每一个小组成员的学习情况都将对整个小组产生影响,小组成员间存在着互相依存的关系,因此每个个体不仅要自己将知识点弄懂学会,还有责任和义务帮助组内其他成员把知识点弄懂学会,以达成共赢。

(二) 学习方式从竞争到合作

1. 三种学习方式的介绍

20 世纪七八十年代以来,西方社会学家对小组合作学习展开过深入的探讨,他们认为在教学活动过程中,学生主要有竞争型学习、个体型学习和合作型学习三种学习方式,这三种学习方式有三种不同的目标,这些学习方式的采用对学生的心理过程和行为方式会产生不同的影响。

竞争型学习方式是一种"损人利己"的情境,在采用竞争型学习方式时,一个人的成功是建立在他人失败的基础上的,个体学习目标与群体学习目标之间具有对抗性与排斥性。在竞争型学习方式中,只有当同一学习群体中的其他人达不到最终目标时,个体才能实现自己的目标,同伴之间存在着对抗、竞争关系。在这种情况下,个体只会按照有利于自己成功的方式进行活动,这种方式对他人往往没有帮助,有时为了增加自己成功的概率,有学习者甚至还可能会采取对他人有负面影响的行动。

个体型学习方式是一种"利己不利人也不损人"的学习情境,在个体型学习方式中,个体目标与团体中其他个体的学习目标互不干扰、相互独立,个体注重的是自己的任务的完成情况,并不在意团体中的其他个体的学习情况,往往会寻求一种对自己有益的结果。

合作型学习方式是一种"利人利己"的学习情境,是一种"互助共享式"的学习方式。在合作型学习方式中,团体成员有着共同的目标,个体之间存在相互依赖的关系,只有团体中的所有个体都达成学习目标后,个体自身才能实现目标,获得成功。在这种学习方式下,小组成员间会产生互相帮助、互相促进的关系,他们将倾向于采取既有利于自己成功又有利于同伴成功的学习方式,建立一种"荣辱与共"的关系。

受传统教学观念影响,不少教育工作者认为学生与学生之间的相互作用是无关紧要的或者是消极的,因而总是倾向于采取竞争型学习方式或者个体型学习方式,但研究证明这是一种错误观点。约翰逊兄弟是美国合作学习的代表人物，他们曾经指出："由于教育工作者认为，学生之间的相互作用是没有什么好处的，所以没有人主张对这种关系加以建设性的利用，也就不去系统地训练学生们相互交往所必备的基本社会技能。毫无疑问，成人—儿童双边活动的教和学的观点，低估了课堂上学生—学生相互作用和关系的重要作用。""实际上，教师的一切课堂行为，都是发生在学生—同伴群体关系的环境之中的。在课堂上，学生之间的关系比任何其他因素对学生学习的成绩、社会化和发展的影响都更强有力。但课堂上同伴相互作用的重要性往往被忽视。学生之间的关系是儿童健康的认知发展、社会发展和社会化所必须具备的条件。事实上，与同伴的社会相互作用是儿童身心发展和社会化赖以实现的基本关系。"[1]

约翰逊兄弟认为，在竞争型学习、个体型学习、合作型学习三种学习方式中，合作型学习方式应该成为教学活动采用的主要学习方式，只有处于合作关系中时，学生之间才能形成积极的相互作用，从而提升教学活动的整体效益。

2. 小组合作学习的基本策略

随着教学改革的推进，我国教育领域开始不断提倡小组合作学习，不论是在课堂教学过程中还是教师培训中，小组合作学习都被认为是一种非常有效的学习方式。课堂教学中学生的学习方式亦开始从竞争型和个人型转向合作型，"学生小组学习"（包括"学生小组学习成绩分工法"和"小组游戏竞赛法"）、"切块拼接法"、"共学式"和"小组调查法"等在国外运用十分广泛的小组合作学习基本策略开始走进我国教学课堂。

（1）学生小组学习（Student Team Learning，STL）

学生小组学习是小组合作学习中使用最普遍的一种学习方法，该学习方法是由美国约翰·霍普金斯大学开发和研究出来的。学生小组学习在课堂学习中有许多表现形式，其中最具有代表性的是学生小组成绩分工法和小组游戏竞赛法。

① 学生小组成绩分工法（Student Team Achievement Divisions，STAD）

学生小组成绩分工法（STAD）由约翰·霍普金斯大学的斯莱文教授创设，最适合于有正确答案和明确目标的教学内容，例如数学计算和应用、语言用法和技巧、科学事

---

[1] ［英］詹姆斯·H. 麦克米伦著，何立婴译：《学生学习的社会心理学》，人民教育出版社 1989 年版，第 143—145 页。

实和概念等。在学生小组成绩分工法中,学生被分为四人小组,小组成员之间存在着性别、种族、成绩水平的差异。教学时,先由教师统一授课,然后学生在组内互助合作,所有学生在课程结束后将参加统一的测试,测试由每名学生单独完成。最后,教师根据学生此次测试成绩较之过去测试成绩平均分的提高程度为学生打分(这种计分方式在小组合作学习中被称为"提高计分制")。小组成员得分的总和构成了小组测试成绩,成绩达到一定标准的小组可获得奖励。STAD的使用范围相当广泛,从学科上看,在数学、言语艺术、社会科学等学科领域都适用;从年级上看,它适用于小学二年级至大学的各级教育水平。

② 小组游戏竞赛法(Team Games Tournament,TGT)

小组游戏竞赛法(TGT)由约翰·霍普金斯大学创设。它与STAD一样,有教师讲授和学生小组活动环节,不同的是它摒弃了STAD中的测试,以每周一次的竞赛代替。在竞赛过程中,学习者通过打败"竞赛桌"上其他组的竞争对手为自己小组赢得分数,竞赛对手是与自己学业水平相当的同学。为保证公平,竞赛桌还设有"不断调整"的程序,每周都会根据学生的成绩进行调整。在TGT中,学习速度快的学生跟学习速度快的学生进行竞争,学习速度慢的学生跟学习速度慢的学生进行竞争,且不同"竞赛桌"的学生为自己小组赢得的成绩相同,成绩优异的小组将获得奖励。可见,此教学方法为学习速度存在差异的学生提供了均等的成功机会。

(2) 切块拼接法(Jigsaw Instruction Method,Jigsaw)

切块拼接法由阿伦逊及其同事设计。在切块拼接法中,学生被分在六人学习小组中,同一小组的不同学生学习不同的内容,接着,不同小组学习同一知识的学生组成专家组,共同讨论他们所要学习的部分,在所有学生都掌握自己应该学习的知识后,"专家们"返回自己所在的小组,为其他组员讲授自己学习部分的内容。最后,学生在学习结束后,以个人为单位参加测验。在切块拼接法教学活动过程中除了自己掌握的那部分内容外,学生想要学习其他内容,唯一的途径就是认真倾听其他小组成员的讲解,因此,为了能够保证所有知识的习得,所有小组成员会都对他人的学习情况表现出极大的关注。

后来斯莱文对切块拼接法进行了修正,将之改为切块拼接修正法(Jigsaw Ⅱ)。在切块拼接修正法中,教师不再将学习内容分成若干块分发给学生,而是向学生分发完整的教学内容,所有的学生都必须完成一篇完整教学材料的阅读,然后就某个部分进行深入学习,成为"专家"。学习同一部分的"专家"汇集在"专家组"开展讨论,在学至精熟后回到各自的学习小组,将其所学内容教给组内其他成员。测试时采用 STAD 的计分方式计算小组得分。

（3）共学式(Learning Together，LT)

共学式由约翰逊兄弟研发。该学习方式在实施时要求四到五名学生组成异质小组,每组拿到一份任务单,成员在组内进行角色分配,最后每组只提供一份完成的作业,教师依据小组成绩给予学生奖励或惩罚。

（4）小组调查法(Group Investigation，GI)

小组调查法由以色列的沙伦夫妇创设,适用于探究性问题的教学,如历史、文学等学科的教学。小组调查法一般包括六个阶段。第一阶段,由教师宣布全班需要学习的内容,学生们在查找信息后确定学习的子任务,并根据兴趣进行分组。第二阶段,组内成员分工并设计调查活动。第三阶段,小组开展调查,调查完成后,进入下一阶段。第四阶段,组员们设计如何在全班面前呈现自己的发现。第五阶段,小组综合和总结自己的工作,在全班同学面前呈现自己的劳动成果。第六阶段,师生给予组员评价。

(三) 学习状态从独学到共学

由于受"教师中心主义"的影响,传统的教学活动大多以教师为中心,教师是课堂的主导者,在课堂中教师通常充当"法官"和"裁判员"的角色,课堂教学活动往往呈现出"教师集权主宰,学生孤立无援"的状态。在这样的课堂中,学生和学生之间往往缺乏实质性的交往和合作,课堂教学过程存在生生间交往的缺失,具体表现在以下两个方面。

一方面,教师的讲授构成了教学活动的主体,教师在课堂中拥有主导权,课堂中即使有互动,也是教师与学生之间的互动,且这些互动通常由教师发起,教师在互动过程中扮演着"法官"和"裁判员"的角色,学生与学生之间的互动量少而微,学生在教学过程中处于一种消极被动的状态。"在传统教学中,真正的教学原则过去是,现在仍然是这样的:在课上,在教学的每一个场合,只有一个人说(通常是教师),其余所有的人应默不作声,听他说;每个学生均自顾自地学习,禁止学生间互相交往、互相合作和互相帮助。"①

　　另一方面,班级或者学生的学习小组并未成为真正有意义的"功能群体",在课堂中,学生只是"个人",虽然和许多同学一起坐在教室中,但是班级这一教学单位并未发挥其实质性功能,大家只实现了表面上的"共学",实质上每个个体都是集体中的一个"单干户"和孤独的个体。传统的教学活动"缺乏真正的集体性。每个学生独立完成学习任务。教师虽然向许多学生同样施教,而每个学生各以自己独特的方式去掌握。每个学生分别地对教师负责,学生与学生之间并无分工合作,彼此间不承担任何责任,无必然的依存关系"。② 对于这一点,俄罗斯学者季亚琴科曾概括了传统教学活动中虽不明确提倡,但实际存在的几条原则。

　　——在课上禁止学生之间交往。

　　——在课上学生虽同处一室,但他们的活动是各自孤立地进行的,因为每个人均只对自己的学习负责。

　　——学生在完成教师布置的独立作业和检测作业时,遵循人人只为自己的原则。

　　——我的同学掌握的知识越少和学习成绩越差,我掌握的知识就越多,成绩也就越好。

　　——孤立性和绝缘性不仅适用于课堂上的每一个学生,而且也适用于班级之间。

　　——在每一个教学班的课上,在教学过程中,只有一个人是施教者,其余所有人都是受教者。③

　　在课下的学习过程中,由于受教学目标多为对抗性目标而非共赢式目标的影响,学生大多采用竞争型或者个体型的学习方式,对于水平相当的其他个体,学生将其视为竞争对手,对于和自己水平差异较大的个体,学生则将其视为与己无关的个体。每个人都沉浸在自己的世界中,与他人的学习情况相隔离,只顾自己独自学习,每个人都是班集体中孤独的独学者。

　　但事实证明,合作促使不同个体的经验、思想、信念和感觉相互碰撞,帮助个体对

① 朱佩荣:《季亚琴科论集体教学方式(下)》,《外国教育资料》1994 年第 6 期,第 79 页。
② 王策三著:《教学论稿》,人民教育出版社 2005 年版,第 273 页。
③ 朱佩荣:《季亚琴科论集体教学方式(上)》,《外国教育资料》1994 年第 5 期,第 79 页。

他人和自身有更深入的了解,在与他人交流、建立关系的过程中,个人的个体意识将不断加强,他也将成为更加负责任、更加关爱他人的人。随着教学观念的更新,师生互动和生生互动开始逐渐成为教育学界探讨的热门话题,小组合作式学习作为一种能够有效促进生生互动的教学方式开始受到学界的广泛关注,许多学校开始鼓励小组合作式学习,甚至有学校将小组合作式学习打造成自己学校的特色品牌,教师在教学过程中亦开始提倡小组合作。伴随着教学方式的改变和学生学习小组的成立,学生的学习方式亦开始渐渐由独学走向共学。

三、 从传承性学习到创新式学习

在当代社会,为了更好地培养学生的创造精神和创新能力,教学活动需要引导学生实现学习方式的转变,鼓励学生大胆表达自己的想法和见解,从传承性学习走向创新性学习。教学活动也要从片面强调对知识的获取和传承逐步转向对学生理解和创造性活动的鼓励和引导,从知识不经过学生的思考、反思和批判而被机械记忆转向学生的独特见解、另类思维和创造性观点得到尊重,使教学焕发出生命活力,成为一个师生不断进行意义创造的动态生成过程,超越现实性,达到新的可能性。

(一) 从记忆传承转向理解与创造

生命活动的存在方式有两种,即动物的生存和人的生活,两者之间存在根本的区别:人的生活是一种不断创造新的生活意义和生命价值的活动。也就是说,人是一种具有创造性和超越性的存在,人的生活是一个不断创造新的生活,从而不断促进自身发展的动态生成的过程,是一种有意义和有价值的生命活动存在方式。从某种意义上说,创新是自我实现的最高表现形式。教学活动作为培养人的社会实践活动,必须关注个人生活意义和生命质量的提升。

传统教学强调知识的客观性和不变性,认为现有的知识体系是人类经验的积累和总结,教师需要做的就是把这些客观知识以结构化的方式传授给学生,学生则通过机械记忆和训练熟练掌握这些经验。传统教学活动强调求知的结果,片面追求对现成知识的接受和占有,而忽视了知识获取的过程,学生个体的发现和探索,学生个性的激发,学生联想、反思、创造性思维能力的培养等都被排除在外。学生把知识当作是完全意义上的"真理"来看待,而不是以批判性、反思性和创新性的方式来主动获取知识,这样造成的结果就是,知其然而不知其所以然。这种缺乏理解和创造的教学活动在本质上是一种"传承性"和"守成性"教学,对学生来说只是一种精神上的"奴役",最终导致教学活动失去了生命活力。"我国的传统教育思想和教学方法,可以说是一种封闭型的教育思想和教学方法。教育内容是固定的、僵化的,教育的任务就是灌输这些内容,不能稍加发挥,不能问个为什么,更不能怀疑,考试按固定的内容和格式照答就行,把学生引导到追求高分上去。这种教育思想和教学方法培养出来的人才,只能是'唯书'、'唯上',必然缺乏创造性和进取精神。"①

英国哲学家培根曾指出:知识的获取一般有三种方式——先验论者像蜘蛛一样只知道吐丝织布;经验论者像蚂蚁一样,只知道收集简单的材料;而科学论者应该像蜜蜂一样把采集来的花粉进行消化和加工,并酿造成蜂蜜。从这个意义上说,学生的学习应该更类似于蜜蜂采蜜的过程——以知识和材料为基础进行主动构建并创造出新的意义,这是一个动态生成的过程,而不是简单地接受教材内容和教师提供的现成知识的过程。诚如古罗马教育家普鲁塔克所说,儿童的心灵不是一个需要填满的罐子,而是一颗需要点燃的火种。在教学活动中,向学生传授知识的方式不同,其所产生的效果也不同。"首先,一个人过去获得的知识越多,他越有可能对新问题有创见性;其次,一个人过去获得的知识越少,他的创见性就越大。"②一方面,为了解决困难问题,一个人必须具备足够的专门知识,这是通过学生自己的主动发现、探究、反思和批判而获得的内在的"活知识";另一方面,通过机械的接受和训练而获得的僵化、外在的"死知识"则导致人墨守成规,缺乏创造性。

现代教学理论则认为,教学活动在本质上是一个教师引导下的学生生存状态积极展现、不断丰富和充盈的过程,是一种以提高个体生命质量为旨归的特殊的交往实践过程,是一个学生不断超越和提升现有生存状态,从而创造一种更加完满的可能生活的过程。

---

① 瞿葆奎主编,徐勋、施良方选编:《教育学文集·教学(上册)》,人民教育出版社1988年版,第792页。
② [美]克雷奇等著,周先庚等译:《心理学纲要(上)》,文化教育出版社1982年版,第263页。

教师在实际教学中应当看到,学生是具有无限发展潜力的未完成的存在,其学习活动应该是一个主动生成的过程。教师讲授的内容和教材只是学生学习的一个"剧本",是生动的"案例",对于这些"剧本"和"案例",由于教师以及每个学生的人生经历、生活体验和解读方式不同,其得出的结论和观点也各不相同。因此,教学活动中不应当存在所谓的"真理",也不必把教材奉为"圣经"或"金科玉律";教学活动不应停留在对教材本身所传达的文字信息上,而是要关注到"案例"背后更为本质的东西,鼓励学生不盲目迷信教材和权威,不满足于现成的观点和结论,不相信唯一的正确解释,敢于表达自己的正确主张和观点,要允许学生对教材文本有不同的解读。如果学生的观点言之有理,教师应当多加以肯定和鼓励;如果学生的观点失之偏颇,教师则应积极引导学生认识到自己的错误和矛盾,而不是武断地将自己的观点强加于学生。对教师而言,只有乐于接受学生的质疑和不同观点,才能实现和学生在思想和情感上的交流,才能给学生以广博的文化浸染,才能使教学活动真正切入学生的经验系统,成为师生生命价值显现和意义生成的过程,"只有在这样的课堂上,师生才是全身心投入的,他们不只是在教和学,他们还在感受课堂中生命的涌动和成长;也只有在这样的课堂上,学生才能获得多方面的满足和发展,教师的劳动才会闪现出创造的光辉和人性的魅力,教学才不只是与科学,而且是与哲学、艺术相关,才会体现出育人的本质"①。

在上述两种生存和发展方式中,除了人之外的其他存在物,只能以一种事实性的方式存在,即实然状态下的"是其所是",只有人才是实然与应然、事实与价值的统一,在"是其所是"与"是其所应是"的矛盾统一中存在。学生在教学活动中处于一种非特定化、未完成的发展状态,"人的非特定化是一种不完善,可以说,自然把尚未完成的人放在世界之中,它没有对人作出最后的限定,在一定程度上给他留下了未确定性"②。因此,教学活动的重要任务就是帮助学生实现从未完成状态向理想状态的转化,实现从不完善的实然状态向构建完满精神世界的应然状态的过渡,不断引导他们从当下的"是其所是"状态向未来的"是其所应是"状态提升,实现对当下实然的存在状态和发展水平的超越,从而发挥教学活动在学生身心发展中的主导作用。基于此,教学活动要

---

① 叶澜:《让课堂焕发出生命活力——论中小学教学改革的深化》,《教育研究》1997 年第 9 期,第 3—8 页。
② [德]M. 兰德曼著,阎嘉译:《哲学人类学》,贵州人民出版社 1988 年版,第 228 页。

"保持一个人的首创精神和创造力量而不放弃把他放在真实生活中的需要；传递文化而不用现成的模式去压抑他；鼓励他发挥他的天才、能力和个人的表达方式，而不助长他的个人主义；密切注意每一个人的独特性，而不忽视创造也是一种集体活动。认清这些任务乃是现代教育心理学研究最有成果的智力成就之一"。①

（二）从机械接受转向意义生成

在教学活动中，学生的身心发展是一个动态生成的过程，不断由实然走向应然，从现实性走向可能性，从而超越现实性，达到一种新的可能性。对此，马克思曾指出：人双重地存在着，主观上作为他自身而存在着，客观上又存在于自己生存的这些自然无机条件之中。也就是说，人是一种事实性存在和价值性存在的统一：作为一种事实性的社会存在，人生活在各种自然和社会条件之中，不可能脱离这种具体的历史条件而独立存在，他的生存与发展状态是由各种现实的社会关系所规定的，他是以一种实然的"是其所是"的状态而存在着的；作为一种价值性的存在，人是一种"自为地存在着的存在物"②，他并不是一个完全听命于社会关系摆布的被动生存物，也不会满足于"是其所是"这种实然状态，而是能够按照自己的需要和目的，通过自己的社会实践活动来自发、自觉地认识和改造社会，从而实现对被给定生活的超越，实现一种理想的"是其所应是"的应然状态。

传统教学观认为，学生学习只是通过机械记忆来存储知识，而没有主动思考、反思和批判的再加工过程。由于记忆和背诵的知识大多是统一化、标准化的答案，学生失去了独立思考、大胆想象和创新的空间，一些独到的见解、创新性思维和创造性的观点往往受到压制。这就造成了教学活动的枯燥单调和乏味无趣。

为了使教学活动真正焕发出生命活力，成为一个学生不断进行意义创造的动态生成的过程，教师需要创设一种民主、宽松、和谐的教学活动环境，营造相互尊重、相互信任、相互理解和相互合作的氛围，"在未来几十年中，发达国家的师生关系将会发生巨大变化。由于学生积极参与自学过程，由于每个学生的创造性都受到重视，指令性和

---

① 联合国教科文组织国际教育发展委员会编著，华东师范大学比较教育研究所译：《学会生存——教育世界的今天和明天》，科学教育出版社 1996 年版，第 188 页。
② ［德］马克思等著，编译局编译：《马克思恩格斯全集》，人民出版社 2006 年版，第 326 页。

专断的师生关系将难以维持。教师的权威将不再建立于学生的被动与无知的基础上，而是建立在教师借助学生的积极参与以促进其充分发展的能力之上。这样，教师的作用就不会混同于一部百科全书或一个供学生利用的资料库……他更多的是一名向导和顾问，而不是机械传递知识的简单工具"[1]。这就意味着，师生应在教学活动中建立一种新型的民主关系，教师由教学的"独奏者"过渡到"伴奏者"，其主要任务不再是传授知识，而是帮助学生去发现、组织和管理知识，引导他们而非塑造他们。[2] 在这种民主平等的新型师生关系中，教师通过与学生交流而充实，学生通过与教师进行对话而获得成长，从而实现师生双方的知识共享、智慧共享和人生价值与意义的共享，进而完成精神世界的完满构建。教师与学生之间的这种共享关系，"既是文化共享，即教师作为有教育者身份的人，把知识、思想、智慧、经验等文化成果提供给而不是传授给学生，师生双方通过对话沟通获得新知，共同提高；也是责任共享，即师生共同承担教学任务，共同为教学成败负责；更是精神共享，即师生相互传递、理解和感受同一种精神体验。通过这几种共享，师生可以真正成为'同舟共济(sink or swim together)'的人"[3]。由此，教学活动就成了师生之间共同学习、共同创造和共同成长的过程，"通过对话，学生的教师和教师的学生不复存在，代之而起的是新的术语：教师式学生及学生式教师。教师不再仅仅去教而且也通过对话被教，学生在被教的同时，也在教。他们共同对整个成长过程负责。在这个过程中，'特权式'的讨论已不再奏效"[4]。

---

[1] ［伊］S. 拉塞克等著，马胜利等译：《从现在到 2000 年教育内容发展的全球展望》，教育科学出版社 1996 年版，第 108 页。

[2] 联合国教科文组织国际 21 世纪教育委员会：《学习——内在的财富》，联合国教科文组织 1996 年版，第 136—137 页。

[3] 李瑾瑜：《布贝尔的师生关系观及其启示》，《西北师大学报(社会科学版)》1997 年第 1 期，第 9—14 页。

[4] ［加］克里夫·贝克著，詹万生等译：《学会过美好生活——人的价值世界》，中央编译出版社 1997 年版，第 238 页。

第七章

教学评价从重『选拔』到重『发展』

《国家中长期教育改革和发展规划纲要（2010—2020年）》提出要"根据培养目标和人才理念，建立科学、多样的评价标准。开展由政府、学校、家长及社会各方面参与的教育质量评价活动。做好学生成长记录，完善综合素质评价。探索促进学生发展的多种评价方式，激励学生乐观向上、自主自立、努力成才"。《关于深化教育体制机制改革的意见》也指出："要建立健全教育评价制度，建立贯通大中小幼的教育质量监测评估制度，建立标准健全、目标分层、多级评价、多元参与、学段完整的教育质量监测评估体系。"

教学评价是学校教育教学活动的重要环节，它是依据一定的教学目标和标准，采用定量与定性相结合的方法，对教与学的效果进行价值判断，以确定教学目标达成度的过程，是对"什么样的教学是好的教学"的判定。教学过程是一个复杂的过程，涵盖的因素非常多，由此教学评价所涉及的范围也很广。一般而言，教学过程是由教师教的活动和学生学的活动构成的，教学评价应该包括对教师的教（如教师的教学表现、课堂教学质量等）和学生的学（如学生的学业成绩等）两方面的评价。[①] 从教学过程组成环节来看，教学评价既包括对教学设计的评价，也包括对教学过程的评价，还包括对教学效果的评价，它贯穿于整个教学过程，对教学发挥着导向、诊断、反馈、改进、激励、管理等作用，对教学质量起着重要保障作用。

纵观改革开放40年来我国教学评价发展历程，可以20世纪90年代末、21世纪初素质教育的提出为分水岭，将教学评价分为传统教学评价和现代教学评价，二者的指导思想与价值取向不同，其实践也不同。虽然这里将教学评价的发展阶段分为传统与现代两个阶段，但严格地说，二者的界线并不是"泾渭分明"的，只能说一定时期内传统多一些，而另一个时期以现代为主导。传统与现代不是"非此即彼"的，传统中孕育着现代，现代是在对传统进行扬弃的基础上发展起来的，需要汲取传统的合理之处，才能

---

① 还有论者认为教学评价应包括课程评价。在这里，教学评价仅指教师的教和学生的学的评价。

更好地服务于教学。

一、 应试教育背景下以"选拔"为导向的传统教学评价

改革开放初期,经过十年"文革",教学评价合理性、公正性等遭到破坏,处于恢复时期。相比于举荐,测验或考试显然更具公平性。测验是用来测量一个人的行为的样本(sample)的系统程序,目的是为了评价与标准(standards)和常模(norms)相对应的行为。①

19 世纪末,技术的进步使教育和心理测量得到繁荣发展。② F. 高尔顿(Francis Galton)编制了"相互关联"的感觉测验和动作测验,开始了对"天才"的实证研究。1904 年,E. L. 桑代克(Edward Lee Thorndike)写了第一本关于智力和社会测量方面的书,还发行了第一个书法量表(1910),他提出了"凡是存在的东西都是有数量的,凡是有数量的东西都可测量"的著名论断;他和他的学生还编制了教育成就测验,并使这些测验的应用得到了推广。1905 年,法国的比奈(Alfred Binet)和西蒙(Theodore Simon)发表了一篇文章,在文章中,他们提供了一系列测量儿童心智发展水平的测验。在美国,推孟于 1916 年编制的斯坦福-比奈量表,在心智测验中起到了重要作用。1923 年,美国出版了第一个标准化成绩测验——斯坦福成就测验(Stanford Achievement Test,SAT),它标志着教育测量的发展和应用达到了这一时期的高峰。这样,标准化测验运动开始了。

现代意义上的考试属于一种标准化测验。测验是通过书面、口头提问或实际操作等方式,考查参试者所掌握的知识和技能的活动。它要求考试者在规定的时间内按指定的方式解答精心选定的题目,或按主测单位的要求完成一定的实际操作的任务,最后由主考者评定测验结果,从而为主测单位提供考试者某方面的知识或技能状况的信息。考试一般由是非题(true-false)、多重选择题(multiple-choice)、匹配题(matching)、

---

① 盖奇,伯利纳:《测量和评价的基本概念》,见瞿葆奎主编:《教育评价》,人民教育出版社 1989 年版,第 117 页。
② [美]吉尔伯特·萨克斯著,王昌海等译:《教育和心理的测量与评价原理(第四版)》,江苏教育出版社 2002 年版,第 6—7 页。

简单回忆(simple recall)和填充题(completion)等题型组成,答案是确定的,结果易量化,便于比较。相比于口试、面试等评价方式,以纸笔为主的考试简单易行,且具有较强的规模效益,能在短时间里对大规模的受试者进行评价。此外,由于考试有统一的标准答案,可以克服评价者的主观性,实行"分数面前人人平等",表面上看显得更为公平。

为了凸显公平公正,这一时期主要采用的教学评价方式是考试,强调教学目标的达成度,功能体现为甄别和选拔。这种教学评价方式采用纸笔测验或标准化考试对学生进行测验,以检测学生对某一阶段知识点的掌握程度,典型的有期中考试、期末考试等。采用何种评价方式取决于所持的教学理念,如教学观、学生观、师生关系、知识观等。应试教育背景下的教学评价理念无不打上了"应试"的烙印,考试成为教学的指挥棒,"考什么就教什么学什么"。教学过程被认为是一个知识的"输入—输出"的线性灌输过程,学生是接受知识的"容器",被当作教学客体,像一张"白纸",可以任由教师在上面"涂写",学生的主体性被忽视。在教学内容方面,学生所学的不过是被割裂的学科知识。

(一) 传统教学评价的价值取向

应试教育背景下的传统教学评价本质上是一种目标达成模式,是建立在泰勒(R. W. Tayler)的教育评价观的基础上的。泰勒创造了"教育评价"这个词,因而被称为"教育评价之父",他认为"评价过程在本质上是确定课程和教学大纲在实际上实现教育目标的程度的过程"[①]。

目标达成模式以一定的教育目标为指导,根据教育者所希望的学生应掌握的内容和方法,将教育目标行为化并对学生进行测量或检查,以学生行为达到目标的程度为基础来对教学的效果作出判断。[②] 其在价值取向上表现出很强的管理主义倾向,测验结果"不但被用来对个人作出评价,而且被用来诊断特定的学校的弱点以及评价课程

---

① 泰勒:《怎样评价学习经验的效用?》,选自瞿葆奎主编:《教育评价》,人民教育出版社1989年版,第263页。

② 田汉族:《第三代教学评价理论——交往—发展性教学评价研究》,《湖南师范大学教育科学学报》2002年第3期,第21页。

和整个学校的工作"①,旨在更好地管理学校、教师和学生。管理主义是 20 世纪 70 年代后在特定背景下发展起来并产生广泛影响的政府治理理论以及运动。从根本上来说,管理主义不只是一种技术与工具,而且是一种意识形态。托马斯·克利卡尔(Thomas Klikauer)指出:"管理主义将管理知识和意识形态相联结,从而系统性地在各类组织和社会中建立起管理权威;同时剥夺拥有者、雇员和公民社会的决策权。建立在最高意识形态、专家培训和对管理知识的排他性占有等基础上,管理主义正当化了被应用于社会各个领域的管理技术。"②管理主义的核心在于"控制",管理者与被管理者处于一种权力不平等的地位,推崇管理技术。

在传统应试教育体制下,教学评价作为管理的一种手段,表现为奖惩性评价,是教育管理者考核学校、学校考核教师及教师考核学生的常用手段,对教育教学起着极大的导向作用,可将其看作是一种管理主义取向的教学评价。以管理主义为取向的教学评价强调评价的统一性和标准化,追求效率。对评价的统一性和标准化的强调,容易导致教学片面追求提高学生的考试成绩、升学率等,影响了学生的个性发展和全面发展。

(二) 传统教学评价的缺陷

测验本身的弊端在 20 世纪 30 年代的美国即已显现,人们开始对其进行批判,正是在对测量的批判基础上诞生了"教育评价"。从测量到教育评价绝不只是概念的转换,其背后是理念的改变。教育评价认为"对于教育效果,不能只是测定受教育者的某些能力和特征,而应该评价受教育者由于教育的作用是否向着教育目标成长和发展"③,主张全面考查教育教学的效果。测量所反映的只是教育上的零星片断,并不能测得人的全部,如"社会态度、实际技术、创造、兴趣、鉴赏力等都属于教育的重要领域,为教育测验所不能充分把握者,在重视考试与测验的时代,这些重要学力又往往被教

---

① 马道斯,斯塔菲尔比姆,斯克里文:《方案的评价:历史的概观》,选自瞿葆奎主编:《教育评价》,人民教育出版社 1989 年版,第 76 页。
② 王晓芳,黄丽锷:《中小学教师科研活动中的管理主义》,《北京大学教育评论》2015 年第 1 期,第 111 页。
③ 李小融,魏龙渝:《教学评价》,四川教育出版社 1988 年版,第 26 页。

育者冷落"。① 任何事物的发展变化不仅体现在量上,还体现在质上,而质的变化是更为重要的。测量能为教学评价提供数据,但有其局限性,只能当作教学评价的一个手段,不能等同于教学评价。

从具体实践来看,传统教学评价的缺陷主要表现在以下几个方面:

1. 过度重视学生的智力评价

最初的测验主要是一种智力测验,人们认为它们能够定量地评定一个人的能力或成绩,结果一目了然,易于横向和纵向比较。然而,智力测验更多关注的是学生的智力,而智力又被狭隘地理解为学生在智力测试中所获得的分数。

传统教学评价过度关注学生对书本知识的掌握程度,导致教师的教与学生的学均围绕考试来进行,"考试成为指挥棒"。为了让学生在标准化测验中取得好的成绩,教师必然会坚持以传播应试知识为主的教学,而忽略对学生能力的培养。书本知识本质上是一种陈述性知识,学习方式以记忆为主。1956 年,布卢姆等人提出了认知领域的教育目标分类,将认知学习的目标分为知识、理解、运用、分析、综合和评价六个阶段。知识是指对先前学习过的知识材料的回忆,包括对具体事实、方法、过程、理论等的回忆,处于认知学习的最初级阶段,学习不能仅停留在该层面,还需一层层深入,直至最高层"评价"。评价是指对材料(如论文、观点、研究报告等)作价值判断的能力,它包括对材料的内在标准(如组织结构)或外在标准(如某种学术观点)进行价值判断。学生只有学会了对所学知识进行价值判断,才能说是真正掌握了知识。以应试为主的知识教学还停留在认知学习的较低层次。

2. 以纸笔测验为唯一评价方式

由于相比于口试、面试等评价方式,纸笔测验更易操作,在很长一段时期,纸笔测验甚至成了唯一的评价方式。当然,"纸笔测验"确实有其价值。泰勒认为"纸笔测验"至少有两种价值,一是其"为收集有些类型学生行为的证据提供了一种切实可行的程序。如果人们希望了解学生已有什么知识,那么,只要学生能够阅读和回答多项选择测验或其他类似测验的各种试题的话,那就很容易通过'纸笔测验'来获得证据"。二是"纸笔测验"是"了解学生具有分析和有效处理各种形式的言语问题、词汇、阅读等能

---

① 李聪明:《教育评价的由来》,选自瞿葆奎主编:《教育评价》,人民教育出版社 1989 年版,第 65 页。

力,以及一些容易用言语形式来表达的技能(skills)和能力(abilities)的有效手段"。[①]但是,泰勒也提出,有许多其他表示教育目标的期望行为是难以用"纸笔测验"来评估的。的确,儿童在学校的学习并不只是获得知识,即使是知识本身也不仅指书本所呈现的显性知识,还有教师、课程、活动、经验等所隐含的知识,即隐性知识或缄默知识。除了知识的增长,儿童通过学校生活必然还将获得能力的发展、情感的丰富以及价值观的形成,而这些都是难以量化的,因而也难以仅通过"纸笔测验"来评价。盖奇等人指出,"教师必须记住:测验取的只是学生学过的东西的一小部分……测验对于估量学生的行为并不是一贯正确的工具,而且测验往往会有低可靠度和尚不知道的效度"[②],要完整而全面地评价教学效果在学生身上的体现必然要结合其他的评价方式。

3. 以分数高低为衡量教学效果的唯一尺度

以考试成绩来评价教学效果的优劣,依据分数对评价对象进行排名、划分等级等,导致学校、教师、家长和学生过度追求"分数",学生的发展被简化为一个个数字。学生和教师都是包括了道德、情感、兴趣、审美等在内的完整生命个体,在教学过程中,师生双方都以各自的生活经验参与到教学活动中去,获得生命的丰富与成长。不可否认,分数对教师和学生有激励作用,但不能以分数为衡量学生发展的唯一尺度,也不能以甄别和选拔学生为目的,给学生分等定级,筛选符合一定标准的学生进行评优或升学。从根本上说,传统的教学评价是"为了选拔适合于教育的儿童",把评价的着眼点放在甄别、鉴定和选拔的功能上,就像一个"筛子",将适合于接受高一级教育的学生筛选出来,淘汰另一部分学生。

4. 重结果轻过程

传统教学评价关注教学结果,确定学生在群体中的位置,为奖惩提供依据,是一种终结性评价,忽视了评价的诊断与改进功能。美国著名教育评价专家斯塔费尔比姆说过,评价不是为了证明(prove),而是为了改进(improve)。诊断教育水平,促进学生发展应是评价的首要功能,即评价的教育功能。从 20 世纪 60 年代到 70 年代,教育评价

---

① 泰勒:《怎样评价学习经验的效用?》,选自瞿葆奎主编:《教育评价》,人民教育出版社 1989 年版,第 265 页。

② 盖奇,伯利纳:《测量和评价的基本概念》,选自瞿葆奎主编:《教育评价》,人民教育出版社 1989 年版,第 138 页。

专家克隆巴赫、斯塔费尔比姆、斯克里文等人对泰勒评价模式提出了质疑,他们认为评价不仅应关心教育的目标、检验教育目的的达到的程度,更应关心教学中人的发展,要重视评价的改进功能。

应试教育背景下传统的以标准化测验为唯一评价方式的一系列弊端,对教育教学产生了许多负面的影响,最大的祸害可能是对教学的规制和对人的主动发展的阻碍。教师围绕考试标准教教材,在规定的时间内教完规定的内容,不敢"越雷池一步",限制了教师的教学自由。教学过程成了一个"输入—输出"的既定过程,课堂的生成性被压制,是缺乏活力的课堂。与此同时,学生被当作接受知识的"容器",缺乏学习的主动性、自主性,被动接受教师传递的知识,学习自由难以发挥。这种以"甄别、选拔"为导向的传统教育评价随着时代对人才提出新的要求,已难以起到应有的激励与导向作用,必须予以改革。

二、 素质教育背景下以"发展"为导向的现代教学评价

进入 20 世纪 90 年代,为了改变传统应试教育对学校教育的"戕害",我国开始全面实施素质教育。素质教育要求教学从片面追求升学率转到促进人的全面发展上来。评价对整个教育教学具有导向作用,合理的评价可以为教育教学改革"保驾护航",而不科学不合理的评价则会阻碍改革的顺利推进,正因如此,我国政府非常重视教学评价改革。20 世纪 90 年代以来,我国颁布的多项政策文件中均提到了评价改革。1993年,中共中央、国务院颁布的《中国教育改革和发展纲要》提出"中小学要由'应试教育'转向全面提高国民素质的轨道,面向全体学生,全面提高学生的思想道德、文化科学、劳动技能和身体心理素质,促进学生生动活泼地发展,办出各自的特色",并指出要"建立各级各类教育的质量标准和评估指标体系。各地教育部门要把检查评估学生教育质量作为一项经常性的任务"。1999 年,中共中央、国务院在《关于深化教育改革,全面推进素质教育的决定》中提出:"要加快改革招生考试和评价制度……建立符合素质教育要求的对学校、教师和学生的评价机制。"实施素质教育必然要有与之相适应的评价方式,评价方式的改革迫在眉睫。在此背景下,发展性教学评价理念受到关注。

(一) 发展性教学评价的内涵

发展性教学评价(Developmental Teaching Assessment)是 20 世纪 80 年代以来发展起来的一种教学评价理念。其在中国的兴起是在 20 世纪 90 年代。发展性教学评价是一种动态评价,强调发挥评价对象的主体性,重视教学的过程评价,它的作用不再仅仅是甄别和选拔学生,而是以促进评价对象的发展为根本目的,要求教师用发展的眼光看待每一个学生,促进学生潜能、个性、创造性的发挥,使每一个学生具有自信心和持续发展的能力。发展性教学评价以"以人为本、多元评价、注重过程、促进发展"①为基本理念,本质上是一种关注学生发展、教师素质提高和教学实践改进的形成性教学评价。

发展性评价是一种立足现实、面向未来的评价,旨在促进教师发展、学生进步和教学改进,它不将评价结果与预定目标相比,而是与评价对象原有的基础或起始水平相比,看评价对象的进步情况,因此也可以把它看作是一种增值评价。以增值为取向的发展性教学评价是一种更为公平的评价,它比较的是学生通过一段时间的学习后的发展,而不仅看原始成绩,这就排除了学生生源差异等对教学质量的影响。

(二) 发展性教学评价的理论基础

1. 多元智能理论

多元智力理论(Multiple-intelligence theory)是由美国心理学家加德纳(Howard Gardner)提出的。他认为,人的智能不仅限于逻辑和语言两个主要方面,虽然逻辑推理能力和语言能力是人的智力结构不可或缺的重要元素,但人的智能元素具有多样性。为此,他将人的智能与特定的文化和社会背景结合起来,指向人解决问题的能力或制造产品的能力。他认为每个人都具有 9 种智能,即言语—语言智力、逻辑—数理智力、音乐—节奏智力、视觉—空间智力、身体—运动智力、自知—自我反省智力、交流—人际交往智力、观察—辨别智力、存在智力,这 9 种智能在每个人身上以不同方式、不同程度组合,使得每个人的智力各具特点,同时也形成了人与人之间智能发展的

---

① 尹达:《发展性教学评价:师生共同发展的有效途径》,《华北电力大学学报(社会科学版)》2015 年第 1 期,第 117 页。

差异性和多样性。

加德纳认为,对每一种智力的评价都需通过不同的方式以不同的形式来进行,不能仅用一种评价方式来评价所有评价对象,这是不科学也是不公平的。在学校的教学评价体系中,应设立立体多元的评价标准,注重教学的生成性、学生发展的全面性和教师的专业成长。

2. 建构主义理论

建构主义(constructivism)也译作结构主义,是一种关于知识和学习的理论,最早可追溯到瑞士心理学家皮亚杰(J. Piaget)的认知心理学理论。皮亚杰认为,儿童是在与周围环境相互作用的过程中,逐步建构起关于外部世界的知识,从而使自身认知结构得到发展的。该理论强调学习者的主动性和能动性,认为学习是学习者基于原有的知识经验生成意义、建构理解的过程,是一个"同化"与"顺应"的过程。

建构主义理论对传统的知识观、学习观、教学观、师生观等都产生了很大的冲击。建构主义认为知识不是独立于学习者之外的客观存在,它"绝非只是对现实世界的客观表征,它是人们在与情境的交互作用中所建构的一种对世界的解释,'情境'、'协作'、'会话'和'意义建构'是知识的四大属性"①。因此,学生学习的过程绝不只是接受知识的静态过程,而是通过身体感官、思维、情感等各种方式与知识"相遇",在已有知识和经验的基础上与之互动,重新建构自己知识结构的过程。面对日益暴增的知识,知道什么并不是最重要的,知道知识为何以及如何运用更为重要。经济合作与发展组织(OECD)在其于 1996 年初发表的报告中明确提出,知识经济是以知识为基础的,直接依赖知识和信息的生产、分配及应用的经济,是一种前所未有的经济形式。这里的知识主要包括四大类:(1)知道什么(know what)——掌握事实;(2)知道为什么(know why)——理解科学和其他原理;(3)知道怎样(know how)——做事的技能;(4)知道是谁(know who)——确定谁拥有知识和专业能力。知识不仅指教科书上的显性知识,也包括人的经验、素质、能力等隐性知识。学生通过与环境的互动,不仅掌握了显性知识,也吸纳了隐性知识。

对学习者和知识的重新认识要求教师对教学本质进行重新定位。教学不是一个

---

① 李子建,宋萑:《建构主义:理论的反思》,《全球教育展望》2007 年第 4 期,第 44 页。

"输入—输出"的线性过程,而是一个既有预设又有生成的动态过程,教师应该为学生的主动学习创设适宜的环境,引导学生参与教学。在教学过程中,学生不再是被动学习者,而是信息加工的主体和知识意义的主动建构者,教师不再只是知识的传授者,而成为学习的促进者和合作者。师生共同参与到教学中,教学成为师生共同发展的"场域",教学也从教师的"独白"走向了师生之间的"对话"。

3. 人本主义理论

人本主义是 20 世纪五六十年代在美国兴起的一种心理学流派,它反对行为主义仅研究人的行为,不理解人的内心,它强调人的尊严、价值、创造力和潜能的自我实现。人本主义主要代表人物为美国心理学家 A. H. 马斯洛和 C. R. 罗杰斯。马斯洛的代表理论为"需求层次理论",他把人的各种需要从低到高安排在一个层次序列系统中,从低往高依次为生理的需求、安全的需求、隶属与爱的需求、自尊的需求、认知的需求、审美的需求和自我实现的需求。一旦较低层次的需求得到了满足,人类就开始追求高一层次的需求。"自我实现"是一个人最大限度地实现自身各种潜能的趋向,它是驱动人们不断前进的动力,在某种程度上可以说人类天生就有一种"自我实现"的内驱力。罗杰斯同样强调人的自我表现、情感与主体性接纳。他将学习分为认知学习和经验学习,前者受"外部强制力"制约,重记忆;后者以学习者的经验为中心,是学生自发的、主动的学习,因而也是更有意义的学习。他认为教育的目标是要培养健全的人格,因此必须创造出一个积极的成长环境。

人本主义强调对人自身发展和个体之间的差异性的关注,对教学改革具有重要的启示意义。人本主义教学思想不仅关注教学中学生认知的发展,更关注教学中学生潜能的开发、学生认知与情感相互作用的激发,还有对学生兴趣、需要、经验以及个性差异的尊重,重视其创造能力、认知、动机、情感等心理因素对行为的制约作用。教学不能仅仅关注学生的认知和能力发展,还要关注个体的个性发展,满足师生共同的生命发展需求;在教学中学生的个性、趣味、需要等都应受到尊重。这些对新时期的教学评价无疑提出了新的要求。

(三) 发展性教学评价的特点

如前所述,发展性教学评价是一种旨在促进教师和学生发展、教学改进的形成性评价。它在实施过程中克服了传统教学评价的弊端,不再仅发挥评价的甄别和选拔功能,不再仅将考试测验作为评价的唯一方法,在评价目标、评价方式、评价主体等各方面体现出多元的特点。

1. 评价目标的多维性

新课程改革将原先的"双基"教学目标发展成为"三维目标",即知识与技能、过程与方法、情感态度与价值观,不仅关注学生是否掌握了教师教授的知识,同时也关注学生的情感态度的变化,将学生作为一个整体的人关注其生命成长体验。"以学定教"、"教为学服务"的观念已成共识,这要求通过教学评价促进学生的全面而有个性的发展。学业评价已不仅局限于考试成绩,而是对学生学业成绩与表现进行评价。

2. 评价主体的多元化

在传统教学评价中,教师和学生处于被动地位,是被评价的对象,缺乏评价自主权。随着教学观、学生观的转变,教师和学生不仅是被评价者,也是评价者。教师通过教学日志、课后反思等多种方式对教学进行自评,从而更清楚地了解自己的长处与不足,使"自在状态"的教学行为转变为"自觉状态"。学生也被视作教学评价的主体,他们不仅有权对教师教学进行评价,也有权对自己和同学进行评价,如档案袋评价方式和课堂教学中学生互评的方式,即是学生作为评价者的一种表现。在教学评价过程中,所有评价主体通过协商、对话等来共同实现对教学的改进。

3. 评价形式的多样化

发展性教学评价强调采用定量与定性相结合的方式对评价对象进行评价,不只采用定量的考试或测验来评价教学,还通过访谈、观察、课堂记录等多种定性方法来收集评价信息,为评价主体提供充分的依据,以便对评价对象提出全面的、有针对性的评价结论和发展建议。

4. 评价指标的全面性

发展性教学评价不仅包括对学生学业成绩的评价,还包括对教学目标和教学过程的评价,即从不同方面来全面评价"什么样的教学是好的教学"。其对"评价的标准及评价结果的解释,从仅用测验分数的高低作为衡量学校教学质量的重要标志,转向强调立体、综合、多层次、全方位发展"①,从而构建起一个共性与个性、结果与过程、定量与定性相结合的评价指标体系。好的教学必然是有效的教学,布鲁纳依据认知主义的学习理论以及自己对学习变量的认识,提出了有效教学的四个基本原则,即教学必须创设有利于唤起学生学习准备的最佳情境;教学必须有助于学生最大限度地掌握知识的结构;教学内容的呈现应符合学生学习的心理顺序;教学必须能给学生提供有效的学习反馈。②

(四) 发展性教学评价的实践误区

素质教育理念提出以来,发展性教学评价在实践中被普遍运用,如档案袋评价、真实性评价等,强调评价的发展功能。从实践来看,发展性教学评价理念固然好,但在实践中由于各种主客观原因,发展性教学评价走进了一些误区。

1. 发展性教学评价等于"激励性评价"吗?

该种观点认为传统教学评价由于过于强调分数,对学业不良的学生的身心发展存在一系列消极影响。实施素质教育,特别是新一轮课程改革以来,教育界普遍强调要促进"每一个学生的全面发展",落实学生的主体地位,平等对待每一位学生。在这种情况下,许多教师在评价学生时,更多采用的是"激励性评价",于是在有些课堂上出现了"一片叫好声"的现象,即课堂上只有表扬,没有批评,学生说什么都会得到表扬,没有是非对错之分,这种滥用表扬的结果是导致有些学生"自我膨胀"、盲目自负,并不能达到促进其全面发展的目的。而另一方面,批评、惩罚等评价方式被污名化,其消极的一面被放大,积极的一面则被忽视。③ 教师不敢批评人,害怕背上"体罚"的"恶名声"。马卡连柯曾说:"要尽可能地尊重一个人,也要尽量多地提出坚定、明确和公开的要求。"表扬与批评并不是非此即彼的,批评并不必然伤害学生,合理、适时而善意的批评有助于学生认清自己的不足,同样是一种有效的评价手段。

2. 学生的评价主体地位如何保证?

发展性教学评价的一个新的理念是评价主体的多元化,从理论上来说,管理者、教

---

① 裴娣娜:《论我国课堂教学质量评价观的重要转换》,《教育研究》2008 年第 1 期,第 17—22 页。

② 刘要悟著:《教学评价基本问题研究》,甘肃文化出版社 1997 年版,第 157 页。

③ 周序:《十年来教学评价改革成绩与问题反思》,《中国教育学刊》2011 年第 10 期,第 19—22 页。

师、家长和学生等利益相关者都应该参与到教学中来。评价不仅是他评,还应该有自评和互评等多种形式,但在实践中依然有些难以操作的地方。例如,学生作为评价者来评价教师的教学,一方面义务教育阶段的学生本身知识经验较为缺乏,另一方面他们既是"裁判员"又是"运动员",如何客观公正地评价教师教学的好与坏? 学生之间的互评或自评也有可能出现"宽以律己,严以待人"的现象,"导致不同评价主体对同一个学生的评价存在较大差异,影响评价结果的准确性,甚至使自评过程成为学生之间相互争夺利益的过程"[①]。

3. 发展性教学评价是一种没有缺陷的评价吗?

发展性教学评价以促进人的发展为目的,凸显了当代教学对人的发展的尊重。在实践中,发展性教学评价被视作一种绝对好的评价。然而任何事都不是完美的,发展性教学评价也不是一种没有任何缺陷的评价。有论者认为发展性评价存在着"先验主义倾向",其评价仍局限在预设的"发展性目标"范围之中,其缺陷是,方案本身的合理程度、变化、师生在目标之外的感受,以及其他各方面的人士对教学评价的态度都难以反映。[②] 还有,发展性教学评价倡导评价主体多元化,那么在具体的实施过程中,评价主体各自所起的作用是否相同呢? 如果不同,如何分配权重呢?

发展性教学评价是一种好的评价理念,但如何实施并没有统一的操作性要求,这导致实践中变形走样的评价屡屡出现。如档案袋评价。档案袋评价是一种新兴的评价手段,是通过对档案袋的制作过程和最终结果进行分析而对学生发展状况作出评价。档案袋又称"成长记录袋"(portfolio),其原意为"代表性作品选辑",学生可以将自己认为最好的作品,如学习日记、思考心得、小制作等放到记录袋中,一段时期之后就可以看出学生的发展变化,体现了评价的过程性。但是,如何对学生的作品进行分析、评价呢? 评价标准是什么? 如果仅仅只是为了"表扬、鼓励"学生,久而久之,档案袋评价就很难起到推动发展的作用了。

无论是以"选拔"为导向的传统教学评价,还是以"发展"为导向的现代教学评价,

[①] 周序:《十年来教学评价改革成绩与问题反思》,《中国教育学刊》2011 年第 10 期,第 19—22 页。

[②] 田汉族:《第三代教学评价理论——交往—发展性教学评价研究》,《湖南师范大学教育科学学报》2002 年第 3 期,第 23 页。

它们都只是一种手段，都要服务于教学，都应随着教学的变化而不断变化。

三、 走向多元、绿色及素养为重的当代教学评价实践

进入 21 世纪，我国启动了第八次全国性的课程改革（以下简称"新课改"）。新课改以来，我国一直在探索着教育评价体系的改革，既有政策层面的也有实践层面的。2001 年，教育部颁发的《基础教育课程改革纲要（试行）》（教基〔2001〕17 号）明确提出要"改变课程评价过分强调甄别与选拔的功能，发挥评价促进学生发展、教师提高和改进教学实践的功能"、"突出教学评价对改进教学实践、促进教师与学生发展的功能"。教育部基础教育司组织编写的《走进新课程：与课程实施者对话》一书就清晰地阐明了评价机制的这一转向："评价不再是为了选拔和甄别，不是'选拔适合教育的儿童'，而是如何发挥评价的激励作用，关注学生成长与进步的状况，并通过分析指导，提出改进计划来促进学生的发展。"[①]2002 年，《教育部关于积极推进中小学评价与考试制度改革的通知》明确提出，要"建立促进学生全面发展的评价体系"、"促进教师不断提高的评价体系"和"促进课程不断发展的评价体系"，[②]将学生全面发展的目标规定为道德素质、公民素养、学习能力、交流与合作、运动与健康、审美与表现。2010 年，国家出台《国家中长期教育改革与发展规划纲要（2010—2020 年）》，其中，第三十三条强调要"改革教育质量评价和人才评价制度。改进教育教学评价。根据培养目标和人才理念，建立科学、多样的评价标准。开展由政府、学校、家长及社会各方面参与的教育质量评价活动。做好学生成长记录，完善综合素质评价。探索促进学生发展的多种评价方式，激励学生乐观向上、自主自立、努力成才"。2013 年 6 月 3 日，教育部为深入贯彻落实党的十八大精神和教育规划纲要，颁布了《教育部关于推进中小学教育质量综合评价改革的意见》，重申推进评价改革的重要性和紧迫性，并提出要"准确把握推进评价改革的总体要求"、"建立健全中小学教育质量综合评价体系"、"完善推进评价改革的保障机制"。2014 年《国务院关于深化考试招生制度改革的实施意见》提出，要"建

① 教育部基础教育司：《走进新课程：与课程实施者对话》，北京师范大学出版社 2001 年版，第 141 页。
② 《教育部关于积极推进中小学评价与考试制度改革的通知》，《人民教育》2003 年第 Z1 期，第 40—42 页。

立规范的学生综合素质档案,客观记录学生成长过程中的突出表现,注重社会责任感、创新精神和实践能力,主要包括学生思想品德、学业水平、身心健康、兴趣特长、社会实践等内容"。2017 年 9 月,中共中央办公厅、国务院办公厅印发了《关于深化教育体制机制改革的意见》,"强调要建立以学生发展为本的新型教学关系。改进教学方式和学习方式,变革教学组织形式,创新教学手段,改革学生评价方式"。

应该说,新课改在本质上是以深化"素质教育"为主旋律的,教学评价依然延续素质教育以来所提倡的发展性评价,以促进教师的专业成长、学生的全面发展和教学实践改进为目的。

就实践层面而言,教学评价呈现出多元发展的局面,无论是标准化考试(如高考),还是学生学业成绩评价均出现了一些新的变革,最明显的莫过于聚焦于学生素养的评价。下面以新一轮高考改革、PISA 测试和上海市中小学生学业质量绿色指标综合评价为例进行分析。

(一) 新一轮高考改革

2014 年,国务院颁发了《关于深化考试招生制度改革的实施意见》(国发〔2014〕35号,以下简称《实施意见》),这是恢复高考以来最全面、最系统的改革,是教育综合改革中最重要、最复杂的改革。《实施意见》明确提出,考试招生制度改革的总体目标是:2014 年启动考试招生制度改革试点,2017 年全面推进,到 2020 年基本建立中国特色现代教育考试招生制度,形成分类考试、综合评价、多元录取的考试招生模式,健全促进公平、科学选才、监督有力的体制机制,构建衔接沟通各级各类教育、认可多种学习成果的终身学习"立交桥"。[①]《实施意见》确定的主要任务和措施包括改进招生计划分配方式、改革考试形式内容、改革招生录取机制、改革监督管理机制、启动高考综合改革试点等五项。这里着重介绍高考综合改革试点。

高考是一种由国家举办的竞争性选拔考试,采用公开考试、择优录取的方式,以考试成绩作为取舍的依据,即所谓的"在分数面前人人平等",被视作目前为止最公平的选拔录用制度,在基础教育中具有举足轻重的地位。我国现行的高考制度(即"全国普

---

① 国务院:《国务院关于深化考试招生制度改革的实施意见》,2014 年 9 月 3 日。

通高校本、专科招生统一考试制度"的简称)初建于 1952 年。"文革"期间,高考一度被废弃。1977 年,高考恢复,为国家选拔了一大批合格人才。高考作为一种选拔性考试,在选拔人才方面发挥了积极的作用,但由于各种主客观原因,高考的科学性、合理性和公正性也一直受到公众的质疑。

自 20 世纪 80 年代以来,我国的高考为了适应时代的变化一直处于不断的改革中,如 1983 年实施的"定向招生,定向分配",1984 年实施的"统考 + 单考"招生分类模式,1989 年在全国范围内推行的标准化考试,2003 年开始实行的自主招生,等等。

2014 年 9 月,《实施意见》明确提出,启动高考综合改革试点。新一轮高考改革将改革考试科目设置,考生总成绩由统一高考的语文、数学、外语 3 门科目成绩和高中学业水平考试 3 门科目成绩组成,即"3 + 3"。同年,在上海市、浙江省开展改革试点。上海市、浙江省分别出台高考综合改革试点方案,从 2014 年秋季新入学的高中一年级学生开始实施。2017 年 9 月,继两省市试点之后,北京、天津、山东、海南开启新一轮高考招生改革,2018 年,广东、江西、重庆等十多个省市将参与进来,到 2020 年将基本实现全国全覆盖。这里仅以沪浙为例进行分析。

1. 新高考的新举措与意义

新一轮高考(简称"新高考")从试点开始即受到公众的普遍关注。相比于以往的高考制度,新高考在哪些方面做出了改变,实施的操作性如何,遇到了什么样的困难与挑战呢?

(1) 取消文理分科,学生选择面增大

上海市和浙江省的高考改革方案都明确提出了取消文理分科,使各门学科并重。在高考科目上,沪浙均选择了"3 + 3"模式,但在具体操作方面有所不同,上海市规定语数外为必考科目,每科 150 分,学生再从物理、化学、生物、历史、政治、地理 6 门中自主选择 3 门,与语数外组成"3 + 3",选考科目分等级打分,最高 70 分,最低 40 分,总分为660 分。浙江省规定语数外为必考科目,学生再从物理、化学、生物、历史、政治、地理、技术 7 门中自主选择 3 门参加考试。语数外每门满分 150 分,选考科目按等级打分,最高 100 分,总分 750 分。高考志愿填报分普通类、艺术类和体育类 3 类进行。

(2) 实行一年两考,为学生提供多次机会

为了打破"一考定终身"、"一分决前程"的局面,新一轮高考将为学生提供多次机

会。根据《实施意见》中"创造条件为有需要的学生提供同一科目参加两次考试的机会"的指导意见,上海市外语实行一年两考,考生可以选择其中一次参加,也可以两次都参加,选择较好的一次成绩计入高考总分。浙江省除外语科目外,3 门选考科目均实行一年两考,每个学生最多有两次机会,且成绩两年有效。一年两考在一定程度上可以减轻学生的应考焦虑,使其发挥出自己的真实水平,避免因考试压力所导致的高考失利给人带来的"终身遗憾"。

(3) 实施综合素质评价,引导学生全面发展

继《实施意见》之后,2014 年 12 月,教育部发布考试招生制度改革配套文件《关于加强和改进普通高中学生综合素质评价的意见》(教基二[2014]11 号,以下简称《意见》),要求 2015 年起"各省(区、市)要提出高中学生综合素质评价基本要求,制定具体办法",将综合素质评价作为"学生毕业和升学的重要参考",为高校招生录取提供重要参考依据,其计算方法是,高考裸考分数占 60%,综合素质测试占 30%,学业水平考试成绩占 10%,三项成绩之和就是综合素质测试的标准成绩。

《意见》对综合素质评价作了明确的界定,综合素质评价是对学生全面发展状况的观察、记录、分析,是发现和培育学生良好个性的重要手段,是深入推进素质教育的一项重要制度。综合素质评价内容分为思想品德、学业水平、身心健康、艺术素养和社会实践五个方面,包括写实记录、整理筛选、公示审核、形成档案、材料使用五个程序,《意见》对每一项"分解动作"都提出了细致可循的要求。综合素质评价注重考察学生的行为表现,特别是通过学生在有关活动中的具体表现来反映其全面发展情况和个性特长。

从沪浙两省市新一轮高考改革试点来看,新高考体现出了评价的全面性、人性化、公平性等特点,如不只注重学生最后的高考成绩,还参考综合素质评价结果;明确学生可以依据自身的特长和兴趣选考科目,增加了学生的选择权;给予学生多次考试机会,更为人性化,也体现和增进了教育公平。这些新的评价举措对于推动当前教育教学改革起到了积极作用。

2. 新高考的不足之处

任何一项改革都不可能是完美的,首先决策不可能是在"完全理性"的基础上制定的,其次决策的执行过程充满了不确定性,在解决老问题时也可能会出现一些意想不

到的新问题。新一轮高考自2014年在上海市和浙江省进行试点实施以来,在实践过程中也存在一些不足之处,其中既有高考方案本身设计的不足,也有实施过程中因为执行者理解不到位、实施资源不足等造成的不足。

(1)学生自由选科,导致学科发展不平衡。新一轮高考强调学生的选择权,在规定的语数外之外让学生自由选择学科作为高考科目。从沪浙的试点情况来看,学生在不同学科之间的选择出现了偏好差异,导致一些学科发展失衡,其中表现最为明显的是物理学科。以浙江省为例,除必考科目语文、数学、外语外,学生可在政治、历史、地理、物理、化学、生物、技术七科中任选三科作为高考科目。为了使分数具有可比性,"七选三"科目采用等级赋分制的标准分。然而,"七选三"导致了高中物理学科选考人数的急剧下降。[1] 造成此种现象的原因是等级的评定是按参加考试人数的百分比来决定的。因此,"通常情况下,成绩一般的学生喜欢选考基础起点较低的易学学科,成绩稍微好一点的学生认为易学学科中基础差的学生多,为其垫底的人多一些,自然也跟着选考易学学科;优秀学生看到选考易学学科的人多,认为自己得高分的机会更大,也会跟着选考易学学科。因此,对数理逻辑要求不高的生物、技术、历史、政治成为选考人数较多的学科"。[2] 一方面是让学生根据自己的兴趣选择学科,另一方面采用的等级赋分制,导致不同层次的学生不是根据自身的兴趣和发展需求来选择,而是根据利益最大化原则选择相对"易考"的科目,出现了"扎堆"现象,难以起到"促进人的全面发展"的最终目的。此外,由于不同学科教师需求不均,自主选科对师资配置也会产生一定的冲击。当学校的师资难以保证开出学生所选科目组合的课程时,"一些学校根据自身的资源和学生的强项,集中资源开设若干种能使考生获得高成功率的'套餐'课程供学生选择便也成了一项重要的策略"[3]。这样,学生和学校都出于功利目的来应对新高考赋予他们的选择权。

(2)综合素质评价本身的不确定性导致其难以有效实施。综合素质评价是促进

---

[1] 陈爱文,胡银泉:《尴尬的物理:浙江新高考下的学科失衡与制度改进》,《中小学管理》2017年第9期,第19页。

[2] 同上书,第21页。

[3] 吴遵民,李艳:《新高考"新"在哪里?——以上海市新高考改革为例》,《新疆师范大学学报(哲学社会科学版)》2018第2期,第152页。

学生全面发展的重要抓手,对于扭转长期以来"以考代评"的片面追求分数的局面具有重要意义。从理念来说,综合素质评价倡导重视学生发展过程、关注学生的全面发展等,是一种科学合理的评价方式,也已得到人们的普遍认可。但在实践操作中,综合素质评价到底该如何实施并没有明确的规定,缺乏可操作性。虽然综合素质评价明确规定了评价的内容,但目前"测量技术无法在短期内对学生一些内在的隐性品质进行量化,这对学生的素质评定是不公平的"①。综合素质评价可以看作一种校本评价,评价主体主要是本校管理者、教师和学生,这就可能因为缺乏统一的评价标准而导致不同学校之间的评价结果难以横向比较,甚至可能有学校为了提高学生的录取率而"弄虚作假",由此产生一些新的不公平。此外,综合素质评价作为一种"重要参考依据"并没有明确说明参考到何种程度,这让高校在真正实施时无所适从,可能最终不得不仍旧以分数为录取标准。

(3) 考试多次进行,可能引发一些新的问题。新一轮高考规定学业水平考试分布在高中三年内进行,"随学随考"、"随考随清",其初衷是为学生提供多次机会,将高考压力有效分解到三年中,减轻学生的负担,让学生有更多的时间发展自己的兴趣与特长。但实施过程中有不少教师和学生反映,原本学习的压力是集中到高三的,现在却分布在三年,三年都需绷紧了"弦",不敢懈怠。这样考试增多,学生的学习压力反倒增大了,甚至有可能退回到"应试"的老路上去。外语一年两考,原则上学生可以选择参加一次,也可以选择参加两次。但从实践来看,多数学生都会参加两次,以提高考试成绩。此外,一年两考,最大的问题在于能否保持两次考试试题的信度、赋分等值的一致性,否则难以保障公平性。

问题不一而足。在我国"学而优则仕"的传统文化理念的影响下,高考作为一种选拔性考试,具有高利害性,肩负着公众太多的期望,受到社会的普遍关注,因此无论如何改革,都会"有人欢喜有人忧"。虽然改革总会付出一定的代价,但并不是任何代价都是必须付出的,这就要求改革设计者、执行者以及相关利益者,在政策出台前,充分考虑改革存在的风险,通过不断地调整、完善制度,以最小代价换取最大收益,力求做到"帕累托最优"。

---

① 李宝庆,魏小梅:《新高考改革的困境与出路》,《教育发展研究》2017 年第 8 期,第 3 页。

(二) PISA 测试

2009 年,上海首次参加了 PISA2009 测试,是中国大陆第一个参加 PISA 测试的地区。首次参与评估的 5 000 名 15 岁上海学生从 65 个国家和经济体的同龄学生中脱颖而出,在阅读(reading)、数学(math)和科学(science)三项评价中均大幅领先排在第一位,这一结果令世界震惊。2012 年,上海参加了 PISA2012 测试,结果蝉联 PISA 测试"全球第一"。2015 年,北京、上海、江苏和广东等四个省市以中国部分地区联合体名义参加了 PISA2015 测试,取得了第十名的成绩。中国学生参与世界性的测试,是我国探索用国际化的教育质量标准和科学的测评手段评估学生的一种有益尝试,有利于比较中国学生与其他国家学生之间的优劣,为中国基础教育改革提供政策建议。

1. PISA 测试项目简介

国际学生评估项目(Programmer for International Student Assessment,简称 PISA)是经济合作与发展组织(OECD)发起的国际比较研究,源于各国对基础教育质量的反思,以改善教育政策为导向。自 2000 年起,PISA 测试每 3 年举行一次,主要评价对象为成员国或非成员国中即将完成义务教育的 15 周岁学生,重点评估学生在多大程度上掌握了全面参与社会所需要的终身学习能力,聚焦学生在阅读、数学和科学等关键领域的素养,2012 年新增了财经素养,2015 年增加协作性问题解决能力的测评。PISA 试图通过对 15 岁学生关键能力的测来回答这些问题:学生们准备好迎接未来的挑战了吗? 他们能不能有效地分析、推理并交流自己的想法? 作为对经济和社会有价值的成员,他们是否找到了能够终身追求的兴趣?

PISA 的评价内容、评价对象和评价目的不同于学业选拔考试。第一,它关注学生应用知识和技能解决实际问题的能力,而不是考核学生对课程内容的掌握情况;第二,它以抽样方法对教育系统进行整体评价,不针对学生个体和单个学校;第三,它研究教育系统、学校、家庭、学生个人特征等各方面对成绩的影响,为教育决策提供依据,而不只是对成绩作统计分析。[①] PISA 测试的方式包括对学生进行测试和问卷调查。

2. PISA 测试对我国教育教学评价改革的启示

PISA 测试当前虽然不是一项我国全国范围内的评价改革,但它是国内学生首次

---

① 陆璟著:《PISA 测评的理论和实践》,华东师范大学出版社 2013 年版,第 1—2 页。

大规模参与的一项国际学生评价,可以以它作为参照,寻找我国学生在国际坐标上的位置,同时也可以通过 PISA 测试,反观我国教育教学评价存在的不足。经过十几年的发展,PISA 测试在某种程度上已经成为事实上的教育国际标准,"逐步成为能够科学比较学生核心素养、最有影响的国际性的教育质量监测平台"①,其先进的评价理念、考试和评价技术等都值得我们学习和借鉴。

(1)聚焦学生发展的素养

PISA 测试是基于终身学习的动态模型设计的,"PISA 所测量的是完成与现实生活相关的任务的能力,它取决于对关键概念的整体理解,而不是把评估局限在对特定学科知识的理解上"。② 运用已学知识和基本技能去解决问题的能力,被称为素养(literacy)。按照经合组织的解释,素养是指"有关学生在主要学科领域应用所学知识和技能的能力,在问题出现时分析、推断和有效交流的能力,以及在不同情境中解释和解决问题的能力"③。2011 年 10 月,PISA 项目创始人安德烈亚斯·施莱克尔(Andreas Schleicher)在北京作了以"世界一流教育体系的特色:中国与世界的比较"为题的学术报告,向中国教育界和在京媒体再度阐述了 PISA 的基本理念。他明确而自信地指出:那种在学校背诵一些已有知识以图进入社会后就能借此运用知识的时代早已一去不复返;经济越是发展,背诵能力就越是显得无用;优质的教育体系一定会非常重视对学生思维能力的培养、重视对其面向未来解决实际问题的能力的培养,并引导他们终身热爱学习,这些正是 PISA 项目多年来所重点评估的内容。④

素养是一种能力,体现在一个人的行为举止上,往往被认为是难以测量的,而一旦难以检测,很可能就会只是停留在"美好的理念"上,在"现实"面前难以为继,一如情感态度价值观的检测。当前我国提倡要培养学生的核心素养,要想使素养培育能够真正落地,关键在于评价如何引导,为此评价的内容和形式都需要作出相应的改革。要"在学生发展核心素养的理论框架下,设计和实施大规模考试和评价,从而发挥考试和评价

---

① 李伟涛:《基于 PISA 测试结果的教育政策调整分析》,《教育发展研究》2012 年第 4 期,第 44—47 页。
② 陆璟著:《PISA 测评的理论和实践》,华东师范大学出版社 2013 年版,第 3 页。
③ 张民选,陆璟,占胜利,朱小虎,王婷婷:《专业视野中的 PISA》,《教育研究》2011 年第 6 期,第 5 页。
④ 李斌:《不愿主动学习是中国教育的大问题》,《中国青年报》2011 年 10 月 10 日,第 2 版。

的指挥棒作用,引导教师和学生自觉地将学生发展核心素养作为教育教学的中心任务。"①

在 PISA 测试中,所有 PISA 试题的一个共同特征是:每道题目必来源于一个真实的生活场景,与参与者的生活经历相关(根据其与学生生活的远近距离,这些场景被分为个人情境、教育或职业情境、公共情境和科学情境四类),以检测学生在生活中遇到这些问题时如何应对。杜威说,教育即生活。当知识脱离学生的生活世界成为一个个抽象的概念时,很难说这些知识到底有多大的价值。因此,评价要积极发挥其"指挥棒"作用,促使教学回归学生的生活世界。

(2) 通过评价检测教育公平

OECD 一直认为教育必须实现卓越(Excellent)、公平(Equity)和包容(Inclusive)三个目标,并将其看作教育成功的标准。因此,教育公平是 PISA 测试中的一个关键词。PISA 主要从学习结果平等、教育资源分配公平、克服学生背景的学习公平三个方面来评价基础教育的公平程度。以 PISA 2009 测试为例,PISA 2009 国际报告主要基于阅读领域的结果,从上述三个方面来评价教育公平:一是学习结果的平等(equality in learning outcomes)。这有两个含义,从相对指标来看,指学生是否可以获得同样的学习结果,可以用学生之间的成绩差距来测量。处于成绩分布顶端的学生与底端的学生之间成绩差异越大,学习结果越不平等。从绝对指标来看,指学生都达到某个基准水平,可以用达到基准水平的学生比例来测量。二是教育资源分配的公平(equity in the distribution of educational resources),可以用学校教育资源指标与学生经济社会文化地位的相关性来衡量,如果所有学校都能享受基本相同的教育资源,那么学校的教育资源与学校全体学生平均的经济社会文化地位指数(ESCS)应该是不相关的,因此,并不是说所有学校一样才是公平。三是克服学生背景的学习公平(equity in learning regardless of student background),这是一种结果公平,不仅对教育质量进行描述,而且对影响学生成绩的个体、学校、家长和社会经济文化等背景因素进行深入系统的分析②。

---

① 王蕾:《学生发展核心素养的考试和评价》,《全球教育展望》2016 年第 8 期,第 25 页。
② 陆璟著:《PISA 测评的理论和实践》,华东师范大学出版社 2013 年版,第 8 页。

从 PISA 测试的实践来看,通过大规模考试和评价来监测教育公平是完全有可能的。首要的是将仅关注结果,且仅关注学业结果的评价理念,转向不仅关注结果,也关注影响学习结果的影响因素;其次要从考试的试题和形式上进行研究,从多维度、多层次来评价学生的学习效果。应该说,PISA 测试既关注质量又关注公平,可以对一国(或地区)的教育公平程度起到检测、预警和推动作用。

(3) 倡导绿色的教育评价理念

PISA 测试不仅设置测试学生阅读素养、数学素养、科学素养等的指标,也将学生的学习时间、睡眠时间等纳入测试内容,作为反向指标来监测学生的学业负担情况。在学习时间方面,既有校内学科学习时间,也有校外上课(如参加学科类的补习或提高班,也被称为"影子教育")的时间。如果学生的学习时间多、睡眠时间少,即使取得了好的测试成绩,从投入与产出的角度来说,这也是一种"高耗能"的效益,长远来看,往往得不偿失。通过这些反向指标可以看出我国教育的不足,要切实提高课堂教学效益,减轻学生过重的学业负担,帮助学生塑造健康身心。

(三) 上海市中小学生学业质量绿色指标综合评价

学生学业质量是教育质量的重要组成部分。2011 年,上海市教委出台了《上海市中小学生学业质量绿色指标(试行)》(沪教委基[2011]86 号),文件指出,试行绿色指标是深化教育内涵发展的客观要求,优化教育管理的应有之义,建立良好教育生态的有效保障。上海义务教育阶段学业质量绿色指标是在追求"高位优质均衡"的教育质量的过程中推出的。

何谓"绿色"?"绿色",意指环保,无公害、无污染。中小学生学业质量的"绿色",意味着全面、正确的学业质量观。[①] 上海市中小学生学业质量绿色指标综合评价的内容主要包括学生学业水平、学习动力、学业负担、师生关系、教师教学方式、校长课程领导力、学生社会经济背景对学业成绩的影响、学生品德行为、身心健康和跨年度进步等十大方面。

---

① 上海市《改革义务教育教学质量综合评价办法》项目组:《学业质量绿色指标:促进学生全面发展的利器》,《人民教育》2013 年第 18 期,第 13 页。

　　具体而言,学生学业水平包括学生学业成绩的标准达成度、学生高层次思维能力以及学生学业成绩均衡度。学生学习动力主要有四个方面,分别为学生学习自信心、学习动机、学习压力和学生对学校的认同度。学生学业负担主要是通过学生的睡眠时间、做作业时间和补课时间来反映的。师生关系,主要包括教师是否尊重学生,是否公正、平等地对待学生,是否信任学生等。教师教学方式评价则通过采集学生问卷数据,运用统计方法得到结果。问卷内容主要包括教师是否进行情境教学、鼓励学生动手实践等问题。校长课程领导力,主要反映在课程决策与计划、课程组织与实施、课程管理与评价等方面。在学生社会经济背景对学业成绩的影响这一维度,父母受教育程度、父母职业、家庭文化资源等综合为学生社会经济背景。学生品德行为,主要包括学生的理想信念、公民素质和健全人格。学生身心健康,主要通过调查学生生理、心理和情感等指标来反映,目前主要关注学生的体质健康,包括身体形态、生理机能、身体素质等。跨年度进步,关注各指标的动态发展变化。

　　上海市中小学生学业质量绿色指标综合评价的工具不仅限于"纸笔测试",主要有三类:一是学科测试卷,四年级学生参加三年级的语文和数学测试,九年级学生参加八年级的语文、数学、英语和科学的学科测试。二是调查问卷,分为学生问卷、教师问卷和校长问卷三种,其中学生问卷主要调查学生的基本情况、学习自信心、学习动机、学习压力、对学校的认同、学业负担、师生关系、对教师教学方式的评价、品德行为等。三是体质监测,各学校根据《国家学生体质健康标准》,开展测试并上报数据,测试包括身体形态、生理机能、身体素质等三个方面的二十一项指标。[①]

　　上海市中小学生学业质量绿色指标综合评价凸显了评价内容和形式的综合性。从各项指标来看,对学生的学业水平评价综合考虑了学习的投入与产出,将学生的学业负担明确纳入评价,对学生学习的产出不只是关注学业成绩,而是综合考虑学生的身心发展,体现了学业质量评价的多维性。考虑影响学业成绩的背景因素,凸显了教育公平,体现了一种发展性,不仅考察学生当前的发展状况,还考察学生跨年度发展状况,强调学生的自我改进与提高。从评价的方式来看,采用学科水平测试、问卷调查、

---

① 徐淀芳:《上海中小学生学业质量绿色指标综合评价改革的实践研究》,载杨向东,黄小瑞主编:《教育改革时代的学业测量与评价》,华东师范大学出版社 2013 年版,第 268 页。

体质监测、自我评价等方式,同时将学校的自评与外部的评价相结合,全方位评价学生,评价结果相对来说更为客观、科学。

从上海市中小学生学业质量绿色指标综合评价的实施来看,其在引导全社会关注学生的身心健康,树立全面的教育质量观,将素质教育落实到课堂教学,促进基础教育均衡发展,推进教育公平等方面具有重要意义。

对比 PISA 测试和上海市中小学生学业质量绿色指标综合评价,不难看出,虽然它们的具体实施内容不一样,但从导向来看,二者具有很大的内在一致性,异曲同工。例如,都强调对学生的综合素养和问题解决能力的评价,试题都是与学生生活息息相关的真实情境,都将学业负担作为一项指标纳入评价体系,都考虑教育公平,等等。在测试的形式方面,二者既有统一的学科测试,也通过问卷采集信息,体现了评价形式的多样性。

总体而言,新一轮高考改革、PISA 测试以及上海市中小学生学业质量绿色指标综合评价,与我国当前推进与发展素质教育的理念,以及对人才的培养目标是高度契合的,其评价理念及评价技术等都为我国今后一段时期内的教学评价的改革与发展奠定了基础。

第八章

教学过程中师生关系的演变

《关于深化教育体制机制改革的意见》指出："要建立以学生发展为本的新型教学关系。"这可以视为政策文本对我国教学改革 40 年来教学关系变化发展的归纳与提炼。随着教学价值及目标、教学内容和方法、教学组织形式等方面经由改革而发生变化，教学活动中的主体——教师和学生之间的关系以及人们对这种关系的理解和体认也在发生变化。本章较为系统地梳理了师生关系从主客体关系向交往实践关系的转换，以及从"我—他"关系向"我—你"关系的变化，也阐述了师生关系的转变带来的实践从"以教定学"向"以学定教"的转变。

一、 从主客体关系到交往实践关系

自 20 世纪 80 年代以来，教学过程中的师生关系经历了从主客体关系到交往实践关系的演变。学者对不同师生关系的认识归纳起来，主要有如下几种："教学三体论"、"主导主体说"、"师生双主体论"、"师生复合主体论"、"学生单主体论"、"教师单主体论"和"无主体论"等。下面择其要者作简略介绍。

1. 教学三体论

于光远在 1979 年撰文首次提出"教育认识现象学"中的"三体"问题。[①] 他认为，对教育可以从两个方向去研究：一是将教育视为社会现象，由此形成的学问，称为"教育社会现象学"；一是将教育视为认识现象，由此形成的学问，称为"教育认识现象学"。"在一般认识论中，处理的是认识主体和认识客体之间的'二体问题'。教育认识现象学要处理的则是教育者、受教育者和环境之间的'三体问题'"。"教育者和受教育者在对环境的关系上都是认识的主体，但是他们又彼此发生认识论上的关系：教育者为对受教育者施加影响，就要把受教育者作为认识客体来研究，而自己则在对受教育者的

---

① 于光远：《教育认识现象学中的"三体"问题》，《中国社会科学》1980 年第 3 期，第 79—95 页。

关系上成为认识的主体。与此同时,受教育者也在不断地了解教育者,这时受教育者就成为认识的主体,而教育者则成为认识的客体。"这样,一般认识论中的"二体问题"具体到教学认识现象学中就成了"三体问题"。

2. 主导主体说

20世纪70年代末,我国教育学界开始把哲学上的主体概念引入对教学过程的研究,用以说明学生或教师的地位和作用。刘佛年在其主编的《教育学》中指出,"在教学这种活动中,学生却又是认识客观世界的主体"。[①] 顾明远,黄济主编的《教育学》也指出,"学生既是教育的客体,又是教育的主体"。[②] 这被视为"学为主体"观的发端。自"学为主体"提出之后,加之受到"三体"提法的启发,人们开始把"学为主体"与"教为主导"结合起来,在日后的研讨中,逐渐形成了在国内影响很大的"教为主导学为主体"学说。

王策三在一系列的文章和著作中阐述了"主导主体说"的基本主张:在教学过程中教师起主导作用,学生居于主体地位。认为在教学过程中,教师领导或起主导作用具有客观必然性和必要性。"教学的方向、内容、方法、进程、结果和质量等,都主要由教师决定和负责;学生决定不了,也负不了这个责任。"但是,在重视发挥教师主导作用的同时,还一定要承认学生的主体地位。"既然学生的学习是一种认识活动,这种认识活动必须是能动的、主动的、独立的活动,教师包办代替不了,那么学生就当然是主体,需要自己做主。"教,是为学而存在、为学服务的,"教师主导作用必须也必然有一个落脚点,这个落脚点只能是学生的学习"。"因此,单从学习这个角度来观察,学为主体是毫无疑义的。即使把学生的学和教师的教统一起来观察整个教学,学生也是主体。""主导主体说"还认为教师主导和学生主体是辩证统一的,"学这个主体是教主导之下的主体;教这个主导是对主体的学的主导"。[③]

---

① 刘佛年主编:《教育学》,人民教育出版社1979年版,第119页。

② 顾明远,黄济主编:《教育学》,人民教育出版社1982年版。

③ 参见王策三:《关于教学应教学生"学"的问题》,《新华文摘》1983年第3期;《论教师的主导作用和学生的主体地位》,《北京师范大学学报》1983年第6期;《教学论稿》,人民教育出版社1985年版;《教学认识论》,北京燕山出版社1988年版。

3. 师生双主体论①

支持"师生双主体论"的学者们认为,在教学过程中教师和学生都是主体。有的认为,"主导主体说"单方面地强调了学生是学习的主体,这无助于科学地分析教学过程的矛盾运动。他们指出,教和学是教学过程中必不可少的基本方面,二者的对立统一就构成教学过程的基本矛盾运动,而"主导主体说"则混淆了矛盾的主次,使人无法理解在特定的教学阶段中,究竟孰主孰次。所以他们认为:教学过程是师生双方共同活动的双边过程。就参加者来说,教学过程的主体,不仅包括学生,而且包括教师,是双主体,而不是单主体。

4. 师生复合主体论

"师生复合主体论"主张,教学主体就是一种由教师和学生所共同构成的复合主体。这种复合主体的内部的矛盾运动体现为教与学的对立统一。在教学活动中,教师是教的主体,学生是教的对象与客体;学生是学的主体,教师的行为以及教学的内容、方法和风格等,便成为学的对象与客体。在不同的场合和条件下,主体与客体可以相互转化,或者一身二任。

此外,还有"学生单主体论"和"教师单主体论",论者在教学双方各持一端,或强调其重要性,或申辩用主体来表述的合理性。而"无主体论"实际是不同意用主体这个概念来描述任何一方。②

5. 主客体否定或"交互主体"说

面对各种论说,一些学者认为以主、客体来解释、描述师生在教学中的地位和关系是不适当的,从而出现了"主客体否定说"。

有论者认为,哲学对教育学的指导非常必要,尤其对教学论来说。但哲学指导并不等于把一些哲学术语简单地套用到教育学上来,更不是教育学不加分析地接受任何哲学思潮的影响。将"主体"概念引入教育学没有必要,并且由于它的引入,本来已经

---

① 张连捷,张启航:《论教学过程中教与学的矛盾运动——对"教师是主导、学生是主体"的几点异议》,《教育理论与实践》1986 年第 2 期,第 32—37 页;冯向东:《论教师在教学中的主体地位》,《高等教育研究》1987 年第 1 期,第 64—68 页。

② 丁钢:《"教师为主导,学生为主体"论质疑——教学主体的再认识》,《教育研究与实验》1987 年第 3 期,第 5—8 页。

清楚的问题被弄乱了，简单问题复杂化了，给教育理论和实践带来了不小的危害。

有论者运用当代西方哲学的有关思想指出，在教学论中，关于教学关系的理论，无论是主体与客体，还是主导与主体、双主体等观点，都没有脱离二元对立的思维模式，即主体与客体对立的模式。教育是在人与人之间的交往中展开的，是在师生交往关系中展开的，没有师生关系的相互性，就不可能有教育活动。师生之间是一种互主体性关系，是"我—你"关系，而不是"手段—目的"、"人与物"、"主体—客体"的关系。用二元对立的方式描述师生关系就必然会掩盖二者之间的真实关系。[1]

有人对"三体论"和"二体论"都提出了批评。"三体论"的"三体"不是指在教学过程中有三个认识主体，而是说，有认识主体——学生，又有认识客体——课程、教材，此外，还"嵌入"了一个"中介体"——教师。当然，也不能简单地否定"三体论"，但至少可以说，它是很牵强附会的。从哲学上来说，主体、客体是一对认识的范畴，这已是完整的概念；至于主体与客体之间如何联系、如何相关、如何统一，包括借助于什么媒体和中介物，则是另一层的问题。应当指出，学生作为认识主体，其客体应是根据培养目标确定的——主体必须认识、学习的知识、技能以及为此目的而需认识的其他对象（包括自己的教师）。所以，"三体论"把客体只限于或只停留于课程、教材是不够的。[2]

"二体论"说"教学过程的主体有两个"，这也是令人费解的，何不更概括地说"每个人都是他自己认识实践活动的主体"呢？"教师与学生互为主体与客体"的说法，其不妥之处在于教师与学生之间并非主客体的对称关系，他们只是一种"局部"对称关系，不是站在同一角度和层次来看待的。因为，当我们说教师是认识的主体时，学生只是客体的一个局部，客体的组成部分之一；当我们说学生是认识的主体时，教师也只是客体的组成部分之一，把局部对应的双方看成是完全对应的，这就违反了逻辑学上的分析问题的同一性规则。

"主客体否定说"从交往的角度来论述教学过程中的主客体关系有其合理性。教学过程是人与人之间的交往过程，单纯从"主体—客体"的关系模式来讨论教学过程中的主客体关系，就是将复杂问题简单化了，因为无论何方为主体，均是以排斥对方的主

---

[1] 李定仁，徐继存主编：《教学论研究二十年（1979—1999）》，人民教育出版社 2001 年版，第 109 页。
[2] 张楚廷著：《教学原则今论》，湖南师范大学出版社 1993 年版，第 275—277 页。

体性为前提的。从主客体向度转到主体际向度,体现出教学理论研究的一次重大转向。这一转向不仅是现代社会向后现代社会转型的哲学表现,而且也凸显了现代教育向后现代教育转变的时代发展特征。[①]

在"主体—客体"思维框架中讨论教与学、教师与学生的关系,难免存在着方法论上的局限性,即仅仅从认识论层面,而且仅仅是从"人—物"关系的视角,来探讨复杂多变的教学过程,忽视了教育或教学是发生于"人的世界"中的、以"人—人"关系为特征的交往实践活动,不能混同于"物的世界"中发生的生产实践活动。因此,本章接下来将从教育的精神性、生成性和反思性实践意义上,来探讨教学关系和师生关系。

二、从"我—他"关系到"我—你"关系

现代教学论对教与学关系研究的一个基本走向是从对象性关系到意义关系,认为教学活动不仅仅是一种对象性活动(认识活动和实践活动),教学中师生之间的关系也不仅仅是一种对象性关系(互为对象的"主体—客体"关系或"我—他"关系),更是一种意义活动(精神性交往活动)和意义关系("主体—主体"或"我—你"关系),人不仅仅是对象性活动的主体,更是意义活动的主体。

(一)交往实践理论视域中的师生关系

1. 教学过程本质上是一种交往实践

教学活动作为一种以培养人为目的的社会实践活动,在整体上是一个"人的世界"或伦理性的"我—你"世界,而不是一个"物的世界"或工具性的"我—他"世界。也就是说,在教学活动中,教师与学生之间的关系同人类一般生产实践过程(即"物的世界")中认识和被认识、改造和被改造的"主体—客体"关系是不同的,它在本质上是一种建立在人与人之间平等的交流、沟通和对话基础之上的"主体—主体"交往实践过程。更进一步讲,我们不能把以自然界为对象的一般生产实践的"主体—客体"模式作为研究

[①] 尹艳秋:《"交往"视野中的教学本质论刍议》,《集美大学学报(教育科学版)》2002年第3期,第43—46页。

教学活动本质问题的理论基础,这与教学活动的本性是不匹配的。

在以"物的世界"为对象的社会实践活动领域中,人的社会实践活动主要是一种生产实践,表征的是人与自然、人与物之间的"主体—客体"关系;在以"人的世界"为对象的社会实践活动领域中,人的社会实践活动主要是一种交往实践,用来规范和调节人与人、人与社会之间的关系,表征的是人与人之间的主体际交往关系。关于交往实践的研究是当代哲学理论的一个热点问题,有人甚至认为它标志着一种哲学研究范式的重要转换。所谓交往实践,是指多极主体在认识、改造相互联系的共同客体的基础上进行的物质和精神上的交换、交流与沟通,它主要包括物质交往和精神交往。也就是说,交往实践是多极主体之间在物质上和精神上的相互联系与相互作用。

"人只能用人的方式去把握",既然教学活动的对象是活生生的人,教学活动是一个"人的世界",那么,我们用"物的世界"中的"主体—客体"生产实践观来研究教学活动就是行不通的,"我和他人的关系首先从根本上来讲是存在与存在的关系,而不是认识与被认识的关系"。① 以往那种简单地用"主体—客体"生产实践模式来认识、理解教学活动中人与人之间主体际交往关系的做法,显然是混淆了人的教育与动物的训练这两种根本不同的社会实践活动。教学活动中人与人之间的关系,是不能用生产实践观的"主体—客体"模式来理解的,它属于社会实践活动概念的另一个方面——主体与主体之间的交往实践关系。因此,我们必须从根本上改变以往那种用认识"物的世界"中的主客体关系的眼光和方式来认识教学活动中人与人之间交往关系的错误做法,实现教学理论研究范式的转换,从生产实践观走向交往实践观,从"物的世界"的思维方式转向"人的世界"的思维方式,用"人"的方式来研究人、认识人、理解人,使教学活动成为一种"直面人的生命、通过人的生命、为了人的生命质量的提高而进行的社会活动",成为"以人为本的社会中最体现生命关怀的一种事业"。② 只有这样,教学活动才能真正成为一种"人对人的教育",而不是人对"物"的训练和塑造。

2. 教学交往实践的特征

教学交往实践作为多极教学主体以共同客体为中介进行相互作用、相互沟通和相

---

① [法]萨特著,陈宣良等译:《存在与虚无》,三联书店1987年版,第325页。
② 叶澜等著:《教育理论与学校实践》,高等教育出版社2000年版,第136页。

互理解的交往实践过程,是教学主体的一种基本存在和发展方式。与建立在"主体—客体"生产实践观基础之上的传统教学活动相比,它具有以下几个基本特征。

（1）多极教学主体性

在生产实践活动中,主体和客体的区分是非常明确的,"人是主体,自然是客体"①。交往实践所揭示的则是在社会生活领域中,建立和实现人与人之间的社会联系或社会关系的一种实践活动,它与生产实践活动的不同之处,首先就在于其为多极主体的存在提供了坚实的理论基础。"以往教育视界中的'实践'多以人与物（主体—客体）关系为思考框架,其中的人——主体是一种单子式的个体,与个体主体相异的'他者'则往往被列为被支配的客体,这种以物为对象的'实践'思维框架难以找到突破单子式个体的事实和逻辑出发点,而多元主体间的交往实践,则将'实践'的视界移向人与人之间的关系,将每个自我与他者同作为主体,在交往中既有对自我价值的肯定,也有对对方价值的尊重"②。在教学活动中,人与人之间的关系不是单向的"输出—接受"关系,也不是被动的"刺激—反应"关系,而是一种相互作用、相互交流和相互沟通的双向互动关系。这样,教学交往实践与传统的教学活动相比,不再是在单一教学主体与教学客体之间两极摆动的抽象过程,而是对现实的教学活动中多极教学主体之间相互作用、相互影响的真实反映和生动刻画,是教学主体之间以共同客体为中介的一个对话、交流和沟通的过程。正是在这种双向的互动过程中,教学主体之间实现着信息、思想、情感、人格和精神能量等方面的交流与沟通。因此,在教学交往实践中,个体不再是一种单子式的存在,而是一种个体之间的共生性的存在;不同的教学主体之间彼此相互确认各自的主体地位,而不再是将他人作为客体、工具和手段来对待,他们有着各自的独特个性和独立人格。

（2）教学主体异质性

在社会生活中,一个人的魅力和价值就在于他具有与众不同的个性。但是,传统的"主体—客体"生产实践观往往只注重从主体与客体之间的相关性方面去界定和说明主体的质的规定性,把社会实践活动的主体在某种程度上看作是一个抽象的、单一

---

① ［德］马克思,恩格斯著:《马克思恩格斯选集》（第 2 卷）,人民出版社 1972 年版,第 88 页。
② 鲁洁:《走向世界历史的人——论人的转型与教育》,《教育研究》1999 年第 11 期,第 3—10 页。

的、同质的主体,从而忽视了主体与主体之间客观存在的差异性和异质性,这也是传统的"主体—客体"生产实践观不注重人与人之间的交往活动的根源。在教学活动中,教学交往实践得以产生和进行的前提是尊重他人,把对方作为一个与自己完全平等的人来对待,这也就意味着要尊重差异,容纳多样性,宽容"另类",既要"求同",更要"存异"。在社会生活中,由于存在遗传素质、环境和教育等方面的影响,人与人之间千差万别。而正是因为这种差异的存在,才使得人与人之间的交往实践活动成为可能。马克思曾经指出:"如果个人 A 和个人 B 的需要相同,而且他们都把自己的劳动实现在同一个对象中,那么他们之间就不会有任何关系……只有他们在需要上和生产上的差异,才会导致交换。"①日本社会学家横山宁夫也认为,"人们自始至终一直是在异质的情况下发生相互行为"。"不是异质的个人还原为异质的个人,从而发生相互行为;而是异质始终是在异质的情况下发生相互行为"。在这里,他所说的互动主体的异质性指的是个人的"特殊人格"。② 由此可见,个体之间的差异性是交往实践活动产生的前提和基础。如果没有这种差异的存在,交往实践活动就无从谈起。在教学活动中,教学主体之间不仅有年龄和性别上的差异,而且在知识、能力、需要、兴趣、爱好、个性等方面也存在着明显的不同,这种差异性的存在,导致他们在认识、评价事物时的视角不同、理解不一、价值取向有异,从而构成了教学主体之间的互补性和异质性,为教学主体之间交往实践活动的产生和进行提供了现实基础。在教学活动中,交流和对话只能发生在有差异的教学主体之间,双方的观点既有统一,又有差异,对话才能够进行下去,双方才能突破各自原有认识和理解的局限,进入一个新的视界。在教学交往实践中,教学主体基于自己的独立思考,保持自己的独立人格,与其他教学主体展开平等的交流和对话,既不无原则地放弃自己的主张,又不固执己见;不是将自己的观点强加于他人,而是力求通过教学主体之间的交往实践,相互理解,彼此信任,形成共识。与之相反,倘若用某种固定不变的标准去衡量所有的人,或者把自己的观点、意愿强加于他人,试图用权力和权威控制、支配他人,甚至使用武力迫使对方就范,那么个体之间就无法继续对话、交流下去,交往实践也就随之停止,这是因为你可以主宰自己,却主宰

① [德]马克思,恩格斯著:《马克思恩格斯全集》(第 46 卷·上),人民出版社 1979 年版,第 194 页。
② [日]横山宁夫著,毛良鸿等译:《社会学概论》,上海译文出版社 1983 年版,第 66、64 页。

不了别人的灵魂和精神世界。当然,教学交往实践对共识的寻求,并不意味着要克服、抹杀差异,消除异己,更不是用一种既定的标准和统一性去强行消灭教学主体之间的差异,相反,教学主体之间的交往和相互作用只是为了缩小差异,或者实现对个体差异性的理解与尊重。从这个意义上说,倡导教学主体之间的对话和交流,实质上是对个体自由探索和独立思考的推崇。"自由探索需要我们宽容不同意见,尊重个人表达其信仰的权利,不论其信仰多么与众不同,不设立社会的或法律的禁令,使持不同意见者不用担心受处罚。虽然我们可以宽容对立的意见,但这并不意味着这些意见可以免受批判性的审视。推崇自由探索的人认为,如果存在对立意见自由交换的机会,真理更有望被发现;相互交换意见的过程往往与结果同样重要。"①因此,教学交往实践必须以对个体差异的尊重和理解为基础,教学主体要保持一种向异质者开放的心态,既要驱除"无我"式的自卑感,也要驱除"唯我独尊"的狂妄,认识到作为一个"独特的我"的责任感、使命感,进而在异质的教学主体之间建立起积极的相互依存、相互作用和相互促进的关系,并从中汲取丰富的生命精神能量,保持旺盛的生命活力和发展动力,使自己这个"独特的我"真正成为优化人类社会生活质量以及生存发展方式的一个活泼的因子。

(3) 教学客体中介性

客体的中介性,是指在交往实践中,任何客体都不是人的社会实践活动的终界,它要穿过客体而达到另一极主体,另一极主体才是人的交往实践活动的终界。从交往实践观看来,人与人之间的交往实践,同时也是一种主体指向共同客体的对象化活动,因为主体之间的交往实践不可能离开主体与客体之间的对象化活动而单独存在。主体之间的交往实践通常是通过对共同客体的认识和改造活动而实现的,即使是人与人之间的交谈,也必须有一个共同讨论的"主题"(即客体),否则,交谈就不可能进行下去。在交往实践中,客体是一种对象化的中介和中介化的对象——作为对象化的中介,它要受到多极主体的对象化规定,被视为共同认识和改造的对象;作为中介化的对象,它是主体与主体之间交往实践关系的纽带。在教学交往实践中,教学客体既不是脱离教学主体的孤立存在物(这是"客体至上论"的观点,比如洛克的"白板说"),也不是仅仅

---

① [美]保罗·库尔茨著,余灵灵等译:《保卫世俗人道主义》,东方出版社 1996 年版,第 17 页。

对某一个教学主体来说的孤独生成以及单一"主体—客体"关系的建构(这是传统的"主体—客体"生产实践观的观点,例如皮亚杰的"发生认识论"),而是多极教学主体之间交往活动和主体际关系的中介。这也正如马克思在分析社会客体(诸如商品、货币、资本等)时所说的:"实物是为人的存在,是人的实物存在,同时也就是人为他人的定在,是他对他人的人的关系,是人对人的社会关系。"①"只有在社会中,自然界才对人来说是人与人间联系的纽带。"②因此,在教学活动中,教学客体既不是孤独的自身终界,因为它总是相对于教学主体而言的(即"主体—客体"相关性),也不是某一个教学主体与教学客体之间对象化活动的终界,因为教学客体作为中介,总是负载、实现着教学主体和教学主体之间的交往关系(即"主体—主体"相关性),从而形成教学交往实践的"主体—客体—主体"的基本结构。

(4) 个体主体性与主体际性的统一

在交往实践观看来,主体之为主体的一切本质规定,不仅与客体具有相关性(即个体主体性),而且还要受到另一极主体的制约和影响(即主体际性)。在教学交往实践中,教学主体与教学客体之间的对象性关系与教学主体和教学主体之间的主体际交往关系,并不是完全独立的两种关系,而是一个相互联系、彼此联结并相互规定的统一体。从静态结构来看,教学交往实践一方面作为教学主体认识和改造教学客体的对象化活动,发生着对象性的"主体—客体"关系,这是一个主体客体化、客体主体化的双向的相互作用、相互影响的过程;另一方面,多极教学主体在对象化活动的基础上,以共同客体为中介,又在教学活动中建立了"主体—主体"交往关系,这是一个教学主体与教学主体之间的双向建构与双向整合的过程。在教学交往实践中,任何一个教学主体对教学客体的认识和改造,都会受到其他教学主体与教学客体之间对象化活动的制约和影响,当多极教学主体在认识和改造共同的教学客体时,就发生了教学主体与教学主体之间的交往关系。由此不难看出,教学活动是教学主体和教学客体之间对象性关系与教学主体和教学主体之间交往关系的有机结合,或者说是个体主体性与主体际性的辩证统一。

---

① [德]马克思,恩格斯著:《马克思恩格斯全集》(第2卷),人民出版社1957年版,第52页。
② [德]马克思著:《1844年经济学哲学手稿》,人民出版社1985年版,第75页。

3. 教学交往实践理论下的师生关系

教学活动的本质是一种特殊的交往实践过程,并不意味着所有的交往实践都是教学活动,一般的交往实践要转化为教学活动,需要满足一定的条件。教学交往实践与一般的交往实践相比,在交往目的、交往主体、交往客体、交往媒介、交往方式等方面存在着诸多不同之处:从交往的目的来看,教学交往实践具有明确的目标指向性——培养学生完满的精神世界,促使学生的身心得到充分、自由的发展。从交往主体来看,教学交往实践的一方是具有较丰富的社会生活和实践经验、身心较为成熟的教师,一方则是正处于成长和发展中的学生,其身心发展尚不完备,但具有极大的发展潜能。因此,它是对称交往与非对称交往的统一。从交往的客体和媒介来看,教学交往实践主要是一种以言语和非言语符号系统为媒介、以课程和教材为共同客体的特殊的交往实践活动。从交往方式来看,教学交往实践是日常交往与非日常交往的有机结合。

(1) 教学交往实践主要是一种精神性交往

物质交往和精神交往是交往实践的两种基本形式。物质交往是指在社会生活中,人与人之间以其活动、产品为中介而实现的物质和能量上的交换,例如以物易物和以货币为中介的商品买卖等,是其他一切交往活动的基础;精神交往是指人与人之间以言语符号系统或非言语符号系统为媒介而进行的包括思想、观念、情感、态度和人格等方面的对话、交流与沟通。精神交往主要有三个层次:一是基于人与人之间的自我调整和社会调整的政治、法律、道德方面的交往;二是交换思维认识结果和操作结果并进而实现互补的文化交往;三是基于人们相同的价值认同、爱好和兴趣的情感交往。[①]教学交往实践作为教学主体的一种基本存在和发展方式,主要是教学主体之间以言语和非言语符号系统为中介的精神世界上的相互作用、相互影响、相互沟通和相互理解的过程,是教学主体与教学主体之间的灵肉交流活动,它包括知识内容的传授、能力的培养、情感和人格的陶冶、生活内涵的领悟和生命质量的提升等,并通过文化传递功能,将人类社会所创造的精神财富转化为个体的生命精神能量,使个体成为具有自由个性的个人生活主体和社会生活主体。我们"创建学校的目的,是将历史上人类的精

---

① 刘刚:《论交往在社会实践系统中的地位和作用》,《哲学研究》,1991 年第 11 期,第 60—68 页。

神内涵转化为当下生气勃勃的精神,并通过这一精神引导所有学生掌握知识和技术"①。在教学活动中,虽然教学主体之间也存在一些物质性的交往,但其主要是为教学主体之间的精神交往服务的。因此,教学活动在本质上是一种以人的精神世界为对象的特殊的精神性交往实践,指向的是人的精神生活领域,其直接目的是形成人的完满的精神世界和独立人格。这也正如法国作家孔巴兹所言,教育学应该是精神生态学,"未来的学校应该培养灵魂,锻炼精神,优化情感,使学生成为热爱世界的主人"②。

(2) 教学交往实践是一种生成性交往

教学交往实践是一个教学主体与教学主体之间相互交流、相互沟通和相互理解的过程,也是一个教学主体之间相互促成对方的完满精神世界的生成过程。在教学交往实践中,一方面,个体在交往活动中学习知识,增长才干,探索外部客观世界的奥秘;另一方面,个体通过交往,学会与不同的人合作共处,学会做人,感受人世间的真、善、美,体验人与人之间的真情,感受现实社会生活的幸福和快乐。从这个意义上来讲,教学交往实践是个体存在和发展的一种基本方式,是个体获得知识、陶冶情感、养成品行、形成个性的重要途径。

康德曾经指出,人有联合他人的倾向,因为他在和人交往状态中有一种比个人更丰富的感觉,感到更能发展自己的自然禀赋。③ 在马克思看来,个体通过交往实践得以丰富,这是人区别于动物的一个显著特征,"同类而不同品种的动物的特性的天生差别比人的秉赋和活动的差别显著得多。但是因为动物不能从事交换,所以同类而不同品种的动物所具有的不同特性,不能给任何动物个体带来任何好处。动物不能把同类的不同特性汇集起来;它们不能为同类的共同利益和方便作出任何贡献。人则不同,各种各样的才能和活动方式可以相互利用"④。苏联心理学家维果茨基从批判关于人的心理及其发展的生物学观点出发,提出了"心理发展的文化历史理论"。他认为,人类所特有的心理机能不是从内部自发产生的,它只能产生于人们的协同活动和人与人的交往之中,人所特有的思维根植于社会的、历史的、文化的和物质的过程,并与它们

---

① [德]雅斯贝尔斯著,邹进译:《什么是教育》,三联书店 1991 年版,第 33 页。

② 中央党校马哲教研室:《主体和客体》,中共中央党校出版社 1960 年版,第 302 页。

③ 韩震著:《生成的存在——关于人和社会的哲学思考》,北京师范大学出版社 1996 年版,第 8 页。

④ [德]马克思,恩格斯著:《马克思恩格斯全集》(第 42 卷),人民出版社 1979 年版,第 147 页。

交织在一起。因此,个体的知识生成与社会共享的理解过程是不可分离的,其中,人际间的相互交流,即所谓"心理间的机能"起着决定性的作用。从高级心理机能二次形成的理论出发,维果茨基十分关注教学活动这一特殊的交往形式与儿童心理发展的关系问题,认为教学活动的本质特征在于它揭示了儿童的"最近发展区","教学引起、唤醒、启发了一系列内部发展过程,这些过程对儿童来说,目前只是在他与周围人们的关系中,在与他的伙伴的相互合作的环境里才是可能的"[①]。也就是说,儿童在其发展的现阶段还不能独立解决某些问题,但他们能借助于成年人或具有相关知识的伙伴的指导和合作学会解决这些问题。

萧伯纳曾经说过这样一个比喻:假设你有一个苹果,我也有一个苹果,如果我们彼此交换这两个苹果,那么,你和我仍然各有一个苹果;但是,假若你有一种思想,我也有一种思想,而我们彼此交流这些思想,那么,我们每个人将会各有两种思想。这个比喻非常形象地说明了教学交往实践在促进个体生成和发展方面的重要作用。物理学家海森堡也说过:"科学根源于交谈,在不同的人的合作之下,可能孕育出极为重要的科学成果。"[②]正因如此,杜威非常重视"共同的社会生活"、"共同活动"和"沟通"的教育价值,"社会生活不仅和沟通完全相同,而且一切沟通(因而也就是一切真正的社会生活)都具有教育性。当一个沟通的接受者,就获得扩大的和改变的经验。一个人分享别人所想到的和所感到的东西,他自己的态度也就或多或少有所改变"[③]。

教学交往实践得以进行的前提基础在于对人的独特个性和价值的肯定与尊重,把教师和学生视为一种教学活动的主体性存在。在此基础上,通过教学主体之间的相互作用和相互交流,个体才能展示自我、发现自我、完善自我,个体的主体性才能得以确证、生成和发展;只有通过教学主体与教学主体之间的相互作用和交流,个体才能了解他人的情感和态度,学会如何了解他人以及如何正确处理与他人之间的关系;也只有通过教学主体与教学主体之间的相互作用和相互交流,个体才能形成社会适应能力、合作精神、群体意识和社会责任感,成为一个对他人、对社会高度负责的人。在教学交

---

① 余震球选译:《维果茨基教育论著选》,人民教育出版社 1994 年版,第 464 页。

② 转引自[美]彼得·圣吉著,张成林译:《第五项修炼——学习型组织的艺术与实务》,中信出版社 2009 年版,第 271 页。

③ [美]约翰·杜威著,王承绪译:《民主主义与教育》,人民教育出版社 1990 年版,第 6 页。

往实践中,只有通过与他人的合作和交流,个体才能学会理解别人、尊重别人,培养和发展自己的社会责任意识与义务感。通过教学交往实践,学生不仅获得了知识,陶冶了情操,还丰富了精神世界,形成了独立人格。具体说来,教学交往实践在个体的生成和发展过程中具有五个方面的功能:经验共享;促进合作,消除个人中心;帮助发现自我;帮助达成共识,组织共同的活动;弘扬个体主体性,培养健康丰富的个性。教学交往实践之所以具有这些功能,是因为:第一,交往使学生间的合作与竞争成为可能,而无论是合作还是竞争均是学生学习和发展的强大动力;第二,交往是个体之间面对面的交互作用,使及时反馈成为可能;第三,交往使师生间的"视界融合"成为可能;第四,交往使课堂生活变得生动活泼、多姿多彩成为可能。①

(3)教学交往实践是一种反思性交往

在教学活动中,教学交往实践是个体的自我意识和主体意识形成的基础。马克思指出:"人最初是以别人来反映自己的。名叫彼得的人把自己当作人,只是由于他把名叫保罗的人看作是和自己相同的。因此,对彼得说来,这整个保罗以他保罗的肉体成为人这个物种的表现形式。"②由此不难看出,个体的自我意识和主体意识不是在封闭的自我中生成的,而是在个体与他人的互动和交往中逐步建立起来的。美国社会心理学家、符号互动论的创始人 G. H. 米德(George H. Mead)在《自我、心灵与社会》一书中系统深入地研究了人际互动对于个体自我生成和发展的重要意义。米德的"自我"概念来自美国哲学家詹姆斯(W. James)和社会学家库利(C. H. Cooley)的有关研究。詹姆斯将"自我"区分为"生物的我"、"社会的我"和"精神的我",他认为,人们对自己的各种感觉和认识,是在与他人的互动过程中产生的。库利对"自我"研究的重要贡献是提出了"镜中自我"(the looking-glass self)这一概念。他认为,没有相应的你的意识,我自己也就没有意识,而且在大多数情况下,一个人的自我感觉是由他想象他在别人眼中的形象来决定的,"自我知觉的内容,主要是通过与他人的相互作用这面镜子而获得的。通过这面镜子,一个人扮演着他人的角色,并回头看自己"。③ 在他看来,人们

---

① 肖川:《论教学与交往》,《教育研究》1999 年第 2 期,第 58—62 页。
② [德]马克思,恩格斯著:《马克思恩格斯全集》(第 23 卷),人民出版社 1972 年版,第 67 页。
③ 转引自柳夕浪著:《为了共生的理想》,江苏教育出版社 2001 年版,第 9 页。

彼此都是一面镜子,相互映照着对方,个体的自我产生于与他人的互动过程中。个体通过与他人的交往,根据他人对自己的看法和评价,获得对自己的认识,形成自我意识,即一个人的自我意识是他人对自己所作判断的反映。在此基础上,米德认为,自我的两个方面——主格的"我"(I)和宾格的"我"(me)是通过人与人之间的交往而逐步分化生成的。正是在这个意义上,著名文化哲学家卡西尔指出:"人只有以社会生活为中介才能发现他自己,才能意识到他的个体性。"①

在教学交往实践中,教学主体之间可以各自以他人为"镜子","解读"自我,通过与他人的对比,认识自己,评价自己,反思、监控自己的行为,发现自身存在的不足和今后努力的方向,从而形成个体的自我意识和主体意识以及自我认识、自我调控和自我评价能力。也就是说,在教学交往实践中,个体在与他人交往的同时,也与自己结成了一种自我反身交往关系,监控、协调和促进自己人格的不断生成与发展,认识到自己作为一个主体的权利、责任和义务,并在积极参与历史、创造历史的社会实践活动中,实现自己独特的生命价值。由此不难看出,只有通过教学主体之间的交往实践活动,个体的自我意识和主体意识才能在个人与群体、自我与他人的相互作用中建立起来。离开了教学交往实践,个体的自我意识和主体意识就无从谈起。这也正如马克思所说:"人同自身的关系只有通过他同他人的关系,才成为对他说来是对象化的、现实的关系。"②

(4) 教学交往实践是日常交往与非日常交往的统一

在教学交往实践中,教师与学生和学生与学生之间的交往在性质上有所不同。就学生与学生之间的交往而言,主要是一种日常交往,或者说是建立在个体差异性基础上的对称交往和平等交往。就教师与学生之间的交往而言,存在两种关系:一种是人格意义上的交往关系;一种是教学意义上的交往关系。从人格意义上的交往关系来看,他们都是具有主体性品质、独立人格和尊严的人,而且通过良好的培养和发展过程,学生可以达到与教师同样的层次和水平,甚至可以"青出于蓝而胜于蓝",所以他们的交往是一种对称的交往。从教学意义上的交往关系来看,毋庸置疑,教师和学生之

---

① [德]恩斯特·卡西尔著,甘阳译:《人论》,上海译文出版社 1985 年版,第 282 页。
② [德]马克思,恩格斯著:《马克思恩格斯全集》(第 42 卷),人民出版社 1979 年版,第 99 页。

间存在着差别,教师无论是在知识、能力、对事物的认识和理解方面,还是在社会地位方面,都要比学生略胜一筹。教师的社会地位以及其学识修养的优越性,对学生的身心发展具有深刻和长久的影响,在这个意义上,教师和学生之间的交往又是一种非对称的交往。因此,从整体上讲,教学交往实践是一种日常交往与非日常交往的统一。

在教学活动中,一方面,教学交往实践是一种主体和主体之间建立在相互尊重、相互信任、人格平等基础之上的日常交往,是多极主体为了某一个共同目标而进行沟通、对话和相互理解的过程,它主要有以下特点:第一,它意味着双方的共同了解,不仅了解交往的对方,也了解共同的交往中介;第二,它意味着交往双方的彼此承认,既默守共同规则,也承认对方与自己有相同的地位、权利;第三,它意味着交往双方的互惠性质,异质性的主体通过交往互相满足对方的需要;第四,它意味着交往双方的人格平等和机会均等,在交往中地位的平等,反对强制和压迫。[1] 另一方面,教学交往实践又具有与一般的日常交往不同的特性:教学交往实践具有明确的目的指向性——以促进学生的身心得到全面、充分、自由的发展为最终追求;教师是成熟的主体,学生是发展中的主体;教师"闻道"在先,而且受过专门的教育训练,具有较高的教育素养。因此,在教学交往实践中,教师对学生的身心发展起着重要的主导作用,"教育者不是从自身的发展需要出发,而是从受教育者的发展需要出发来从事教育活动的。他不是要消灭受教育者的异己性,不是要通过教育实践占有、消灭受教育者,从而发展自己,相反,他却要促进受教育者个性的成长,发展受教育者作为一个独立的主体的各种能力。受教育者的独立人格发展得越完善,就越是能够表明教育的成功"。[2]

(二)"自主、合作、探究"改变师生关系

教学不仅仅是引导学生获取知识和发展能力的过程,也是人与人之间交往互动的过程。现代教学论指出,教学过程是师生交往、积极互动、共同发展的过程。没有交往,没有互动,就不存在或未发生教学,那些只有教学的形式表现而无实质性交往发生

---

① 王锐生等著:《社会哲学导论》,人民出版社 1994 年版,第 155 页。
② 项贤明:《走出传统的教育学理论体系——泛教育理论的哲学建构》,《华东师范大学学报(教育科学版)》1996 年第 2 期,第 17—29 页。

的"教学"是假教学。①《基础教育课程改革纲要(试行)》中也明确指出："教师在教学过程中应与学生积极互动、共同发展……要大力推进教师的教学方式和师生互动方式的变革。"②新课程改革将师生交往纳入教学过程的重要方面,强调师生主体在教学活动中的相互作用、交流、合作和探究。只有包含交往与互动,并能在此基础上进行合作与探究的师生关系才是超越简单的以教师或学生为中心的具有发展性和实践性意义的师生关系。

　　现代教学强调的师生交往将师生双方都视作具有生命性和独特性的教学主体,以"师生(人—人)之间的互动"这样一种关系单位为分析教学活动的基本单位,避免了"教"与"学"的简单对立或割裂。在交往与互动中,师生是平等且独立的个体,能够相互尊重,相互理解,彼此坦诚地交换个人经历、人生体验以及对问题的看法。联合国教科文组织国际教育发展委员会在《学会生存》一书中指出,教师的职责现在已经越来越少地表现为传递,而是越来越多地表现为激励思考,除了他的正式职能以外,他将越来越成为一位顾问,一位交换意见的参与者,一位帮助发现矛盾论点而不是拿出现成真理的人。他必须集中更多的时间和精力去从事那些有效果的和有创造性的活动:互相影响、讨论、激励、了解、鼓舞。③ 这是民主教育之下师生之间应有的关系和状态,即马丁·布伯所论述的"我—你"关系。

　　以"我—你"关系为特征的教学,往往通过"对话"来实现。依据英国哲学家戴维·伯姆的观点,对话是一种平等的交流,一种思维的自由表达,一种具有生成性的沟通方式。"我们通过对话,来发现任何人身上可能出现的任何错误,从而使每个人都从中受益。"④在对话的过程中,观点发生碰撞并孕育出新的想法,真理往往在这个过程中逐渐显现。师生应当努力构建这种对话性质的师生关系,彼此形成一个真正的"学习共同体",进而基于尊重、信任和平等,通过倾听和对话,进行双向沟通和共同学习。

---

① 余文森,刘家访,洪明主编:《现代教学论基础教程》,东北师范大学出版社 2007 年版,第 239 页。
② 教育部:《基础教育课程改革纲要(试行)》,2001 年 6 月 8 日。
③ 联合国教科文组织国际教育发展委员会编著,华东师范大学比较教育研究所译:《学会生存》,职工教育出版社 1989 年版,第 118—119 页。
④ [英]戴维·伯姆著,王松涛译:《论对话》,教育科学出版社 2004 年版,第 7 页。

三、从"以教定学"转向"以学定教"

自 1997 年提出"以学定教"的概念至今已过了二十多年时间,研究者和学校教师对这一理念进行了深入的理论探讨和实践应用,对当前学校教学变革产生了深远影响,基本确立了以教学促进学习的主旨。

(一)"以教定学"容易导致学生被动学习

长期以来,我国教育理论界的研究突出了教师的"教"而忽视了学生的"学",教学设计实施和评价,都是从"如何教"出发的,因而课堂教学实践"以教定学"的主导范式呈现出常态化现象。

"以教定学"的教学宗旨产生于对人才培养有大量需求的工业化社会,尤其在班级授课制被引入并广泛推行后盛行。夸美纽斯提出的班级授课制追求提高教学效率,"课堂教学是每天只有四个小时,一个先生可以同时教几百个学生,而所受的辛苦则比现在教一个学生少十倍"①。尽管这种集体授课的教学组织形式满足了当时大量培养实用人才的需求,增加了人才数量,但随之出现的是教师完全掌握课堂主动权的填鸭式教学方法,并形成了以教师、教材为中心的课堂教学模式,难以照顾学生的个性化差异并实施因材施教。教师以教学为中心,不断尝试新的教学方法和教学策略,以求教学效益最大化,看似注重方法层面的创新却是在刻意强调学生对教学进度和教师教学风格的适应,忽视了教学应当以学生学习为出发点,需要不断调整以适应学情的要求,致使学生在学习过程中遇到问题时难以得到有针对性的讲解,学习积极性下降。美国麻省理工学院教授彼得·圣吉曾尖锐地指出:"学校也许是现代社会中临摹生产流水线的最为神似的样例,学校的运作有如生产线:学校被划分为各个阶段,冠之以'年级',学生被按照年龄分配到各年级进行加工,加工的顺序由低到高逐级而上,每一年级均由车间主任——教师来负责监管,一定定额学生数的班级在课程表规定的时间里进行操练,以备质检,所有学生应按照设计好的同一速度、根据铃声规定的刻板课表运

---

① [捷]夸美纽斯著,傅任敢译:《大教学论》,人民教育出版社 1985 年版,第 50 页。

行,在这样的流水线上,与其说学生在学校中学习,不如说学生通过跟上流水线的节奏,在适应并再生产着一个控制的系统。"①"生命·实践"教育学派的开创者叶澜教授同样对传统以教定学理念下的课堂进行了猛烈的批判,她认为这样的课堂只是执行教案的过程,只注重知识性任务的完成而忽视学生的主动性,"把丰富复杂、变动不居的课堂教学过程,简化为特殊的认识活动,把它从整体的生命活动中抽象、隔离出来,是传统课堂教学观的最根本缺陷。它既忽视了作为独立个体,处于不同状态的教师与学生在课堂教学过程中的多种需要与潜能,又忽视了作为共同活动体的师生群体,在课堂教学活动中双边多向、多种形式的交互作用和创生能力。从根本上看,这是忽视课堂教学过程中人的因素的突出表现,它导致课堂教学变得机械、沉闷和程式化,缺乏生气与乐趣,缺乏对智慧的挑战和好奇心的刺激,使师生的生命力在课堂中得不到充分发挥,进而使教学本身也成为导致学生厌学、教师厌教的因素,使传统课堂教学视为最要之认识性任务也不可能得到完全和有效的实现"②。

"以教定学"理念下的学生学习是被动的、缺乏学习自主性和自觉性的。学生围绕教师和讲台这个中心,亦步亦趋地按照教师规定的进度和内容安排完成学习任务。在这样的教学活动中没有学生主体性可言,学生的问题得不到解决,潜能被埋没,个性被忽视,教学完成了教师立场的教学,缺乏对学生个性及学习效果的关注,在发展学生创造性和培养其各方面能力上存在严重不足。因而信息社会需要教育转型,要转变这种适应工业社会的"以教定学、为教而教"的病态现象,将教学关注重点转向学生,以学生为本,确立为学生学习而教的宗旨。

(二)"以学定教"有利于学生主动学习

新课程改革实施以来的教学,逐步转向依据"如何学"决定和调整"如何教",强调从学生的成长需求出发,依据学生的学习基础,给学生学习以充足的时间和足够的帮助。2017年9月24日,中共中央办公厅、国务院办公厅印发了《关于深化教育体制机制改革的意见》(以下简称《意见》),《意见》强调要建立以学生发展为本的新型教学关

---

① [美]彼得·圣吉著,张成林译:《第五项修炼——学习型组织的艺术与实践》,中信出版社2009年版,第18页。
② 叶澜:《让课堂焕发出生命活力——论中小学教学改革的深化》,《教育研究》1997年第9期,第3—8页。

系,改进教学方式和学习方式,变革教学组织形式,创新教学手段,改革学生评价方式。

1. "以学定教"的内涵

什么是"以学定教"？长期以来,我国许多学者从不同的角度给出了不同的定义,表达了他们对这一概念的不同理解。

——"以学定教包括狭义和广义两方面,狭义理解的学习指导就是对学生学习过程中的学习道德、学习心理、学习内容、学习方法等多方面进行全方位的指导,从而使其有效地掌握知识,发展智力,形成品德的活动;广义的以学定教就是以教育指导学生学习为核心,以学习做人、学习做事为基本内容,以培养德才兼备的新人为目标。"①

——"以学定教是以学生的身心发展素质为基础,以科学的学习规律为依据,以科学的学习方法为纲要,以发展思维、提高学习能力为主线,以素质充分发展为目标,以高效的学习思路为设计蓝图,遵循相应的教学原则,让学生在积极主动的学习活动中,建立合理的知识结构,获得科学高效的学习方法,形成较强的学习能力,养成良好的思维品质,身心素质和谐发展。"②

——"以学定教是指教师根据学生的成长需求、学习准备、个性特点、发展潜能等设计和实施教学活动,并依据学生的学业进步程度评价和调节自身的教学行为,从而达到促进学生有效学习的根本目的。"③

——"以学定教是指根据学生的身心规律及其学习情况来确定教师的教育内容和方式。"④

——"以学定教是课堂教学由讲授中心转向学习中心的操作理念和实践要求,其教学意蕴在于通过对教与学的关系重构,回归学生的本体性价值,确定教导的限度和效力,实现以发展为本的教学价值追求。"⑤

由于各学者或教学论专家所处的时代、地域与学术背景不同,他们所得出的结论也就各不相同。这些定义从不同角度、不同层次在一定程度上呈现了课堂教学从"以

---

① 林天卫,叶瑞祥:《"以学定教"的新思想》,《韩山师范学院学报》1997 年第 4 期,第 84—89 页。

② 韦国锋:《"以学定教"的十年研究》,《基础教育研究》2007 年第 12 期,第 19—22 页。

③ 鲍银霞:《以学定教的基本内涵和实现途径》,《现代教育论丛》2008 年第 4 期,第 74—78 页。

④ 刘次林:《以学定教的实质》,《教育发展研究》2011 年第 4 期,第 28—32 页。

⑤ 刘桂辉:《论"以学定教"的教学意蕴及实现》,《教育理论与实践》2016 年第 11 期,第 52—54 页。

教定学"到"为学而教"的转向，揭示了"以学定教"的含义和规律，反映出人们对学校教学宗旨研究的不断深入。通过分析比较上述定义，我们可以看到"以学定教"基本指向以下三方面内涵。

首先，"以学定教"的出发点是学生的成长需求。新课程改革强调，学生是学习的主体，他们有丰富的知识经验、情感体验和学习意愿，有各种兴趣和需求，是充满生机和活力的生命个体。因此，"以学定教"要综合考虑学生当下与未来的发展所需，将认知和情感同时纳入学生成长需求的范畴。教师在教学过程中，既要关注学生当前的学习状态，对其在学习过程中遇到的问题和困难及时予以帮助，又要关注学生的情感体验和生成性经验，让学生成为学习和生活的主体，通过学习获得终身学习的意识和享受生活的能力。

其次，"以学定教"的过程要依据学生的学习基础。学习基础是指学生已经获得的知识、经验等学习水平，包括学习新知识所要具备的认知水平、情感倾向、生活经验等方面的学习准备。这是教学活动开展的起点和出发点。陶行知先生曾经说过："教的法子要根据学的法子。"这就需要教师在课前尽可能充分地掌握学生的整体学习水平和学习准备，明确学生的知识水平、认知能力、学习兴趣、学习习惯等总体情况，同时把握学生的个性差异，了解学生学习层次和学习基础的差异性，并以此作为教学的起点。在教学过程中，教师也需要善于捕捉课堂生成性资源，及时了解学生动态的学习进度和对知识的内化程度，对不同学习程度的学生予以有针对性的指导，通过分层教学、尝试教学、探究—研讨等教学方法帮助所有学生获取更多学业成就，促进其有效学习。只有充分把握学生的学习基础、学习情况，教师的课堂教学才能让学生在学习过程中获得知识、能力与情感的生成性发展。

最后，"以学定教"的目的是为了学生更好的发展。"以学生发展为本"是当前学校改革的核心理念，也是课堂教学变革的基本价值取向。"以学生发展为本"就是以促进学生高效的发展作为教学的价值追求，教学中的所有活动都要有益于学生更好的发展。[1] 学生是学习的主体，具有发展的主动权，课堂教学目标的设定也是为学生的发展服务的。"以学定教"就是确立了学生在教学活动中的主体地位，通过教与学的相互

---

[1] 刘桂辉：《论"以学定教"的教学意蕴及实现》，《教育理论与实践》2016年第11期，第52—54页。

作用,促使学生自觉、能动地参与到学习活动中,并在这一过程中培养其寻求主动发展的意识和能力。

2. "以学定教"的理念转向

为了变革传统课堂教学的弊病,叶澜教授在推进新基础教育的过程中不断强调师生的生命主体性,"必须超出和突破(但不是完全否定)'教学特殊认识论'的传统框架,从高一个层次——生命的层次,用动态生成的观点重新认识课堂教学观。要把课堂还给学生,让课堂焕发出生命活力"①。新课程改革同样强调学生的主体性,要求从关注教师怎样教转向关注学生怎样学。可以看到,一方面,当前形成的"以学定教"理念就是在逐渐恢复学生在学习过程中的主体地位,改变以教师为中心的教学状态,尊重学生的兴趣、需求和主体性感受,关注学生的情感体验,尊重其已有的认知水平和生活经验,从他们的现实需求出发开展教学活动。另一方面,"以学定教"理念影响下的教学也让学生重获自信心和学习积极性。在教学过程中,学生有更多机会参与提问和讨论,融入对话和互动,亲自体验成功的喜悦,享受学习的乐趣,学习能力得到提升。

"以学定教"理念的转向还表现在教师教学观念的转变和对自身角色认知的变化等方面。"以学定教"理念下的课堂需要教师从教学活动的主导者转变为学生学习的合作者、引导者和参与者,将教学过程视为师生共同发展的互动过程。这意味着,教师逐渐由居高临下的权威变为与学生平等的对话者,传统课堂中的教师教和学生学不断让位于师生互教互学、相互合作、共同构建真正的"学习共同体"。教学过程不再是对教案的机械执行,而是师生在生成性发展过程中对教材的重新理解和不断丰富,教学真正成为师生富有个性化的创造过程。

基于素质教育和新课程改革的要求,教师从关注自身教学成果开始转向关心学生发展,从关注自身教学方法开始转向关注学生学习方式的转变和学习的过程性体验。课堂教学更加注重对学生个性差异的理解和尊重,注重因材施教,把学生个性潜能的开发视为课堂教学的重要目标。

师生之间角色关系的调整是"以学定教"对教与学的功能关系进行重构的前提,教

① 叶澜:《让课堂焕发出生命活力——论中小学教学改革的深化》,《教育研究》1997年第9期,第3—8页。

师和学生在角色地位上平等才能保证"以学定教"的实现。[①] 教学是建立在师生平等基础上的交往和互动,因而师生双方都是教学活动的主体。一方面,教师将教学视为交往性活动,在课堂中营造出宽松、民主、和谐的教学氛围,创造有益于学生理解和对话的条件,同时给学生以学习层面的引导和激发,鼓励学生提出问题、尝试自主解决问题、主动向教师寻求帮助或提出疑难,教和学由单向传递关系转变为教师引导、学生主动学的交往互动关系。另一方面,交往性课堂也包括生生之间的交流和对话,小组合作、同伴互助等越来越多的合作学习方式出现在当前课堂教学中,这对教师的引导者角色提出了更高的要求,不仅要为学生创设生生交往的条件并组织集体学习的展开,更要在这一过程中为学生提供学习指导和帮助,还要引导小组合作学习,使之不流于形式而能真正促进学生合作意识和创新能力的提升。

---

① 刘桂辉:《论"以学定教"的教学意蕴及实现》,《教育理论与实践》,2016 年第 11 期,第 52—54 页。

第九章

教学改革中教师的研修与成长

习近平总书记在党的十九大报告中指出,要"加强师德师风建设,培养高素质教师队伍,倡导全社会尊师重教"。再宏伟的教学改革蓝图,都要经由教师逐一落实,因而教师队伍质量的重要性,不言而喻。教师作为亲历教学改革的生力军,作为在改革中成长的实践者,其与教学改革的关系是"成事"与"成人"的互动与互惠关系。本章讨论了从国家培训到校本研修的专业发展方式变化,也探讨了教师经由研修课程实现专业素养提升的过程,并以上海为例探索了我国教研制度的范式变革。

一、 专业发展方式转变: 从国家培训到校本研修

我国现代的教育改革始于 20 世纪八九十年代,受到我国经济的高速发展以及社会转型的影响,教育改革进入充满活力的"黄金岁月"。[①] 也正是此时,"教师的发展成为学校改革的核心"。1998 年我国开始推行"跨世纪园丁工程",教师专业发展既是教育改革的核心,也受到教育改革的影响。

(一) 两种培训方式: 外塑型培训和内塑型研修

班尼斯(Bennis)曾指出,教育中存在两类改革。[②] 第一类是"自上而下"的强制性变革,这类变革由政府专家领导,教师基本没有决策权,通常是服从和执行。第二类是"自下而上"的主动性变革,在这类变革中,教师享有参与、决策的权利。与此同时,教师专业发展在两类教育变革的影响下也呈现出不同的特点,第一类变革中的教师专业发展往往是被动的、被牵引的;第二类变革中的教师因是教育改革的主体而会自觉主动地投入到自身的专业发展之中。[③] 与此相对应,"教师教育的实现途径也有两种: 外塑型

① 杨小微:《社会转型时期学校变革的方法论初探》,华东师范大学,2002 年。
② 施良方著:《课程理论——课程的基础、原理和问题》,教育科学出版社 1996 年版,第 71 页。
③ 姜勇,洪秀敏等著:《教师自主发展及其内在机制》,北京师范大学出版社 2009 年版,第 6 页。

培训和内塑型研修"。① 而我国现代教师专业发展普遍采用的方式就是外塑型培训（be made），即依靠外部力量强制驱动教师专业水平的提高。这一方式强调教师对教学知识、技能的掌握，寄希望于教师能够成为把工作提升为专业，把专业技能转化为权威的人。② 然而，政府政策或者外界压力有时会使学校及教育机构作出即刻的行动和反应。③ 对教师的培养通常是基于师范院校（university-based）的职前培养和基于所在学校（school-based）的职后培训等。④ 而我国的相关研究也印证了当时教师专业发展的特点。

（二）三段发展时期："三段论式"—参与式—校本研修

1. 萌芽："三段论式"的教师培训

培训与培养相对，即对教师职业素养的培养，通常情况下，分为两个群体，职前培养针对的是在师范院校就读的师范生，职后培训往往针对的是在职教师。我国许多学者在研究中都探讨了教师专业发展学校（PDS）对教师专业成长的影响与作用，其中以关于外部机制的研究居多，如培训模式、培训的考核评价等。早期的教师培训普遍存在"三段论"的倾向，即理论学习—观摩考察—实践研究。该培训结构制定的初衷是希望教师能够在培训过程中做到理论结合实践，学有所获。但是有研究表明，这一时期的培训者都显得非常焦虑，他们希望讲台上的教师少讲理论，多讲实践，最好可以越过分析"为什么"直接告诉大家"怎么做"。因而，这种培训模式在运行过程中存在显而易见的问题：理论学习、观摩考察、实践研究这三者作为互不联系的部分独自运行，教师的理论学习成果并没有融合到教师的实践教学中，教师也并没有如期地在科研中展现其反思的过程。⑤

---

① 姜勇，洪秀敏等著：《教师自主发展及其内在机制》，北京师范大学出版社 2009 年版，第 35 页。

② Perry, P. Professional development: the inspectorate in England and Walea. In Hoyle, E. and Megarry, J. (eds.). *Word yearbook of education* 1980: *professional development of teacher.* London: kogan page, 1980.

③ 过伟瑜编，赵中建译：《国外中小学教育面面观：教师专业学习及发展》，海南出版社 2000 年版，第 3 页。

④ 姜勇：《论教师专业发展的后现代转向》，《比较教育研究》2005 年第 5 期，第 67—70 页。

⑤ 朱益明：《教师培训的教育学研究》，华东师范大学，2004 年。

2．转变：注重合作的参与式培训

参与式培训课程①与合作探究②的培训模式是当前教师培训的主流。只有促成"学习内容、学习活动、学习资源"的三方互动，才有可能开设符合实践需要的参与式教师培训课程，从而实现双重转变：培训者从"权威者"到"协助者"的转变，教师从"倾听者"到"参与者"的转变。在总结归纳各种关于教师培训激进发展的研究之后，有学者提出了这样的疑问："教师培训：补充还是转型？"③这两种培训模式呈现出了不同的价值取向，由于我国当前中小学教师专业水平的不均衡性和复杂性，一旦作出非黑即白的选择就意味着要付出顾此失彼的代价，因此解决这一问题的突破口，不在于对这种价值序列的好坏作判断，而是要结合我国教师专业发展的实情对其优先性作判断。显然，我国现在亟须解决的问题不是对教师知识在细枝末节上进行修补，而是考虑如何转变和更新教师的教育思想。

3．走向："三位一体"的校本研修

研修是指教研、培训、科研三位一体的教师继续教育，是基于学习共同体的一种培养模式，其目的是通过多方有效沟通开展教学与科研等活动，进而实现个人以及整个教师队伍素质的提升。④ 研修的基础是合作，既包括同伴之间的合作，也包括大学与中小学的合作。当前研修的模式分为两种：一种是单向灌输式，即大学研究人员通过既定的课题，进入中小学展开与课题相关的研究，中小学教师被视为"实验的种子"，为其提供鲜活的实践材料，在这种情况下，教师通常处于被动状态，其合作研修的效果大打折扣。另外一种是双向融合模式，即校方基于教师及学校的发展需要设立项目，大学研究者通过深入到中小学的教学活动中对其提供有针对性的指导，在此过程中双方互相对话，教师从中受益。

---

① 关于参与式教师培训的相关文献：陈向明：《参与式教师培训的实践与反思》，《教育研究与实验》2002 年第 3 期，第 66—71 页。李远芳：《参与式教师培训》，华东师范大学，2003 年。黄莉：《中小学教师"参与式培训"实施的研究——对常州市"参与式培训"实施现状的调查》，华东师范大学，2006 年。

② 吴民祥：《合作探究型教师培训模式研究》，广西师范大学，2001 年。

③ 注：所谓"补充式"教师培训重视对教育的具体知识、现代方法以及技能技巧的培训；"转型式"教师培训则着眼于思想观念的更新和整体知识能力结构的优化。具体参见谢维和：《教师培训：补充还是转型》，《高等师范教育研究》2002 年第 1 期，第 17—22 页。

④ 蔡群青：《大学—中小学教师研修共同体的建构研究》，西南大学，2017 年。

（三）一种变化轨迹：从制度化到无痕化

早期的教师专业发展是在国家一系列法律法规的倡导下逐渐发展起来的，把"教师素质的提高"作为一种要求列入政策条例中，无疑使得"素质的提高"成为教师的责任与义务，这在教师专业发展的初期起着非常重要的作用，但制度化所衍生出的强制性是一把双刃剑，在促进教师专业发展的同时，也使得教师的积极性受损。因此，教师的校本研修使得教师专业发展从"制度化"的寒冬，走向一种自觉、自主的"无痕化"的暖春。

1. 政策倡导下的启蒙时期

1985 年颁布的《中共中央关于教育体制改革的决定》指出，必须对现有的教师进行认真的培训和考核，把发展师范教育和培训在职教师作为发展教育事业的战略措施。

1993 年的《中华人民共和国教师法》第一次以法律形式规定了教师的权利与义务，指出教师"有参加进修或者其他方式的培训的权利"，同时也有"不断提高思想政治觉悟和教育教学业务水平"的义务。

1998 年教育部启动"中小学教师继续教育工程"，1999 年颁布《中小学教师继续教育规定》，这一系列的政策法律使中小学的教师培训进入了一个新时期。

2004 年 2 月，《2003—2007 年教育振兴行动计划》正式出台，这是新时期我国教育发展与改革的纲领性政策，它明确提出要"全面推动教师教育创新，构建开放灵活的教师教育体系"。因此，如何构建高素质的教师队伍成为教师教育发展的重中之重。

2011 年教育部颁发《关于大力加强中小学教师培训工作的意见》，以"国培计划"为抓手，推动了全员培训课程、补偿性培训课程、学历提升培训课程、师德教育培训课程、班主任教师培训课程等多个课程体系的搭建。[①] 宏观课程体系的搭建给微观培训课程的实施留出了较大的自主空间。

我国近年来的教师专业发展实践，无论是在国家、地市抑或是学校层面上，都使教师培训的力度都有所加强。然而在实践中，大量的资源投入并没有给教师的能力带来

---

① 王永红：《中小学教师培训课程建设：经验与反思》，《北京教育学院学报》2012 年第 3 期，第 5—9 页。

实质的提升。[①] 我们必须承认,培训效率低是困扰我国教师教育的一个重要问题。[②] 有相关研究表明,造成教师培训效率低的最主要原因是缺乏教师培训的需求分析,[③] 大部分教师培训"目中无人",既没有教师的主动参与,对于教师的反应也没有给予及时的回应。"传统师资培训时常停留在表面,教师的教育思想往往是在被动条件下形成的,其主体精神没能在观念上得到有效的发展和提升。"[④]这一时期尽管出现了大量的政策文本从制度的角度来规范教师培训,但是教师培训仍然存在着一些问题,比如需求上缺乏针对性,观点上呈现滞后性,组织上凸显强制性以及培训效果的低效性等。[⑤]

2. 基于需求的自主发展

国外的相关研究表明,"42%的教师认为教师专业发展培训提供给他们的是一些他们并不需要的东西,浪费了他们的时间;仅有 18%的教师认为学校提供的专业学习机会是有助于他们自身的专业发展的"。后现代主义学者对这种"自上而下"的教育培训模式进行了批评,他们认为"教师的专业发展不应该是被迫、被卷入的,而应该是自觉主动地建构自我内在精神世界的过程"。[⑥] 这种"内在发展"的思想认为,教师的专业发展不仅是一个被唤醒的过程,不断超越自我的过程,不断自我实现的过程,更是教师主动建构的过程。[⑦]

因此,想要解决当前教师专业发展的问题,首先需要诊断其优势和不足,寻找教师发展需求形成原因的"压力点",进而确定教师是否需要接受培训,哪些教师需要接受培训,需要什么内容的培训等。[⑧] 有研究者指出,应当提高当地相关部门对教师培训

---

① 赵德成,梁永正著:《教师培训需求分析》,北京师范大学出版社 2012 年版,第 3 页。

② 详细内容请参见:李燕萍主编:《培训与发展》,北京大学出版社 2007 年版。毛亚庆,鲜静林:《当前教师培训中应注意的几个问题》,《高等师范教育研究》2003 年第 1 期,第 45 页。

③ 详细内容请参见:庄玉昆:《教师培训实效性反思》,《继续教育研究》2007 年第 2 期,第 64 页。黄孝玉:《浅析教师培训低效的成因》,《吉林教育(现代校长)》2007 年第 6 期,第 61 页。

④ 姜勇、洪秀敏等著:《教师自主发展及其内在机制》,北京师范大学出版社 2009 年版,第 17 页。

⑤ 谢维和:《教师培训:补充还是转型》,《高等师范教育研究》2002 年第 1 期。

⑥ Lieberman, A. *Practices that Support Teacher Development*. Phi Delta Kappan, 1995:pp76, pp591 - 596.

⑦ Bullough, R. V., Kauchak, D. P., Crow, &. Stokes, D. K. Professional Development Schools:Catalysts for Teacher and School Change. *Teaching and Teacher Education*, 1997, Vol. 2:pp153 - 219.

⑧ 赵德成,梁永正著:《教师培训需求分析》,北京师范大学出版社 2012 年版,第 11 页。

需求的重视,使其根据当地特色/需求设置培训课程,增强教师的培训主体意识,[1]构建"专家—地方培训者—教师"的三方网络平台。[2] 这些研究显示,教师专业发展需要采用"自下而上"的有实效性的模式。[3]

校本研修作为一种新兴的主流专业发展模式能使广大教师受益。它以教学实践为基石,以专题性研究、课题化管理为特点,成为智慧教师的成长路径。校本研修给许多早已存在的课型注入了新鲜的血液,使之重新焕发生机。第一种课型是预约课。教师根据自己的研究兴趣,自定时间、主题、内容,自觉邀请其他教师或领导进班听课。它对教师而言意味着"不打无准备之仗",对管理者而言意味着"不做突然袭击",让教师有选择、有准备、有商量,激发了教师作为变革主体的内在自觉。第二种课型是实验课。它以学科为单位,以"微主题"规划研究"微行动",每次实验课结束后,举行说课、议课的研讨活动。这种交流研讨的机制一旦形成,就会产生一个催人奋进的"文化场"。[4] 第三种课型是调研课。它通常以学校发展的热点或难点为主题,组织教师(各个学科)通过观察、访谈、研讨等形式收集与主题相关的数据,并作出有效分析。此外,课堂观察量表也是一个检验教师教学目标达成度的行之有效的方式。这些课程吸引凝聚着教师,提升发展着教师,促使教师进入共同成长的"快车道"。

从关注教师专业发展的内容、模式,到关注教师的真实需求,我国教师教育发展走过了一条并不平坦的道路,然而正如福兰(Fullan)所言,"改革是一次经历而不是一张蓝图"。[5] 在前进的过程中我们可能会走一些弯路,犯一些错误,但所有的这些经历都将成为促使教师得到进一步发展的财富。

---

① 刘丹:《重庆市农村初中思品课教师培训需求调查研究——以重庆市部分县为例》,重庆师范大学,2014年。
② 宋寅喆:《我国农村幼儿教师培训需求现状与对策研究》,华东师范大学,2012年。
③ 赵明仁,周钧:《教师培训的理念更新与制度保障——首届"中国教师培训论坛"综述》,《教师教育研究》2007年第3期,第37—40页。
④ 曹海永:《观课"变脸":教师成长视野下的校本研修》,《教学与管理》2014年第23期,第21—23页。
⑤ Fullan, M. *Change Forces: Probing the Depths of Educational Reform*. London: The Falmer Press, 1993: p21.

二、 研修课程转向： 从知能本位到专业素养本位

国际经合组织认为，"素养不只是知识与技能。它是在特定情境中，通过利用和调动心理社会资源（包括技能和态度）以满足复杂需要的能力"。[①] 长久以来，教师研修课程存在"重理论素养，轻实践素养"、"重教育学科知识，轻教学实践知识"等现象。[②]

（一）教师专业素养的构成

目前，大多数研究者认为教师专业素养包括专业知识、专业能力与专业情意三个方面。[③] 具体展开如下。

关于"专业知识"：20 世纪 80 年代以来，教师专业知识成为教育研究备受关注的领域，是受到了美国教师教育改革专业化运动的影响。[④] 最早开始对教师专业知识进行系统研究的是艾尔伯兹（F. Elbaz）[⑤]，他提出了教师需要的五类专业知识，认为这些都是对成为教师而言必要的实用性知识。之后全球范围内掀起了研究教师专业知识的热潮，1987 年，舒尔曼（Lee S. Shulman）提出了教师专业知识的七个范畴[⑥]，1994 年格罗斯曼（Grossman）[⑦]提出了六种教师专业知识。

① 张华：《核心素养与我国基础教育课程改革"再出发"》，《华东师范大学学报（教育科学版）》2016 年第 1 期，第 7—9 页。
② 曹海永：《观课"变脸"：教师成长视野下的校本研修》，《教学与管理》2014 年第 23 期，第 21—23 页。
③ 教育部师范教育司：《教师专业化的理论与实践》，人民教育出版社 2003 年版，第 23 页。
④ 注：美国的教师教育改革经历两次大的浪潮，第一次以 1983 年的《国家在危机中：教育改革势在必行》为标志，第二次是以 1986 年的《国家以培养 21 世纪的教师作准备》为标志。
⑤ Elbaz, F. *Teacher Thinking：A Study of Practical Knowledge*. London：Croom Helm, 1983：pp216.
⑥ Shulman, L. S. Knowledge and teaching：Foundations of the New Reform. *Harvard Review*, 1987, Vol. 57(1)：pp1-22.
⑦ 转引自周福盛：《教师个体知识的构成及发展研究》，西北师范大学，2006 年。

表 9-1　有关教师专业知识的几种分类

研究者	教师专业知识
艾尔伯兹	学科知识、课程知识、教学知识、教学环境的知识、自身的知识
舒尔曼	内容知识、一般教学知识、课程知识、学科教学知识、学生知识、教学情景的知识、教学目的的知识
格罗斯曼	学科内容知识、学习者的知识、一般教学法知识、课程知识、情景知识、自我知识

上述关于"教师专业知识"的分类,分别提出在不同年代,但是可以看出"公约数"的存在,比如教学知识、课程知识、学科知识等。纵观多年来关于教师专业知识的研究,美国斯坦福大学著名教授舒尔曼提出的教师专业知识的七个范畴影响最大,在当时被视为对教师专业知识构成的权威理解。在这七类教师专业知识中,最特殊的一类是学科教学知识(Pedagogical Content Knowledge,简称 PCK),这是教师将自己所教学科的知识与一般的教学法知识进行结合以适应不同学习者的融合性知识,是教师对教师专业自我理解的特定形式,也是独一无二的教学经验。

然而,教学研究中,学者们过于关注对"一般教学方法"的研究,使得对"学科知识"的研究成为教师研究领域中的一个盲点。这一现象被舒尔曼称为教育研究中"缺失的范式"(The missing paradigm)。[①] 或许是受此影响,越来越多的学者开始对"个人实践性知识"(Personal practical knowledge)产生兴趣,这种源于教师个人经验与实践的混合知识可能是内隐的,但是它们以独特的方式构成了内在于教师实践的知识。[②] 德瑞尔(Driel)认为个体知识是教师通过个人经验而形成的教育主张,它是联结着教师的过去(经验)、现在(当前看法)、未来(未来预期)的混合体,这一研究结论正是对舒尔曼在 20 世纪 80 年代所提出的那个被忽视的盲点问题的补充。

关于"专业能力/胜任力": 国外教师研究领域中的"教师胜任力"(Teacher competence),在国内往往被翻译为"教师能力"。教师能力是教师专业发展的关键。自从 1973 年戴维·麦克里兰(McClelland)教授提出"胜任力"这一概念以后,胜任力就

---

① Shulman, L. S. Those Who Understand: Knowledge Growth in Teaching. *Educational Researcher*, 1986, Vol. 15: pp4-14.

② 姜勇:《论教师专业发展的后现代转向》,《比较教育研究》2005 年第 5 期,第 67—70 页。

成为了 20 世纪 80 年代一个前沿的管理理念。① 与此同时，这一概念也被逐渐应用到教育领域并形成研究热潮。国内外研究者对胜任力的概念、模型、理论等方面进行了深入研究。"胜任力"究竟是什么？其提出者麦克里兰对"胜任力"定义的再次修订②，以及斯班瑟（Spencer）对"胜任力"所作的概念区分③都对后来的学者定义它产生了较大的影响。此外，麦克兰格（McLagan）于 1980 年首先提出所谓胜任力是指个体在执行某一任务时所表现出来的优越绩效的能力。十年后，他又重新修改了这一定义并得到了学者的广泛认同（具体参见表 9-2）。④

表 9-2　有关教师专业能力/胜任力的几种概念区分

研究者	专业能力/胜任力
麦克里兰	胜任力是能将高绩效者与一般绩效者区分开来的，可以通过可信的方式度量出来的动机、特性、自我概念、态度、价值观、知识、可识别的行为技能和个人特质。
斯班瑟	胜任力是将某一工作中表现优异者与表现平平者区分开来的个人潜在的深层次特征。
麦克兰格	胜任力是指对优秀成果的产生具有重要影响的能力。
凯伦	教师能力是个人可以按照专业标准的要求有效完成特定工作的相关知识、技能和情感态度。
宁虹	教师专业能力是教师在专业活动与行为中表现出的专业意识品质，它的实质是教师专业意识的外化、对象化显现。
曾晓东	教师能力是指教师知道的（知识）、能做的（技能）、信仰的（价值观）的具体内容，它直接影响教师的教学成绩，但它并不指这些因素的作用效果。

卢正芝于 2007 年对我国教师能力研究开展 30 年来的成果进行评述之后指出，"教师能力是指教师在教育教学活动中表现出来的、直接或间接影响教育教学活动质

---

① 彭彦铭，郭志平，李正中：《教师胜任力研究述评》，《湖北师范学院学报（自然科学版）》2011 年第 1 期，第 65—69 页。

② McClelland, D. C. Testing for competence rather than for intelligence. *American Physiologist*, 1973, Vol. 28: pp 1-4.

③ Spencer Jr, L. M., Spencer, S. M. *Competence at work: Models for superior performance*. New York: John Wiley & Sons Inc, 1993.

④ 资料转引自徐建平：《教师胜任力模型与测评研究》，北京师范大学，2001 年。

量和完成情况的个性心理特征"。首都师范大学的宁虹则把"教师的能力"这一主题作为全国教育科学规划的国家课题来研究,在明确教师能力的内涵与外延之后,进而提出了"'教'的理论—'教'的意识—'教'的行为"这一教师能力模型。[1] 除此之外,曾晓东把教师能力解读为教师的知识、能力、价值观的具体内容,并非指这些具体因素的作用效果。[2]

关于"专业情意":"情意"与"情感"最为相似,这是一个无法用量化手段来测量的柔性指标,它渗透在教育领域的各方面。陶西平曾说,"教师的专业情意是教师对教育事业的情感、态度、价值观的融合,是教师职业道德的集中体现,也是教师专业持续发展的根本动力"[3]。也有学者将教师专业素养的计算模型表示为:素养＝(知识＋能力)×态度[4],由"×"可知,"态度"在一个人的素养形成过程中起着"一荣俱荣一损俱损"的作用,如果"态度"为负,那么知识和能力都会产生负面效果。上文已提到,教师情意的特殊性在于它无法用量化的手段去衡量,尽管可以通过改善教师的生存环境,为其营造一个良好轻松的氛围,以消除其职业倦怠感,但是任何外在的行政力量都无法对其实现行之有效的管控。教师的情意是内在的,它可以是教师的专业理想、专业情操,也可以是专业性向,但无论如何它都源于教师对教育以及对学生的热爱,并且构成教师从事本职业的根本动力。它不与一个教师掌握多少教学技能相关,一名教师需要通过它进入一种"静下来教书,潜下来育人"的境界,同时把教师职业当作一种追求、一种奉献和一种责任来坚守。

(二) 指向专业素养的教师研修课程

有研究表明,对微观教师培训课程的研究呈点状发展,且已经深入到不同学科[5]

---

① 宁虹著:《教师的能力》,教育科学出版社 2017 年版。
② 转引自彭彦铭,郭志平,李正中:《教师胜任力研究述评》,《湖北师范学院学报(自然科学版)》2011 年第 1 期,第 20—25 页。
③ 陶西平:《研究特级教师成长规律的独特价值》,《人民教育》2010 年第 5 期,第 63 页。
④ 柳夕浪:《从"素质"到"核心素养":关于"培养什么样的人"的进一步追问》,《教育科学研究》2014 年第 3 期,第 5—11 页。
⑤ 关于各个学科教师培训的相关文献:李笔耶:《新课程理念下的生物学教师培训理论与实践研究》,华东师范大学,2004 年。王玮:《关于科学课程教师培训的初步研究》,华东师范大学,2004 年。赵开兰:《新课程理念下高中生物教师校本培训研究》,广州大学,2006 年。

和不同领域①。这类研究根据学科自身的特点,着眼于教师知识的获得,设计了基于不同学科系统的教师培训方案。

从教师研修课程的发展过程来看,存在三种取向的研修课程:知识本位取向、能力本位取向和专业发展本位取向。② 前两者曾是教师教育课程设置的主流,但随着"人本位"理论的发展,人们越来越关注教师作为"人"的专业素养。教师研修课程规避了传统教师培训由专家主导、讲授为主的缺陷,通过实践、研究、反思、互动实现"研修一体"。依据此种价值取向以及教师专业素养的结构,可以确定教师研修课程的目标、实施过程以及评价方式。

总体目标: 教师研修课程的总体目标旨在提升教师的专业素养。在学科知识方面,把握教学内容的内在逻辑,在充分了解学生认知发展特点的基础上,有针对性地组织课程资源,以此做到教学内容、学生知识与课程知识三者的融合。在教学技能方面,提升教学设计能力、教学组织实施能力以及作业设计与评价能力,其核心要义都是结合自己教学特长与学生特点实施一些重点突出、难易适度的教学策略。在实践反思能力方面,教师要做到行动后反思,更要力争做到在行动中反思,减少教学失误给学生带来的不良影响,实现研修一体,促进专业发展。③

实施过程: 课程实施是将课程目标从文本落实到实践的过程,是将实践问题与研究问题互相转化的过程,即一边研究、一边学习、一边实践,旨在实现"研修一体"。因此,有学者认为,研修课程的实施环节可以分为"问题导向—理论探寻—案例分析—实践反思"四个环节。第一环节:问题导向。创设与教师实际生活相关的问题情境,可以凭借录像、照片以及故事叙述等形式呈现教学实践的相关案例,以此作为教师研修课程实施的起点。第二环节:理论探寻。有研究表明,素养的形成需要以知识为基础。实际上,在教师教育早期发展阶段,不仅不缺乏对理论的学习,往往还因过度重视对理论的学习,导致理论与实践的脱离,使得教师无法学以致用。因此,为了克服以上

---

① 针对不同领域的教师培训相关文献:姜克印:《新课程背景下的中小学教师校本培训研究》,福建师范大学,2006 年。丁艳平:《教师教育技术培训的在线学习支持设计与实践——技术支持体验的视角》,华东师范大学,2009 年。

② 王泽农,曹慧英主编:《中外教师教育课程设置比较研究》,高等教育出版社 2003 年版,第 257 页。

③ 上海市教师专业发展工程领导小组办公室,上海市教育委员会教学研究室组编:《中小幼教材教法研修一体网络课程纲要(一)》,华东师范大学出版社 2016 年版,第 126—132 页。

缺点,教师研修课程对"理论学习"的模块进行了改革,如根据学习者注意力集中的最长时间,将报告、讲座、会谈都以"微"的形式呈现,最长不超过 20 分钟。并且实现了从以往关注"为什么"到现在关注"怎样做"的转变。① 第三环节:案例分析。案例常常被视为理论与实践之间的桥梁。教师在将自己的学科知识与生活经验融合到课程学习中时,会经过一段时间的磨合,而案例分析则是教师进行有效反思的重要内容,教师无论是在"行动中反思"还是在"行动后反思",都需要把自己的经历切割成独立而有联系的意义单元,然后对每一个意义单元的案例进行分析。因此,教师可以适当使用案例写作的方式,促进理论与案例之间的交互作用,帮助自己克服理论与实践脱节的弊病。② 第四环节:实践反思。这一环节与上一环节息息相关,反思是富有成效的教师专业发展方式,如果通过自我反思不能解决自己的困惑(行动后反思),教师可以将实践中遇到的问题带到课程中去,以旁观者与参与者的双重身份观察同伴和专家研讨的过程(行动中反思),以此提升自我的实践反思能力。

评价取向与方式:课程评价从根本上说是评价者按照一定的标准和方法对课程的价值和特点作出判断的过程。③ 这是任何课程评价都拥有的共通属性。但课程评价取向则具有针对性,基本上可以包括三种取向:目标取向、过程取向和主体取向。④其中,目标取向最简单易行,曾在教育评价科学化进程中起到积极的推动作用,但是它忽略了人的主体性和创造性。过程取向从某种程度上讲是对目标取向的超越,它规避了目标取向只看结果不看过程的片面性,但它的局限性在于对人的主体性肯定不够。因此,一种新的评价取向——主体取向呼之欲出,它一方面重视评价过程,另一方面将评价中的主体(评价者与被评价者)提到极其重要的位置。它具有两个重要特征:一是评价的最终目的不是为了作出评价,而是要让被评价者认同评价,以此作出改进,获得发展。二是主体取向的评价强调被评价者的自我评价,因此真正的主体评价不是靠外力的控制来完成的,它依赖于每一个评价主体的反省意识。

---

① 陆勤超:《指向教师专业素养的教师研修课程研究》,华东师范大学,2017 年。
② 舒尔曼著,黄小瑞,崔允漷译:《标志性的专业教学法:给教师教育的建议》,《全球教育展望》2014 年第 1 期,第 11 页。
③ 李允,周海银主编:《课程与教学原理》,山东人民出版社 2008 年版,第 117 页。
④ 张传燧主编:《课程与教学论》,人民教育出版社 2008 年版,第 381 页。

由此可知,当前教师研修课程的宗旨与主体取向的课程评价相契合,研修课程评价的目的不在于评价结果本身,而在于评价结果如何以及在多大程度上促进教师的发展。有研究表明,现存的教师研修课程评价内容与方式包括如下两个方面:一是针对课程知识的纸笔测试,其目的是考查教师对知识的掌握情况。在每次课程学习之后,评价者会以选择题、判断题等形式设计一些题目,如果教师回答的正确率低于60％,则视为不合格,该教师将重新学习课程知识后再参加本环节的考核。[①] 二是针对反思能力的表现性评价。这类评价很难用量化的方式去做,通常情况下,评价者采取观察的形式,考察被评价者在真实的情境中运用已有知识分析、解决情境问题的能力。而对于教师而言,这个评价过程,既是一个学以致用、体现教学机制的过程,又是一个实践反思的过程。由此可见,教师研修课程不同于一般教师培训的地方在于,它并非一个脱离教育实践单独进行的培训活动,相反,它深深扎根于教师的教学实践活动中。

三、 教研制度的变革: 上海"秘密"折射全国经验

为适应国际形势以及国内教育质量内涵发展的要求,实现教师专业的内涵式发展,《国家中长期教育改革和发展规划纲要(2010—2020 年)》第十七章指出:"通过研修培训、学术交流、项目资助等方式,培养教育教学骨干、'双师型'教师、学术带头人和校长,造就一批教学名师和学科领军人才。"[②]教师教研制度有其固有的传统,同时也是国家倡导的教师专业发展的主要路径之一。2009 年的 PISA 考试,更是让中国的教育成为世界各国关注的焦点,许多研究者纷纷前来探寻"上海的秘密",殊不知,上海的经验实际上是全国经验的缩影,先进而又适合本土的教研制度创新,正是让上海在PISA 测试中取得成功的"重器"之一。正如上海教育学会会长尹后庆所说,PISA 让上海基础教育在世界教育坐标中找到了自己的位置,上海的教研制度也成为世界公认的教育财富。

---

① 陆勤超:《指向教师专业素养的教师研修课程研究》,华东师范大学,2017 年。
② 中共中央、国务院:《国家中长期教育改革和发展规划纲要(2010—2020 年)》,2010 年 7 月 29 日。

(一) 基于传统的教研制度的更新

教研活动通常被视为学校有目的、有计划地组织教师按照一定程序对具体课题的教学实践进行研究的形式。[①] 陈桂生先生曾说,所谓的教研活动的实质是具体运用教学法来指导教学的过程,后来,由于教学法逐渐淡出人们的视野,教学研究实际上成为对这节教材或那节教材,这单元教材或那单元教材如何教学的讨论。[②] 可见,尽管没有明文规定,尽管不是同一个名字,但是这种类似于教研活动的行为在教师专业发展历程中存在已久。

在传统的教研制度中,教研工作的组织结构包括校长、教导处、教科室、教研组、备课组以及教师个人。其中,校长被视为校本教研的"总指挥",教导处和教科室是"总参谋",教研组和教师则被视为接受并执行命令的"士兵"。有学者认为,"教研活动总是给人以虚假、浮躁之感,总是缺乏时效性、针对性,在热热闹闹的活动之后,往往难以达到预期的目的,正因为如此,在大多数老师眼里,'教研'成了'鸡肋':食之无肉,弃之有味。"[③]其实,在校本教研结构设定之初,学校中的教研组和备课组是支持教师互助发展的重要组织,它在促进教师专业发展的过程中,的确起到了重要的作用,但是不免也存在一些不容忽视的问题,如教研组织行政化,经常在教学管理上仅起"上传下达"的作用,未能有效地深入教师实践,因此对教师所面临的困惑也缺乏有效指导等。北京一位资深的高中语文教师(20 世纪 70 年代参加工作)曾说:"现在的教研活动(指区教研室)与从前相比变化太大了……觉得教研活动对教师的帮助不大。"[④]在这种情况下,教研制度的改革势在必行。但改革不是盲目的,而是要对传统进行去其糟粕取其精华的加工,再增加范式变革的时代特点。

对以上海为代表的中国教研制度在改革开放 40 年以来的课程与教学改革进程中的发展与变化,可大致作如下梳理。

1. 更新教研组织的结构

第一,以教研员为核心。教研员具备一定的理论素养,同时也了解教学实践,具有

---

① 雷树福著:《教研活动概论》,北京大学出版 2009 年版,第 6 页。
② 陈桂生:《何为中小学教师的"教研"与"科研"》,《教育理论与实践》2008 年第 2 期,第 64 页。
③ 王福强编著:《用心做教研——一线教师最需要的教研策略》,吉林大学出版社 2010 年版,第 3 页。
④ 转引自丛立新著:《沉默的权威——中国基础教育教研组织》,北京师范大学出版社 2011 年版,第 54 页。

丰富的教学研究经验,能够缓和理论与实践的冲突。从教研员的职能来看,教研员承担着学前至高中阶段的课程与教学研究、指导、服务工作。第二,以专家为辅助。教师在教研活动中遇到一些靠已有的知识和经验无法解决的问题时,学校会在这方面给予支持,搭建大学专家和中小学教师的沟通平台,这与以往 U-S 合作的区别在于,教师与专家主体地位的改变,教师会带着自己的问题,有目的、有针对性地寻求帮助,专家并不占据主导地位,而是变成真正帮助教师走出瓶颈的指导者。第三,以案例为抓手。研究问题不是自上而下预设出来的,而是在实践中产生的,这一点要求教师留心观察身边有价值的教育案例,案例是教师进行教研活动最珍贵、最有时效性的资源。

2. 坚守师徒帮带的传统

师徒制使中国各行各业的工匠精神得以传递。在学校,通过师傅的言传身教、率先垂范,可实现对新教师职业素养的养成。有人说,"现代学校中的职后教育与入职辅导中的师徒制是对以往盛行的教师职前教育(师范教育)反思的结果"。[①] 新教师在工作之初所具备的经验和知识往往还不足以应对全新的工作,需要有经验的教师(骨干教师或特级教师)来充当"师傅",在日常非工作时间帮助和带领其成长。一般情况下他们会在一起工作 1—3 年,实际上,师徒帮带作为一种同伴互助的形式,虽然没有明文规定,但是已经成为大部分学校约定俗成的制度,有的学校让新教师和老教师共同管理一个班级,鼓励双方互相进行课堂观察。此外,还有一些非学校行为的教师研修班采用"导师带教 + 体验式活动 + 自修提高"的方式组织教师开展研修活动。

3. 丰富教研活动的类型

教研活动通常是同一学科的教师围绕着一节课作准备,同上一节课,并利用集体智慧对教学过程进行评议、讨论,从而有针对性地提高教师的实践水平。在新课改的背景下,比较盛行的教研活动类型有两种:第一种是"一课一评"。这种教研形式比较常见,适用于日常教研。"一课一评"操作简单,就是指教师实施教学过程之后,教研组和备课组成员即时对课程实施情况进行评议,对于执教教师与备课组成员来讲,这种教研类型十分常见和普遍,它具有随机性、生成性和时效性的特点。第二种是"同课异

---

① 陈桂生:《且说初任教师入职辅导中的"师徒制"》,《湖南师范大学教育科学学报》2006 年第 5 期,第 38—
　40 页。

构",它已成为教师上公开课时会经常选用的教研模式。它是指同一教研组或备课组的教师对同一教学内容进行不同的个性化设计,然后两组或多组教师针对该教学内容按照自己的教学设计展开教学过程,教研组所有成员参与观摩课堂实施的情况,课后本着优势互补、博采众长的原则进行讨论。这种教研模式有助于实现教师的专业成长,并产生优秀的课例。

4. 自主创造听课评课的氛围

我国教研制度中有一个可贵的优点在于,在学校的行政力量之外,教师们自发形成了民间教研小组,他们通常以3—5人为单位,利用碎片化时间,商讨教学问题,相互听课,共同对教学过程"复盘",向彼此提供有效的教学建议。许多教师从这种类型的研究小组中受益,因为它轻松的氛围使得教师更容易在这个过程中寻找到教育、教学的本真。他们会发现教学生学习、指导学生学习,能对自身的教学和学生的学习起到诊断作用,是增加教师专业知识,提高教学能力、诊断能力以及研究能力的重要途径,将必然成为教师专业发展的客观需求[①]。在全国教育都在鼓励教师成为"研究者"和"反思性实践者"之际,这种自发形成的"互帮—互助—互研"的组织,正是在此号召下结出的丰硕果实。

(二) PISA 背后的"上海秘密"

2009 年和 2012 年,上海学生两次在 PISA 测试中取得骄人成绩(阅读、数学、科学三项第一),受到世界瞩目。许多学者和专家纷纷前来探求这一成绩背后的"上海秘密",最终发现中国的教研制度是上海学生成绩优异的一个重要影响因素。[②] 上海作为中国内地首个参加了经济合作与发展组织(OECD)开展的教师教学国际调查(TALIS)项目的地区,在 2013 年展现了出色的一面,调查结果如下:有 97.9% 的教师认为他们在所教学科的内容准备方面是作得比较充分和非常充分的;有 96% 的教师认为他们在所教学科的教育教学方法方面所作的准备是比较充分和非常充分的。这两项指标远超国际均值(前者 93.9%,后者 89.7%)。另外,相对于参加调查的其他 38

---

① 张伟民:《教师专业发展的客观要求:教学诊断能力及其提高》,《教师教育研究》2006 年第 1 期,第 13页。
② 纪明泽:《上海教研如何实现传承与创新》,《人民教育》2016 年第 20 期,第 20—23 页。

个国家和地区而言,上海教师的表现总体上远超国际平均水平,并且至少在 10 个指标上取得"世界之最"。[①] 这一硕果的取得从整体上依赖于"一个转变＋一个特点"。

从经验到实证的教研范式的转变。上海基础教育改革的重点是激活每一个微观主体的改革能量,回归教育本原,让人成为教育的目的。传统的教学研究的基本范式是"问题—实践—总结—经验",直观上看,该范式具有清晰的结构性、逻辑性,同时在实践中也具有可操作性,但是其缺点在于目标较为宽泛,缺乏针对性,具有说服力的证据不足。基于此,上海市教研在教研范式上敢为天下先,做了重大突破。其基于实证的教学研究的基本范式共包括五个步骤:第一,提炼实践中的真问题。这与上文说到的以"案例为抓手"不谋而合,其宗旨都是要求教师提出的课题研究问题要具有真实性、鲜活性,强调目标的集中性和可测性,切忌漫无边际。要对教育、教学中出现的问题,用证据和事实去论证,而不是只凭借感觉印象去判断。第二,重视科学的研究方法。以往教师的教学研究并不重视对研究方法的运用,经常是一些简单的经验总结,现如今,要求教师基于经验和理论对已经提出的真问题形成基本假设,要选择有针对性的研究工具,对已搜集的数据进行解释分析。第三,注重研究工具的开发和使用。实证的研究取向要求研究者搜集大量的、客观的、科学的数据,如何准确地对数据进行分析,技术工具的开发和使用便显得十分重要。上海市教委开发了上海市课程与教学的"调研规准",这意味着,调研目标、内容以及流程都是基于标准的。这是从基于经验的调研走向基于实证的判断的重大转向。这类对象主要有以课和学科为对象的调研工具,以课堂教学为对象的观察工具。第四,彰显数据的整合性。通过上述工具得到的数据要客观、科学,不可凭空捏造,要多维度、多途径搜集证据,要有量化的证据,也要有质性的数据,因此需要对结构化、半结构化以及非结构化的数据类型进行整合。第五,不以结果为重点,要以改进为目的。以实证为基础的教学研究范式绝不会以既定的结果为终点,而是在诊断的基础上动态地改进。基于此,上海市"绿色指标"项目的评估结果,从市、区县、学校三个层面给出诊断建议:(1)市质量监测中心研究人员同教育专家对数据从变量特征分析、类差异分析、相关分析等几个方面进行技术分析。

---

① 转引自陆勤超:《指向教师专业素养的教师研修课程研究》,华东师范大学,2017 年。注:其调查结果由上海市教育科学研究院提供。

(2)区县层面根据基础数据报告和绿色指标分析报告,统一分析思路进行再解读,也可以结合本区县的情况进行深度个性化解读,如静安区作为中心城区,提出基于标准进行等值的学业成绩分析,激发了学校的主动性。(3)学校层面根据诊断意见,结合学校设计,找到主要问题,制定具体的改善措施。如奉贤教师进修学院附小,结合"绿色指标"中的"红灯",发现学校在校外补课、学生学习压力等方面存在的问题的严重性,及时提出了行之有效的解决措施。①

教研员"下水"上课,身先士卒。改革需要先行者和探索者,教研员是否已在教师教育改革中担此重任? 长久以来,中国教研组中的教研员制度一直是实践者和研究者们争议的焦点,其原因在于教研员长期脱离教学实践,却以居高临下的姿态来指导实践工作者。因此,在第八次课改进行得如火如荼的今天,教研员的工作受到前所未有的挑战。② 上海市基教处和市教委教研室联合静安区第一中心小学举行了"二期课改实践研究会",会议的宗旨就是"教研员要聚焦课堂、关注教学"。某教研员上课之后谈到,他已经五年没有在学校上过课了,如今亲自"下水",不仅重温了驰骋三尺讲台的酣畅,更是重新做到了"知人冷暖"。

"在游泳中学会游泳,在战场上学会打仗",这句话可以形容目前中国教研制度的宗旨,研修的"阵地"不在严肃的会议室,也不在宽广的阶梯教室,而在鲜活的课堂。就在课堂上,实施双主体研究,促进师生和谐发展。教师专业发展的过程像一场攻坚战,教研员需要成为一支先锋队,首先投入到实践中去,再成为引领者。静安区教育学院院长张人利主张教研员必须"拿起粉笔",在教学第一线获取实践经验,然后再担当教改"导师"的重任。因此,多年来,静安区教育学院形成了一则不成文的规定:所有青年教研员都要被派到一线课堂"滚一滚",中老年教研员也要到学校担任相关学科的带教工作,现在,学院85%以上的教师进入教学第一线,时间1—5年不等。③

PISA 考试引起了人们对"上海秘密"的关注,实际上,它既不是奇迹也不是秘密,

---

① 佚名:《在基础教育转型中实现教研方式变革——上海教研工作访谈录》,《基础教育课程》2014 年第 3 期,第 68 页。
② 罗阳佳:《回归本位 形成合力——上海教研员校长教师在教改中的角色分担》,《上海教育》2007 年第 11 期,第 34 页。
③ 同上书,第 35 页。

而是上海教育从各级组织到各学科教师共同努力、相互配合的结果。他们敢于攻坚，善于思考，肯付出比别人都多的努力，从合格到优秀的跨越，是在一步一个脚印的探索中完成的。TALIS 调查表明，上海初中教师每周工作时间为 39.7 小时，用于教学的时间为 13.8 小时；而按照国际平均值，教师每周工作时间为 38.5 小时，教师每周教学时间为 19.2 小时。这足以说明，上海教师不仅肯付出更多的努力，同时其努力也卓有成效。

第十章

继往开来：为学习者主动学习开辟新天地

党的十九大报告指出，要"推动中华优秀传统文化创造性转化、创新性发展，继承革命文化，发展社会主义先进文化，不忘本来、吸收外来、面向未来，更好构筑中国精神、中国价值、中国力量，为人民提供精神指引"。教学变革加上技术的飞速发展，推动着学习方式、课堂教学方式和学校的变革，学习方式多样化的未来学习，倡导公平，注重对话、合作和探究的未来课堂，以及不固定、非划一、无边界的未来学校值得期待。

一、未来学习：多种力量推动学习方式变革

《基础教育课程改革纲要（试行）》明确指出，要"逐步实现教学内容的呈现方式、学生的学习方式、教师的教学方式和师生互动方式的变革，充分发挥信息技术的优势，为学生的学习和发展提供丰富多彩的教育环境和有力的学习工具"。[①] 在传统教学模式主导下的学习过程中，学习者认知主体的地位没有得到充分发挥，学生的学习方式也较为单一。课程与教学制度的变革，伴随着以互联网为特征的计算机技术和人工智能技术的兴起，为主动学习、交互式学习、智能学习等新型学习方式的发生提供了保障。

（一）以互联网为特征的计算机技术要求并助推主动学习

在传统的学习中，信息的传递主要以纸、黑板等作为载体，这在很大程度上限制了信息传播速度和信息传播量。学生所学的大部分知识都来源于教材和教师的讲授。从学习策略来看，传统学习方式长期以知识精加工型学习为主。所谓知识精加工型学习，就是学习者在规定的时间内，按照统一要求和预设的知识单元顺序，逐个达到规定测试要求，对所学内容进行全面掌握的过程。[②] 从课程设置来看，传统的学习采用的

---

① 教育部：《基础教育课程改革纲要（试行）》，2001 年 6 月 8 日。
② 黄荣怀、陈庚、张进宝、王运武：《论信息化学习方式及其数字资源形态》，《现代远程教育研究》2010 年第 6 期，第 68—73 页。

大多是阶梯型课程。① 阶梯型课程追求效率,这种课程将学习内容划分成不同的"小步子",引导学生步步攀升,学生攀升的过程被单向地、线性式地进行了规定,一旦有一级踏空,就会导致"掉队"。不管是精加工型学习还是"阶梯型"课程,都会带来学生学习方法的僵化,这种学习方式往往习惯于将教师、课堂和教材视为学习的中心,学习过程中学生的主体地位无法得到凸显。由于学习内容的封闭性,学生只需被动接受老师讲授的知识,即可完成学习任务,学生更在意问题与答案的匹配而非学习的探究过程。

以互联网为特征的计算机技术的发展及其与学科的整合为教学带来了极大的冲击,传统被动式的学习方式显然已经难以适应信息时代、网络时代的学习,信息时代、网络时代呼吁终身学习的精神,要求学习者具备主动学习的学习素养,同时以互联网为特征的计算机技术亦为学习者带来多元化的学习方式,为主动学习创造条件,推动主动学习。"信息化环境下学生学到的知识不是通过教师传授得到的,而是学习者在一定的情境下,借助他人的帮助,利用必要的学习资料而获得的。"②

1. 互联网技术推动了主动探究学习

互联网技术的发展,一方面将大量的信息带到了学生的身边,极大程度地拓宽了学生获取信息的渠道,为学习者的学习打开了一片新天地,学习者的学习不再局限于传统教材和教师的讲授,学生可以借助互联网直接获得自己所需的信息,可获得的海量信息为学习者的自主学习提供了强大的资源库,拓展了主动探究式学习的空间和资源;另一方面加快了信息更替的水平,教师在课堂上教授的知识难以完全满足学习者的学习需求,学习者不得不主动获取资源,开展自主探究式学习。

探究式学习即基于探究的学习,《美国国家科学教育标准》对探究的定义是:"探究是多层面的活动,包括:观察;提出问题;通过浏览书籍和其他信息资源发现什么是已经知道的结论,制定调查研究计划;根据实验证据对已有的结论作出评价;用工具收集、分析、解释数据;提出解答、解释和预测;交流结果。探究要求确定假设,进行批判

---

① 〔日〕佐藤学著,钟启泉译:《学习的快乐:走向对话》,教育科学出版社 2004 年版,第 122 页。
② 刘雍潜、李龙、谢百治:《信息技术环境对"学与教"方式的支持》,《中国电化教育》2010 年第 11 期,第17—21 页。

性和逻辑的思考,并且考虑其他可以替代的解释。"[1]

探究性学习强调学习者的主体性,其学习过程是一个"提出问题—分析问题—解决问题"的过程,这一过程的完成需要学生主动收集、分析信息,建构知识,解决问题。互联网技术的发展改变了过去教材便是孩子的"世界"的局面,学习者在收集学习资料时,教材和教师不再是仅有的"理论依据",学习者可以借助互联网自主搜索自己所需的信息,亦可借助各类社交工具求助于各个专业领域的专业人士。但由于互联网上的信息量过于庞大,且自媒体时代任何人都有发表自己的观点和看法的平台,网络上信息鱼龙混杂,这便要求学习者具备一定的信息筛选、鉴别能力,在搜索探究的过程中批判地接受,最终解决问题。

2. 互联网技术推动了个性化学习

个性化学习是以学生个性差异为基础,以促进学生个性发展为目标的学习范式。[2] 个性化学习的实现有赖于丰富的学习资源和个性化的学习环境,学习的自主性和开放性是个性化学习的主要特征。[3] 在传统课堂学习中,由于受到资源、体制等客观因素的限制,教师难以顾及到每个学生的差异,并且"传统的个性化学习由于技术和资源的限制,更多强调教师个性化的指导,是由教师根据不同学习者的特点来制定不同的教学指导计划,学习者完成教师制定的个性化任务来实现的。这种个性化学习与其说是个性化学习,不如说是个性化教学,这种个性化并没有满足学习者的个性化需求"。[4] 以互联网为特征的计算机技术的发展打破了传统教学方式对学生的束缚,使学习的空间和时间更具弹性,"学习者可以在网络上自主选择学习内容、学习方式、学

---

[1] National Research Council. *The National Science Education Standards*. Washington DC：National Academy Press, 1996：p. 23　转引自陆璟：《探究性学习》,http://www. being. org. cn/inquiry/tanjiu. htm(检索日期：2017 年 11 月 28 日)。

[2] 刘学智,范立双：《日本中小学教育中的个性化学习：经验、问题与启示》,《比较教育研究》2006 年第 2 期,第 13—17 页。

[3] 马颖峰,陶力源：《信息技术环境中的个性化学习探索》,《中国教育信息化》2008 年第 16 期,第 31—33 页。

[4] 蒋志辉：《网络环境下个性化学习的模式建构与策略优化》,《中国远程教育》2013 年第 3 期,第 48—51 页。

习资源、学习伙伴,从而真正实现个性化、自主化的学习"。①

技术支持下的新型学习方式主要有翻转课堂(Flipped Classroom 或 Inverted Classroom)、慕课(Massive Open Online Course)、微课(Microlecture)等。这些技术支持下的新型学习方式,从学习场所上看,不再局限于学校和课堂,任何人都可以选择在自己喜欢的场所进行学习;从学习内容上看,所有学习者都可以根据自己的兴趣选择感兴趣且符合自己能力与认知水平的课程;从学习节奏上看,不再存在众口难调的问题,大家都可以根据自己掌握学习内容的情况调整学习节奏;从学习时间上看,不必再召集所有学习者在特定的时间点共同开展学习,每人都可根据自己的情况妥善安排时间。

3. 互联网技术推动了碎片化学习

以互联网为特征的计算机技术的发展将我们带到了大数据时代,大数据环境下人们的学习方式和学习习惯正在悄悄发生改变,智能手机等可穿戴设备占据了人们大量的碎片化时间,在碎片化时间里,人们通过智能手机等设备获取来自互联网的大量信息。对于碎片化学习,可以从两方面进行理解,一方面是指由信息时代信息获取的便捷性带来的人们阅读的随意性,学习者所获取的知识趋向碎片化;另一方面是指学习者主动利用零碎的闲暇时光进行阅读,导致学习时间的碎片化。因此碎片化学习是指学习者运用全新的思维方式,利用碎片化阅读或在碎片化时间里,从互联网挖掘有意义的知识碎片,并对知识碎片进行存储、汲取、加工等建构的过程。②

《2014 年中国移动互联网学习用户研究报告》显示,大学生及 30 岁以内的职场人士,移动学习频率更高。其中,19—22 岁人群占 33.2%,23—30 岁人群占 37%。在用户使用 APP 学习的主要情境中,"睡觉前"占 50.2%,"坐车时"占 38.8%,"午休期间"占 37.6%,"晚饭后"占 19.3%,"排队时"占 18.6%,"起床后"占 16.7%,"上厕所时"占 12.0%,"其他"占 6.3%,"吃饭时"占 4.6%。③ 由此可见,碎片化学习因其可以在

---

① 蒋志辉:《网络环境下个性化学习的模式建构与策略优化》,《中国远程教育》2013 年第 3 期,第 48—51 页。

② 王承博、李小平、赵丰年、张琳:《大数据时代碎片化学习研究》,《电化教育研究》2015 年第 10 期,第 26—30 页。

③ 沪江网,百度教育:《2014 年中国移动互联网学习用户研究报告》,http://www.199it.com/archives/327603.html(阅读时间:2017 年 11 月 28 日)。

任意时间、任意地点获取所需的信息,使得许多学习者得以有效利用闲暇时间,大大提高了时间的利用率。较之传统学习,在碎片化学习过程中,学习者具有较高的灵活性和较强的主动性。但与此同时,碎片化学习亦引起了人们对深度学习以及学习有效性的思考。有许多学者对此发表了自己的看法,他们认为以数字化、网络化、移动化为典型特征的学习方式,成了滋生浅层学习的温床,难以实现深度学习的开展。① 碎片化阅读还有一个致命的缺陷,那就是缺乏系统性,太过随意。同时因为阅读环境的嘈杂和无序,也往往导致阅读者过目即忘,从根本上说不利于知识的积累和传播。既然是碎片化,也就预示着这种阅读方式的短暂、断裂,无法持续和长久。而只有那种持续和长久的阅读,才能促进一个人的知识积累,扩大他的知识面。② 无序的、零敲碎打的阅读方式,零散而随机的知识,往往导致人们缺乏思考;信息过目即忘,不利于知识积累传承,因为信息来得非常容易,所以不会去珍惜。③ 总而言之,碎片化学习因其随机性、零散性和低关联度,很可能将导致学习者缺乏整体思考,不利于系统的知识体系的构建。信息时代如何引导学习者从大量信息中挑选有意义的信息进行学习,实现碎片化内容的整合,促进信息内容的深层加工,激发自身批判性思考,实现知识的转化、迁移和主动建构是教育研究者们面临的一大挑战。

(二)人工智能技术推动智能学习、交互式学习

人工智能(Artificial Intelligence,AI)是计算机科学的一个分支,是一门研究运用计算机模拟和延伸人脑功能的综合性学科。④ 人工智能技术概念于 1956 年正式被提出,其主要研究领域有专家系统、机器学习、模式识别、自然语言理解、人工神经网络、博弈和分布式人工智能等。⑤ 当前,人工智能技术获得了迅猛发展并正在引发大数据分析技术、虚拟现实技术、可穿戴技术等的交叉融合,形成了以人工智能技术为核心的新一代技术集群,推动了人机交互入口和决策服务的智能化,各种形态的智能代理出

① 张浩,吴秀娟:《深度学习的内涵及认知理论基础探析》,《中国电化教育》2012 年第 10 期,第 7—11 页。
② 苑广阔:《碎片化阅读无法替代传统阅读》,http://guancha.gmw.cn/2014-03/10/content_10627937. htm? from=groupmessage&isappinstalled=0(阅读时间:2017 年 11 月 28 日)。
③ 陈媛:《基于碎片化问题的非线性认知模式研究》,《电化教育研究》2014 年第 11 期,第 22—29 页。
④ 张剑平:《关于人工智能教育的思考》,《电化教育研究》2003 年第 1 期,第 24—28 页。
⑤ 徐鹏,王以宁:《国内人工智能教育应用研究现状与反思》,《现代远距离教育》2009 年第 5 期,第 3—5 页。

现并得到初步应用。[①]

　　教育领域在人工智能的带动下也在渐渐发生改变。人工智能和学习科学相结合形成了新领域——教育人工智能(Educational Artificial Intelligence，EAI)。教育人工智能重在通过人工智能技术，更深入、更微观地窥视、理解学习是如何发生的，是如何受到外界各种因素(如社会经济、物质环境、科学技术等)影响的，进而为学习者高效地进行学习创造条件。[②] 目前，已有大量教育人工智能系统被应用于学校，这些系统整合了教育人工智能和数据挖掘(Educational Data Mining，EDM)技术(如机器学习算法)来跟踪学生行为数据，预测其学习表现，以支持个性化学习。[③]

　　有许多学者对人工智能技术在教育领域的应用研究进行了综述，翟天羽认为，人工智能技术在教学方面和学校管理方面都有应用，其中在教学方面的应用涉及课堂教学、在组卷和阅卷中的应用及仿真教学实验等方面；在学校管理方面的应用则涉及教学测评、学生心理疏导、学生健康成长跟踪、学校安防等方面。[④] 徐鹏等人在对国内2000年到2008年期间人工智能在教育教学领域应用的技术开发研究进行分析后发现，在教育教学活动领域，人工智能技术主要涉及智能教学系统(ITS)、智能代理(Agent)技术的教育应用、智能答疑系统、智能化教育决策支持系统开发等方面。[⑤] 贾积有在采用典型案例法和文献计量法对国外2007年初至2009年底人工智能教育应用研究的最新进展进行分析后发现，自然语言处理和智能代理是那三年来人工智能教育应用研究中应用得最多的技术，也是最受关注的问题。[⑥] 陈凯泉等人在对2010年至2017年关于教育人工智能的文献进行研究后发现，在应用人工智能变革学习方式的研究中，智能代理(Intelligent Agent)与自主学习(Self-regulated

---

① 郭绍青，贺相春，张进良等：《关键技术驱动的信息技术交叉融合》，《电化教育研究》2017年第5期，第28—35页。

② 闫志明，唐夏夏，秦旋，张飞，段元美：《教育人工智能(EAI)的内涵、关键技术与应用趋势——美国〈为人工智能的未来做好准备〉和〈国家人工智能研发战略规划〉报告解析》，《远程教育杂志》2017年第1期，第26—35页。

③ 余明华，冯翔，祝智庭：《人工智能视域下机器学习的教育应用与创新探索》，《远程教育杂志》2017年第5期，第11—21页。

④ 翟天羽：《人工智能在学校教学和管理中的应用》，《智能城市》2017年第6期，第68—70页。

⑤ 徐鹏，王以宁：《国内人工智能教育应用研究现状与反思》，《现代远距离教育》2009年第5期，第3—5页。

⑥ 贾积有：《国外人工智能教育应用最新热点问题探讨》，《中国电化教育》2010年第7期，第113—118页。

Learning)，智能教学系统（Intelligent Tutoring System）与专家系统（Expert System），学习数据分析（Learning Data Analysis），眼部跟踪（Eye Tracking）和面部表情识别（Facial Expression Recognition）等智慧感知技术的探索应用，基于游戏（Serious Game）的教学系统，应用虚拟现实（Virtual Reality）技术构建仿真实验环境，应用教育机器人（Educational robotics）作为学习者的学习伙伴这七类主题的文献近年来发表数量显著增加。[①]

对比分析几位学者的文献综述研究可以发现，智能代理、智能教学系统等一直是教育人工智能领域较受关注的话题。智能代理是一种以主动服务方式自动完成一组操作的机动计算机程序，具有自主性、主动适应性和迁移性等特点，目前已广泛应用于教育教学当中，比较典型的教育应用有：智能教师代理、智能学生代理、智能信息资源代理等。[②] 近些年，伴随着技术的发展，研究者逐渐开始关注眼部识别和面部表情识别、虚拟仿真技术、开发教育机器人作为学生的学习伙伴等需要更多技术支持的领域。从这几篇相隔七八年的文献综述中，我们除了看出技术的进步外，也能发现教育人工智能领域越来越关注学习者个体，关注学习者的学习体验以及学习交互需求。过去，受到人力资源以及软、硬件资源的限制，教育领域只能给予每一个学生有限的关注，由于教师少、学生多，许多学习者在学习过程中产生的交流、沟通需求没能及时得到满足。但随着人工智能技术介入教育，许多学习者的交互需求都将及时得到回应，笔者尝试展望未来，或许那个关注每一个个体学习需求的学习时代即将到来。

（三）课程与教学制度变革为学习方式转变提供保障

现代教学的转型对学生的学习方式提出新要求，被动、接受式学习要转变为主动、合作、探究式学习。在这一过程中，课程与教学制度的变革为学习方式的积极转向提供了保障。

1. 学习方式的转变

在传统教学过程中，学生往往扮演被动学习者的角色，他们被看作是可以任意填

① 陈凯泉，沙俊宏，何瑶，王晓芳：《人工智能2.0重塑学习的技术路径与实践探索——兼论智能教学系统的功能升级》，《远程教育杂志》2017年第5期，第40—53页。
② 徐鹏，王以宁：《国内人工智能教育应用研究现状与反思》，《现代远距离教育》2009年第5期，第3—5页。

充的容器,教师的教学过程就是向学生传授知识和培养学生记忆能力的过程,其在本质上是一种灌输式教学或填鸭式教学。这种教学方式致使学生的学习停留在机械背诵和复述层面,缺少对知识的理解,缺乏对知识进行验证的能力;此外,这种教学方式也阻碍了学生的个性发展,忽视了其主动性、创造性和独立性。

而现代教学则强调学生的主体性,认为学生只有积极主动地参与教学活动、独立自主地进行思考,才能对学习的内容和知识形成相对稳定的理解和掌握。因此,教学活动要改变传统的被动接受式学习,把学习过程中的发现、探究、研究等认识活动凸显出来,使学习过程更多地成为学生发现问题、提出问题、分析问题和解决问题的过程。要以培养创新精神和实践能力为主要目的,转变学生的学习方式。

学习方式的转变是本次新课程改革的显著特征。建立和形成旨在充分调动、发挥学生主体性的学习方式,促进学生在教师指导下主动、富有个性地学习,已成为新课程改革的核心任务,也使得学习方式的转变成为课程与教学制度改革的重要组成部分。钟启泉在对课程改革纲要进行解读时指出,转变学生的学习方式就是要转变原本单一的、他主的和被动的学习方式,提倡和发展多样化的学生学习方式,特别是要提倡自主、探索与合作的学习方式,让学生成为学习的主人,使学生的主体意识、能动性和创造性不断得到发展,使学生的创新意识和实践能力不断得到发展。[①] 自主学习相对于"被动学习"、"机械学习"而言,是指学习者自行确立学习目标、制定学习计划,通过一定的学习策略解决问题并进行自我评价的学习方式,其核心是发挥学生学习的主动性和积极性,充分体现学生的主体地位和认知主体作用。探究学习是相对于接受学习而言的,主要指学习者通过确定研究主题,在创设的情境中开展探究活动,从而获得知识、技能,形成探索精神、发展创新能力的学习方式。探究学习注重引导学生通过质疑发问、分析研究、不懈钻研来解决问题,并最终指向探索精神和创新能力的培养,对学生的积极参与和主动创新提出了更高的要求。《国家中长期教育改革和发展规划纲要(2010—2020年)》同样提出,要创新教育教学方法,"倡导启发式、探究式、讨论式、参与式教学,帮助学生学会学习。激发学生的好奇心,培养学生的兴趣爱好,营造独立思

[①] 钟启泉等主编:《基础教育课程改革纲要(试行)解读》,华东师范大学出版社,2001年版,第247—252页。

考、自由探索、勇于创新的良好环境"。[①]

　　课程与教学制度的变革为学生学习方式的转变提供了保障,学生学习方式的转变也成为衡量课程与教学改革成功与否的重要标志。推行新课改以来,关于转变学习方式的文章层出不穷,研究者开始将关注点转向学习方式的转变,对新课改所倡导的学习方式作了全面、深入的解读,对学生学习方式的选择提出了独到见解。学者普遍认为,要改变传统的被动接受学习,把学习过程中的发现、探究、研究等认识活动凸显出来,强调学习的主动探究、发现与获得。

　　2. 学习方式变革的困境

　　新一轮课程改革带来了理念的更新,也对传统课堂教学形成冲击,"单一被动"的学习方式得到改变,但是仍然存在问题。一方面,自主、合作、探究等新型学习方式只存在于公开课中,大多带有表演意味,传统学习方式没有得到根本性改变;另一方面,对变革的理解出现偏差,"自主"理解为"自学","对话"演变为"问答"等,实践的偏差反映出对理论研究的不够深入。学者马金晶等人认为,学习方式的转变在取得可喜成绩的同时,还存在预设与生成、形似与神似、泛化与异化等困境。这就需要理论研究者进一步加强对学习方式转变的理论阐释,同时教师自身也要转变教育教学的观念,提高自身素质与能力。[②] 学者范魁元等人认为,校领导、家长、教育行政部门等利益相关者对于学生学习方式转变在认识上存在偏差,教师的教学方式相对单一、落后,学生的学习内容有悖于基础教育的"基础性"、学生学习积极性不高等现状是当前学生学习方式转变面临的现实困境。他们提出要改变以教师、课堂和书本为中心的传统学习场景,增加现实、有趣且具有探索性的学习活动,使学习方式更加多样化,为培养创造型人才创造条件。[③] 如何突破这些问题和困境,实现学习方式的实质性转变,仍有待研究者的进一步思考和探索。

---

① 教育部:国家中长期教育改革和发展规划纲要(2010—2020 年)[EB/OL]. 2010 - 07 - 29. http://old. moe. gov. cn/publicfiles/business/htmlfiles/moe/moe_838/201008/93704. html(检索日期:2017 年 11 月 20 日)

② 马金晶,苏强,靳玉乐:《新课程下学习方式转变的困境及对策》,《西南大学学报(社会科学版)》2010 年第 6 期,第 67—70 页。

③ 范魁元,杨家福:《论学生学习方式的转变》,《教育科学研究》2012 年第 2 期,第 20—23 页。

二、 未来课堂： 更多的对话、更好的合作、更广更深的探究

课堂教学作为教师和学生日常教学活动的主要阵地,必然是教学研究领域最重要的对象之一,离开了课堂教学研究,任何课程改革和教学改革都将失去意义。伴随着教学改革的不断推进,学习科学的发展以及学界对教育公平的重视,未来课堂的教学组织形式必将由一元走向多元,教学方式将由单一的讲授法转变为由合作、对话、探究等多种教学策略并举的教学法,学生的学习方式将由消极的被动式学习转变为积极的主动式学习。

(一) 以历史文化为根,凝练教学改革经验、促进主动学习

改革开放至今已有 40 年,我国中小学的教学改革在 40 年中一以贯之,几乎就是教育领域改革开放历程的缩影。回顾这 40 年的教学改革经验,可以发现这 40 年间我国中小学教学改革在不同阶段的不同取向与特征,对其进行回顾、反思,并在此基础上总结、凝练经验,应该是具有典型意义的。

1. 中小学教学改革不同阶段的取向与特征

1977 年恢复高考后,中小学教学工作走上正轨,经过短暂的教学规范重建,很快转到对质量和效益的高度关注之中。此时的教学改革是以效率为取向的局部或散点式教学改革,其基本特征是关注知识的结构化以及智力、能力的发展,其突出表现是,一些学科教学改革研究的成果大大缩短了教学年限。效率成为教学改革核心价值取向的主要原因,一是国家对人才的急切需求,"多出人才"、"快出人才"的诉求激励研究者们大胆追求获得教育高效率的捷径;此外,也受到了苏联缩短小学学制(曾一度由四年改为三年)做法的影响。这一时期的教学改革,尽管只有少数人参与,但也激发了人们的研究热情,推动了教学改革以点带面地展开。

随着时间的推移和认识的深化,以及大量域外教学理论与实验的引进,教学改革从内容、方法、手段及组织形式层面渐渐转入带有综合整体视角的学校层面的教育改革实验。因而第二阶段的教学改革主要是以科学化为追求的教学实验探索。这一时期的研究动向表明:研究者们试图摆脱经验与思辨的局限性,关注教学改革中的因果关系等,开始注重教学改革的事实依据与科学证明,当然,也存在简单理解实证精神、

机械套用实验模式等问题。

进入 21 世纪后，随着新课程改革的推行，人们开始以新的视角看待教学，此时的教学改革是以"三维目标"为关注点的新课程背景下的教学改革。新课程改革唤起了教师的课程意识，使教师得以重新理解教学。新课程改革的"三维目标"观帮助教师树立起相对完整的教学目标观，新课程改革中渗透的关注学生发展的理念凸显了学生在学习中的主体地位，这些都要求教师在教学过程中扮演引导者和方法建立者的角色，做到能够充分发挥学生在学习过程中的能动性。

第四个阶段的教学改革是在学校转型性变革的思路下开展的教学改革。学校变革框架中的教学改革可分为：注重多门学科在改革中的相互照应的关联性改革；课程改革中学科之间相对一致展开的整体性改革；要求每门学科都要在教学价值观、内容观、过程观和评价观上进行根本性变革的转型性改革三种。①

不同时期的教学改革有着不同的价值取向，但基本可以看出我国的教学改革大致呈现出如下图景：从重视知识、技能到重视兴趣、情感等非智力因素，而后进入新课程改革提倡的"三维目标"，最后在学校变革的整体思路下，关注学科教学的多重育人价值。② 教学所要追求的最为根本的价值，是使每个学生获得自主的、主动的和健康的发展；每门具体学科或综合性课程的教学，都要有其独有的、其他学科/课程所不可替代的价值。如何促进学生的主动学习已经成为许多教学研究者关注的重点。

2. 促进学生的主动学习

现代教学论认为，学生参与教学活动的方式与学生身心发展状况之间有着极大的关联性，学生若能主动参与到教学活动中，那么学生就能够对知识有比较深刻的理解，若学生只能处于被动接受、死记硬背的学习状态，教学活动就难以取得理想的效果。从某种意义上讲，学生的主动参与是教学活动得以进行的前提。在主动学习的课堂中，问题的解答不再以揣摩出题者意图、寻求唯一的标准答案为取向，而是由每个学生主动思考通过建构知识来完成；学生不再对现成的知识进行死记硬背，而是主动探究、

---

① 杨小微：《教学的实践变革与理论重建：30 年再回首》，《课程・教材・教法》2010 年第 9 期，第 27—31 页。

② 叶澜：《重建课堂教学价值观》，《教育研究》2002 年第 5 期，第 3—7 页。

发现知识;学习的过程不再是教师向学生的单向灌输,而是师生之间、生生之间双向甚至是多向的协商对话。为有效促进学生的身心发展,课堂教学应该改变学生被动、机械、消极的学习状态,激发学生的积极性和主动性,确立学生在教学活动中的主体地位,激励学生主动学习。

钟启泉指出,能动学习是培养"思考者"的教学范式。他认为从某种意义上来说,"'能动学习'即'深层学习',或者说,实现'深层学习'是提升能动学习型教学的策略"。能动学习的实践需要具备探究性学习、协同性学习、反思性学习三大要件。[①] 王秀华认为,为促进学生的主动学习,在教师专业成长方面要建立真正能促进教师专业成长、师德不断完善的科学有效的教学评价体系,促使教师关注学生各个方面的健康成长,包括对其主动学习精神的培养。在师生关系方面,教师需与学生建立平等的新型师生关系,尊重学生人格,关心、爱护学生,宽容对待学生。在教学过程中要注重对学生发现问题、提出问题和解决问题能力的培养,增加学生的课外实践活动。在教学方法上可以采用讨论教学法、问题教学法、案例教学法。[②] 李伟胜认为,可以通过在呈现知识内容时,为学生敞开发展空间,使他们有可能主动领会、解释并创造其中各种事物的文化意义;在组织学习活动时,为学生提供参与机会;在促进师生、生生集体学习的氛围中进行多向互动时,帮助学生获得更全面的信息、形成更严密的思考和更有独创性的理解,从而提升学生学习的质量。[③]

总而言之,为打造能够促进学生主动学习的课堂,一方面需要教育研究者和教育行政人员关注教师的专业成长;另一方面,需要教师为学生营造良好的学习氛围,构建和谐的师生关系,并采用探究性学习、反思性学习等学习策略和讨论教学法、案例教学法等教学策略,刺激学生主动思考,让学生主动地参与到学习中。

(二) 以学习科学为据,打造对话、探究、合作的课堂新常态

学习科学是一个研究教和学的跨学科领域,其诞生来自人们对"人是如何学习的"的长期探索。学习科学研究各种情境下的学习——不仅包括学校课堂里的正式学习,

---

① 钟启泉:《能动学习:教学范式的转换》,《教育发展研究》2017 年第 8 期,第 62—68 页。
② 王秀华:《学生主动学习精神的重树》,《教育评论》2004 年第 2 期,第 44—46 页。
③ 李伟胜:《试探使学生主动学习的教学策略》,《教育理论与实践》2004 年第 5 期,第 55—57 页。

也包括发生在家里、工作期间以及同伴之间的非正式学习。学习科学研究的目标，首先是为了更好地理解认知过程和社会化过程以产生最有效的学习，其次便是为了用学习科学的知识来重新设计我们的课堂和其他学习环境，从而使学习者能够更有效和深入地学习。[1]

1. 传统教学法中的"浅层学习"

在传统的教学过程中，教师习惯于采用讲授法教学。但是在讲授的过程中，学生的固有经验往往和教师的讲解之间存在理解上的"断层"。教师们或许时常为学生无法理解知识点而感到苦恼，许多教师或许会无奈，为什么这么简单的知识点，讲了这么多次，学生还是学不会？王光明将对数学的理解程度分为操作性理解、关系性理解、迁移性理解三个水平。操作性理解是指个体懂得数学的某个事实、技能与概念，了解某个原理，懂得某个技能的操作步骤。关系性理解是指个体对数学的本质与规律及相关联系事物有深刻认识，能够在纵横联系中认识数学。迁移性理解是指个体在关系性理解的基础上，能够将数学思想、方法以及所学数学知识迁移到别的场合。调查表明，我国大部分学生对数学知识的理解处于第一层次，处于第二、第三层次的学生较少，据此，其研究团队认为，在我国中小学数学教学中，虽然学生投入了很大精力，但学生对知识的理解远远没有达到深刻理解的水平。[2]

对于课堂学习，学习科学研究发现了"迷思概念"现象，即学习总是在原有知识背景下发生的。进入课堂的学生总是带着对现实世界各种各样的半成型的观点或者前概念（Preconception）（有时被称为"朴素科学"、"孩童的科学"），而课堂里"教师的科学"，是教师将"课程的科学"加入自我理解转化而来的。尽管儿童的前概念未必都是错误的，但往往是片面、模糊甚至是与科学概念对立的。在学习新知识时，不少学生只注意到自己所理解的部分，所以，即便在学习后，学生通常也不会放弃原有的概念（观念），而是对新概念加以排斥，甚至扭曲对新概念的理解。[3]

有学者认为"深度学习的最终结果是概念的转变"[4]，不论是理解水平停留在操作

① ［美］R. 基思·索耶主编，徐晓东等译：《剑桥学习科学手册》，教育科学出版社 2010 年版，第 48 页。
② 王光明：《关于学生数学认知理解的调查和思考》，《当代教育科学》2005 年第 12 期，第 62 页。
③ 任英杰，徐晓东：《学习科学：研究的重要问题及其方法论》，《远程教育杂志》2012 年第 1 期，第 26—36 页。
④ 段金菊：《e-Learning 环境下促进深度学习的策略研究》，《中国电化教育》2012 年第 5 期，第 3—43 页。

性理解阶段还是"迷思概念"现象的出现,都意味着学生的学习仅仅停留在浅层学习阶段,没能实现深度学习。因而我们亟须基于学习科学的研究,在了解学生学习是如何发生的基础上,采取合适的教学策略,促进学生的深度学习。建构主义认为,学生不是空着脑袋进教室的,学生在参与学习时总是带有自己对概念的已有认知。因而教师在教授知识时不应仅仅注意到知识的传授,还应注意到学生的"已有知识",这便要求教学方式从教师到学生的单一的传递转变为教师和学生之间双向的对话、互动,让知识在学生原有认知的基础上生发出来,让学生在合作的过程中进行探究,完成知识的建构。

2. 对话、合作性、探究性学习

日本学者佐藤学把学习视为牵涉三个维度的对话性实践,并称之为"学习的三位一体论"。他认为,所谓"学习",就是跟客观世界的交往与对话,跟他人的交往与对话,跟自身的交往与对话。学习的实践是"创造世界"(认知性、文化性实践)、"探索自我"(伦理性、存在性实践)和"结交伙伴"(社会性、政治性实践)互为媒介的三位一体的实践。可以说是"构筑世界"、"构筑伙伴"、"构筑自身"的实践。①

合作学习最先于 20 世纪 70 年代由美国著名教育家 David Koonts 倡导实施。有学者将合作小组分成正式的合作小组、非正式的合作小组和基层合作小组三种基本类型,并指出合作学习运用的基本原理有积极互赖、人人尽责、公平参与、同时互动这四条。② 我国学者何克抗认为,学生们在教师的组织和引导下一起讨论和交流,共同建立起学习群体并成为其中一员。在这样的群体中,他们共同批判地考察各种理论、观点、信仰和假说,进行协商和辩论。这是一种协作学习,在这样的协作学习环境中,整个学习群体共同完成对所学知识的意义建构,学习者群体(包括老师和每位学生)的思维与智慧可以被整个群体所共享。③

探究性学习是指运用探究的方式进行学习的过程和活动,即学生在教师的指导下,主动发现问题,以一种类似科学研究的方法对问题进行分析和研究,从而解决问题

---

① [日]佐藤学著,钟启泉译:《学习的快乐:走向对话》,教育科学出版社 2004 年版,第 20、40 页。
② Kagan, S. *Cooperative Learning*. San Juan Capistrano, CA: Kagan Cooperative Learning, 1994: pp. 236-237. 转引自胡航,董玉琦:《技术促进深度学习:"个性化—合作"学习的理论构建与实证研究》,《远程教育杂志》2017 年第 3 期,第 48—61 页。
③ 何克抗:《建构主义的教学模式、教学方法和教学设计》,《北京师范大学学报(社会科学版)》1997 年第 5 期,第 74—81 页。

获得知识的过程与活动。[①] 探究性学习又可称为"问题导向式"学习，探究性学习始于问题，探究性学习的一个重要方式就是解决问题。

合作、对话、探究虽然是不同名词，合作性学习、对话性学习或探究性学习亦为教育研究领域的热门话题，但其实合作的过程离不开对话和探究，探究的过程亦离不开对话和合作，总而言之，这三者总是互相伴随的。

有论者从学习科学领域"学习总是嵌入在一个社会性的情境之中，而非仅仅发生在单个个体身上，体现出个体和社会的双重属性"这一观点出发，将学习过程区分为个体与其所处环境的互动过程和个体内部心智获得与加工的过程两组学习过程，以及"内容—动机—互动"和"个体—群体—环境"两组三维交互关系，实现了对学习过程的三维整体框架的架构，如图 10-1。其中，他认为学习的互动过程依赖于环境的社会和物理特征，而且依赖于时间和空间，可以将之扩展为包括个体与群体的社会交互，也包括个体对学习发生时所处情境之中的其他学习资源和物品的感知，互动过程这个维度上的重要因素是活动、对话和合作。[②]

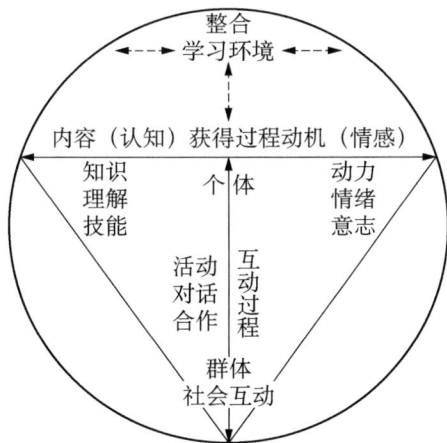

图 10-1　学习过程的三维整体框架[③]

---

① 钟志贤等主编：《信息化教学模式——理论建构与实践例说》，教育科学出版社 2005 年版，第 169 页。
② 杨南昌，刘晓艳：《学习科学融合视域下教学设计理论创新的路径与方法》，《电化教育研究》2016 年第 11 期，第 5—11 页。
③ 同上注。

总而言之,纯粹讲授式的课堂已不再是主流,随着学习科学的发展,对学生学习过程的日益关注,课堂教学越来越注重对教学策略的使用,注重在授课过程中通过合作、对话、探究,帮助学生实现深度学习。

(三) 以公平理念为魂,让教学过程更加平等、更有活力

促进公平,兹事体大。从改革开放之初几乎是全社会都奉行"效率优先、兼顾公平"这一价值取向,到今天公平正义成为社会最为强烈的普遍诉求,公平导向的发展观逐渐取代效率优先的发展观,这是历史的必然。在内涵越来越丰富的社会现代化和教育现代化价值理性中,公平也越来越成为其核心的价值理念。因而,促进公平便顺理成章地成为国家教育的基本政策。"教育公平是社会公平的重要基础。教育公平的关键是机会公平……教育公平的主要责任在政府,全社会要共同促进教育公平",也就势所必然地写入了《国家中长期教育改革和发展规划纲要(2010—2020 年)》。

1. 教育公平的核心内涵

何谓公平? 何谓公正? 公正(justice)的意思是"公平正直,没有偏私",用"公正"一词要表达的意思重点是在公正、正义的价值取向方面;公平(fairness),是指"合情合理、不偏不倚",侧重点则在于公平尺度。与义务教育相关联的公平,是指义务教育作为基本的公共服务资源,必须在社会中得到均等无偏的分配。社会公正,是指"给每个人他(她)所应得";而所谓社会公平,则是指对待人或对待事要"一视同仁"。还有一个与公平相近的概念是"正义",正义指的是"公正的、正当的道理",或者"公道正直,正确合理"。西方学者提出了种种正义理论,给我们以重要的启示。社会正义,可以从分配正义、持有正义、承认正义等多角度来认识,也可以从程序/形式正义与实质正义的二分法角度来理解。分配正义理论关注的是社会财富分配的结果是否公正。罗尔斯提出了平等原则、差异原则和补偿原则,以实现社会总财富分配结果上的、全社会范围内的公正;沃尔泽则认为应该区分不同的社会领域,在不同的领域中遵循各自的正义原则进行分配,最终在复合意义上达至社会平等。诺齐克作为持有正义的代表人物,更强调个人在社会财富获得权利上的合法性,如果每个人对社会财富的持有是公正的,那么整个社会就是公正的。以霍耐特、弗雷泽等为代表的承认正义,更关注三重意义上的正义,即"爱"——代表着家庭的承认;"尊重"——代表着法律的承认;"声望"——

代表着社会的承认。承认正义理论给我们的启示在于：好的教育，应当是让更多的人
得到应有的爱与尊重！正义的核心是平等，政治哲学关心的就是如何对社会成员给予
平等的关注，然而，人们对于"什么是平等"也难以达成共识。解决的办法，就是努力在
对平等的理解上达成共识。即使不能达成真正的共识，至少也要达成空间维度上的
"叠加式共识"和时间维度上的"临时性共识"。

　　目前，在我国完成了基本教育供给的前提下，教育应该走向"多样、优质、均衡"，关
注的重心，也将从行政事业维度转向个体性维度，亦即教育过程中每一个个体所感受
到的教育公平。

　　2. 走向过程公平："有教无类"、"因材施教"的当代演绎

　　当宏观意义上的教育机会均等（即通过国家政策基本解决了教育资源的配置均
等）实现之后，教育过程中的"对待公平"就成为真正实现教育公平的重点和热点。对
教育过程公平的理解，学术界也是歧见纷呈，但大体上而言，实现教育过程的公平，前
提是对学生平等权利的充分尊重，实质是教育资源和学习机会的平等享有。对儿童平
等权利的尊重，是体现教育过程公平的重要前提，也需要有权威的法理依据。联合国
《儿童权利公约》赋予每一位18岁以下儿童"生存、保护、发展和参与"四大权利，并提
出相应的四大原则，即"儿童最大利益原则"、"儿童严重原则"、"无歧视原则"和"尊重
儿童观点的原则"。其要义在于：任何事情凡是涉及儿童的必须以儿童权利为重，应
当听取儿童的意见。

　　从微观层面理解过程公平，需要高度关注教育过程中的平等对待。2008年我国
教育部和联合国儿童基金会联合发布《中国爱生学校标准》，其基本框架由四个维度构
成，即"全纳与平等"、"有效的教与学"、"安全、健康与保护"和"参与与和谐"，其中大量
的具体指标均指向过程的公平，如确保平等权利，尊重差异与多样性，建立开放、持续
发展的教学支持系统，营造安全的物理环境和友善的心理氛围，创造儿童参与的途径
与方法，形成保障师生参与的管理制度与文化，等等。具体以第一个指标为例，"全纳"
是指学校积极动员并帮助每个适龄儿童（特别是处境不利的儿童）入学并使其从学校
教育中受益，"平等"是指关注男女儿童平等的入学机会和发展，营造无歧视的、尊重学
生多样性和差异的学校环境。平等地爱每一个孩子，是件说易行难的事情，现实中恰
恰是爱优秀学生容易，爱后进生难。上海市新近试行的"绿色指标"评价（全称是"上海

市中小学生学业质量绿色指标综合评价"），不仅高度关注教育过程中学生的学习动力和学业负担，还将"是否尊重学生、公正对待学生、信任学生"作为"师生关系指数"来加以衡量。

总而言之，教育过程中的公平，不是简单意义上的"一视同仁"，而是在保障所有人平等权利的同时，尊重个体之间的差异和多样性，是一种"有差异的平等"。据此，教育过程公平应特别关注三个层面：平等对待所有的儿童，用中国传统教育的术语来说，就是"有教无类"；差异对待不同的儿童，亦即中国教师十分熟悉的"因材施教"；对有特殊教育需求的儿童给予特别对待，包括发展超常的或有特殊困难需要特别帮助的儿童。

事实上，教育公平的理想，一直存于教育研究者心中。美国学者布卢姆不赞成学界之前提出的种种关于学生学习的假设，即每个人的学习有好差之分或快慢之分，他认为，只要提供了足够的时间和帮助，每一个学生都能学得很好！基于这一新的假设并受承认正义理论的启示，我们可以这样来描述我们的教育公平理想：让每一个孩子在教育中都能得到足够的爱与尊重！①

三、未来学校：走向"不固定、非划一、无边界"的"泛在教学"

随着网络技术的快速发展和广泛应用，学校形态正逐渐超越传统的时空范畴，多样化的知识呈现方式悄悄改变着学校的边界。在网络技术新媒介兴起的现代社会，信息技术广泛应用于教学，一方面调动了学生学习的积极性，成为对学校教学的有益辅助，另一方面，知识与信息存储方式的变化也将带来教学方式的转变，传统固定、有边界的学校形态正在不断转型。

（一）学校存亡的实践困境与学术争议

1. 学校存亡问题的学术争论

网络技术对教育的广泛渗透和革命性影响引发了教育学界乃至整个社会对学校

---

① 杨小微：《为促进教育过程公平寻找合适的"尺度"》，《探索与争鸣》2015 年第 5 期，第 3—4 页。

存亡问题的争论，网络远程教育的蓬勃兴起更加剧了人们对未来学校的猜想和推测。20世纪60年代末，部分学者就提出了传统学校和教师将会消失的观点，取而代之的将是一种"自由学习环境"，即学生运用计算机随时进行学习并通过小组讨论相互交流知识的形式。持这一观点的人认为，技术的快速更新和发展足以胜任教师的教学任务，利用人工智能来研发机器人给学生授课，可以获得更好的教学效果，技术可以代替教师，学校终会消失。

相较于学校完全消失的观点，更多学者则认同，传统学校将被学习共同体所取代。日本教育学家佐藤学最早提出"学习共同体"的构想，他认为，要实现教育改革的目的，就要让学生成为主角，构筑"合作学习"的关系并和教师合作推进改革。朱永新在"2016新教育国际高峰论坛"的演讲中指出，学校将会被诸多由网络学习中心和实体学习中心共同构成的学习社区所取代。这些学习中心将按照最优原则被选拔，并遍布全国甚至全世界。学生不会只在一所学校学习，他们会依据自身喜好和需求前往不同学习中心学习。[①] 张治认为，未来学校将会是一种虚实结合的复合体。虚拟学校是一个全体民众共建、共享、共治的教育平台，是社会的基础设施。虚实交融的泛在学习将成为学校新常态。[②] 学习共同体概念的提出，更趋向于在学校存亡之间寻求一个平衡点，既保留传统教育注重系统化教学的优势，强调教学做合一，又能充分利用信息技术打破学校围墙，把社会中一切有利资源引入学校，扩大学校的范围。

就学校规模问题而言，学者普遍认为，未来学校将缩小规模，趋向小型化的学校办学模式。哥伦比亚大学兰维奇提出，尽管传统形式的学校在今后几十年内不会有太大的变化，但将缩小规模，采取小型化的学校办学模式，以便克服官僚作风，改变划一性的教育方式，同时将应用灵活多变的课程设置和教学组织，以提高教学质量，满足社会的各种特殊需求。[③] 朱永新教授也提出，相较于大规模的、工厂式的学校，未来学校的规模会缩小，可能回到过去的私塾或家教形式，个性化、定制化教学将是未来学校发展

---

① 杨晓梦：《描画未来学校的模样——"2016新教育国际高峰论坛"综述》，《中小学管理》2017年第02期，第32—34页。
② 张治，李永智：《迈进学校3.0时代——未来学校进化的趋势及动力探析》，《开放教育研究》2017年第4期，第40—49页。
③ 王红宇：《小型化学校——一种未来学校模式》，《外国教育资料》1994年第5期，第69—73页。

的主旋律,而只有"小规模"才能更好地满足个性化需求。学者普遍认同,学校的小型化有助于突破整齐划一的教育方式,采用灵活多变的课程与教学形式,实现学生的个性化发展。

2. 未来学校的发展趋势

"未来学校"并非一个完全意义上的学术概念,而是一个随时代变革不断发展的热点话题,是人们对学校未来走向的期待和愿景,在不同时代有不同的定义。"未来学校"一词最早出现在杜威所著的《明日之学校》,书中所写的帕克学校、葛雷学校、村舍学校等进步学校,都是杜威对未来学校发展趋势的描述。随着互联网技术的兴起,面向未来的新型学校形态再次成为社会关注的热点话题。朱永新教授认为,"未来学校"将会成为学习中心,开学和毕业没有固定的时间,教师的来源和角色多样化,学生人手一张个性化课表,学习将成为基于个人兴趣和解决问题需要的自发学习,是零存整取式的学习,是大规模的网络协作学习。学者余胜泉认为,互联网将推动出现一些从根本上进行重新设计的学校,学校将为学生提供更为灵活的课程安排,更适合学生的个体需求,而不是按照传统的学期或固定的课程结构来组织。[1] 学者曹培杰认为,"未来学校"是指"互联网 +"背景下的学校结构性变革,即通过空间、课程与技术的融合,形成个性化的学习支持体系,为每一个学生提供私人定制的教育。[2]

纵观已有研究对"未来学校"的畅想和叙述,可以归纳出学校发展的未来走向。就学习空间而言,学校的边界将越来越模糊和淡化,学习可以发生在教室,也可以发生在社区、科技馆或任何可供学生学习的场所。一切能为学生所用的资源都将被纳入学习内容的范畴。此外,教育资源的共享也将成为互联网时代的新产物,在同步课堂和在线教育的冲击下,优秀师资和课程都将被纳入共享的行列。由此,学校可以利用信息技术充分挖掘校园外部的教育资源,与社区、家庭构建共同体,形成多元开放的学校格局。

从学习方式的变革来看,主动、深度、合作将成为学生学习方式的新的发展方向。

---

[1] 余胜泉,王阿习:《"互联网 + 教育"的变革路径》,《中国电化教育》2016 年第 10 期,第 1—9 页。
[2] 曹培杰:《未来学校的兴起、挑战及发展趋势——基于"互联网 +"教育的学校结构性变革》,《中国电化教育》2017 年第 7 期,第 9—13 页。

未来学习将突破传统强调统一和标准化的要求，允许学生利用不同时间学习不同内容，实现个性化发展。一方面，主动、探究式的深度学习将成常态，课堂教学将更注重学生积极的学习体验和个性能力的培养，注重对学生思维的深度培养；另一方面，合作的重要性日益凸显，合作学习作为一种新的学习方式，有别于传统教学由教师主导的方式，学生可以在与教师、同伴交流和对话的过程中各抒己见，相互讨论甚至相互质疑，产生思维的碰撞，在活跃课堂教学氛围的同时提高思考能力。

就学校组织管理层面而言，"未来学校"将打破固化的组织形态，采用弹性的学制和扁平化的组织架构。[①] 传统按年龄划分年段的方式将转变为依据学生能力来组织学习，为学生提供灵活、符合其个性化需求的课程安排。

（二）构建以学习者为中心的学校新形态

随着技术与教育的深度融合，灵活流动的泛在教育将开始部分取代定时定点的学校教育，课程与学习将变得更加具有选择性和自主性，更加凸显以学习者为中心的办学理念。国际教学设计专家瑞格鲁斯在其著作《重塑学校——吹响破冰的号角》中同样提出了以学习者为中心的教育范式，这一教育范式强调以学生为主体，对师生角色的转变和课堂的开放性提出新要求，同时也更加注重发挥技术在学校变革中的关键性作用。

1. 以学习者为中心

新课程改革强调，学生是学习的主体，他们有丰富的知识经验、情感体验和学习意愿，有各种兴趣和需求，是充满生机和活力的生命个体。因此，"未来学校"将更加关注学习者的生存状态和需求。以学习者为中心的教育范式就是要综合考虑学生当下与未来的发展所需，将认知和情感同时纳入学生成长需求的范畴。教师在教学过程中，既要关注学生当前的学习状态，对其在学习过程中遇到的问题和困难予以及时帮助，又要关注学生的情感体验和生成性经验，让学生成为学习和生活的主体，通过学习获得终身学习的意识和享受生活的能力。

---

① 曹培杰：《未来学校的变革路径——"互联网＋教育"的定位与持续发展》，《教育研究》2016 年第 10 期，第46—51 页。

为了消除传统课堂教学的弊病,叶澜教授在推进新基础教育的过程中不断强调师生的生命主体性,"必须超出和突破(但不是完全否定)'教学特殊认识论'的传统框架,从高一个层次——生命的层次,用动态生成的观点重新认识课堂教学观。要把课堂还给学生,让课堂焕发出生命活力"。[①] 新课程改革同样强调学生的主体性,要求从关注教师怎样教转向关注学生怎样学。可以看到,当前学校的转型性变革就是在逐渐恢复学生在学习过程中的主体地位,改变以教师为中心的教学状态,尊重学生的兴趣、需求和主体性感受,关注学生的情感体验,尊重其已有的认知水平和生活经验,从他们的现实需求出发开展教学活动。此外,以学习者为中心的学校新形态,也让学生重获自信心和学习积极性。在教学过程中,学生有更多机会参与提问和讨论,融入对话和互动,亲自体验成功的喜悦,享受学习的乐趣,使学习能力得到提升。

2. 转变师生角色

以学习者为中心的教育范式需要教师从教学活动的主导者转变为学生学习的合作者、引导者和参与者,将教学过程视为师生共同发展的互动过程。这意味着,教师逐渐由居高临下的权威变成与学生平等的对话者,传统课堂中的教师教和学生学不断让位于师生互教互学,相互合作,共同构建真正的"学习共同体"。教学过程不再是对教案的机械执行,而是师生在生成性发展过程中对教材的重新理解和不断丰富,教学真正成为师生富有个性化的创造过程。

同时,学生也将成为完成任务的主体,并逐步成长为主动的、拥有自我调节能力的学习者。学校教育更加注重对学生个性差异的理解和尊重,注重因材施教,把学生个性潜能的开发作为教育教学的重要目标。

3. 开放课堂

传统课堂过于强调教学的预设性目标,追求完成预定的教学任务,使得课堂呈现出机械、沉闷、封闭的特征。因此,教育现代化倡导开放性,追求多元的教学目标,课程内容的选择也将更加注重与学习者生活的相关性,实现跨学科融合,注重对学生思考、动手操作等综合能力的培养。

佐藤学在《静悄悄的革命》一书中指出:相互开放的教室,是学校变革的第一步。

---

① 叶澜:《让课堂焕发出生命活力——论中小学教学改革的深化》,《教育研究》1997 年第 9 期,第 3—8 页。

"教室的墙壁、学科的隔阂,是学校内部运作的最强有力的权力。如果不是所有的教师都打开教室的大门,并且从内部彻底粉碎这种权力关系,那么,学校的改革是不可能实现的"。[①]　开放的课堂从教学内容上说,是从书本知识和课堂知识向课外知识的延伸,把科学世界和生活世界相沟通,注重学生对知识的理解性运用。生活世界是科学世界的来源和基础,因而教学也需要回归生活,教师所教、学生所学要能为生活所用,教师提问要从学生需求出发,从他们产生的认知冲突着手,提出他们真正渴望解决的问题,即杜威所说的"真问题",这样才能激发出学生的探究欲望和学习兴趣。从教学过程上说,开放的课堂是从僵化形式向开放、创造性过程的转变。人是开放的、独特的存在,学校教育也应当关注学生的个性特点和主体意识,关注学生在学习过程中的情感体验和主动性发挥,形成真正以学习者为中心的教育范式。

4. 发挥技术作用

相比于传统以教师为中心的教育范式,技术在以学习者为中心的教育范式中将扮演更加重要的角色。其一,评价方式的转变需要技术高效、省时地完成对学生阶段性表现的记录,完成对学生的知识掌握程度、学习动机、认知能力等的追踪分析,及时帮助教师记录和存储信息,作为评价学生的参考。其二,利用技术更加灵活准确地为学习者制定个性化的学习方案,包括长、短期学习目标等,同时,通过对数据的采集和分析,不断调整学习方案,使其更适合学生的个性成长需求。其三,技术通过在线学习平台等方式为学生提供更具有针对性的学习辅助工具,成为对教师指导的有益补充。

在瑞格鲁斯提出的"个性化综合教学系统"中,技术扮演了跟踪记录学习情况、学习评价、学习指导、学习计划四种角色,四者相互辅助和整合,形成循环开放的系统(如图10-2所示)。跟踪记录学习情况为制定学习计划提供参考信息,学习评价融入到教学过程,能够自动记录评价结果并反馈信息,形成一个学习过程环路。[②]

(三) 走向学习无处不在的社会新生态

信息时代的技术不仅将改变教育和学习的方式,而且将推动整个社会走向学习终

[①] 〔日〕佐藤学著,李季湄译:《静悄悄的革命》,长春出版社2003年版,第61页。
[②] 刘妍、顾小清、顾晓莉、姚媛媛:《教育系统变革与以学习者为中心的教育范式——再访国际教学设计专家瑞格鲁斯教授》,《现代远程教育研究》2017年第1期,第13—20页。

身化的新生态。通过技术整合教育资源,拓宽学校教育的范围,引导更加广泛的社会参与,教和学可以无处不在。

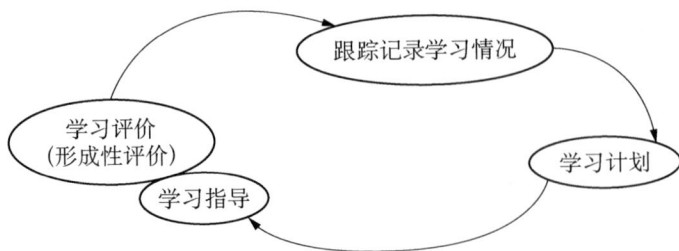

图 10-2 技术的新角色①

1. 终身教育和学习化社会理念的提出

终身教育理念的系统表述,始于朗格朗的《终身教育引论》。随后,由富尔主持撰写的著名报告《学会生存——教育世界的今天和明天》,又将"学习化社会"的概念推到全球民众的视野中,从而与终身教育一起,为世界构筑起崭新的教育时空观。朗格朗所阐述的终身教育的主要含义包括:其一,每个人都能实现自己的理想,挖掘自己的潜能,也都能适应不断发展变化的社会,因而,未来的教育不再是"从学校毕业之后就算完结了,而应该是在人的一生中持续进行"。其二,现行的教育是以学校为中心的,而且是封闭的、僵硬的,未来的教育则"将对社会整个教育和训练的全部机构和渠道加以统合,从而使人们在其生存的所有部门,都能根据需要而方便地获得接受教育的机会"。② 可见,终身教育是对当下教育的改革和超越,主张教育应当贯穿人一生发展的始终,满足其精神发展的全部所需;同时终身教育也是为了促进社会的持续进步。

学习化社会的教育思潮兴起于 20 世纪 70 年代,欧盟主席埃德加·富尔在向联合国教科文组织递交的名为《学会生存——教育世界的今天和明天》的报告中发出了"向学习化社会前进"的号召,随后世界各国开始了对这一号召的积极响应。1996 年,在安曼召开的"国际全民教育论坛"中,参会者一致认为,增加对"学习化社会"的理论研

---

① 杨南昌,刘晓艳:《学习科学融合视域下教学设计理论创新的路径与方法》,《电化教育研究》2016 年第 11 期,第 5—11 页。

② 高志敏:《关于终身教育、终身学习与学习化社会理念的思考》,《教育研究》2003 年第 1 期,第 79—85 页。

究和实践行动已变得非常重要：假如走向更为开放的社会和全球经济是一种趋势，那么我们必须重视新的学习形式以及批判性思维，以使个人理解变化着的环境并创造新知识和改变自己的命运。我们必须通过向生活的各个方面学习以及通过所有的社会机构来有效地创建一个"生活即学习"的环境，以对新的挑战作出回应。① 学习化社会的构建逐渐成为进入信息时代的必然趋势，只有创造一个学习无处不在的社会新生态，人类才能在变化着的环境中创造新知识并改变命运。

《学会生存——教育世界的今天和明天》这份报告将"终身教育"和"学习化社会"确定为两个并行不悖的理念，并确定了两者之间的关系，即"终身教育是学习化社会的基石"。报告具体指出：如果学习包括一个人的整个一生，而且也包括全部的社会，那么我们除了对"教育体系"进行必要的检修以外，还要继续前进，达到一个学习化社会的境界。② 可见，学习化社会的构建是对终身教育理念的外化和延伸，其着眼点在于对教育不断工具化的批判与修正，让教育回归，成为学习化社会的基石，这里的"教育"就是脱离了传统学校教育框架和窠臼的终身教育。③

2. 社会新生态的发展趋向

终身教育和学习化社会作为新的教育理念已在国际上受到重视，我国学术界和政府部门也于 21 世纪开始越来越多地关注这一问题。《中华人民共和国教育法》第十一条明确规定我国要"推进教育改革"、"建立和完善终身教育体系"。这一规定不仅体现了政府锐意推行教育改革的决心，同时也可被视为是政府在实施终身教育政策、构建学习化社会方面的一项庄严承诺。《国家中长期教育改革和发展规划纲要（2010—2020 年）》又进一步将"构建体系完备的终身教育"确立为战略目标，不仅要求"树立终身学习观念"，而且要基本形成"灵活开放的终身教育体系"。可见，终身教育和学习化社会已成为未来发展的趋向，学校教育逐渐走向无边界化。

终身教育理念的冲击和学习化社会的构建是当今学校变革和发展的重要背景，也

---

① 赵中建选编：《全球教育发展的研究热点》，教育科学出版社 1999 年版，第 241 页。
② ［法］埃德加·富尔著，华东师范大学比较教育研究所译：《学会生存——教育世界的今天和明天》，上海译文出版社 1982 年版，第 18 页。
③ 杨晓，叶鹭：《"学习化社会"的教育学意蕴》，《河北师范大学学报（教育科学版）》2011 年第 11 期，第 85—88 页。

是反思学校教育现实困境、探寻出路的重要视角。贯穿一生，与生活联系，使人的创造性与个性得到充分的发展，是终身教育和学习化社会的显著标志。建立终身教育体系、改造现行学校教育体系，已成为世界各国的共识和战略选择。

结语　以现代化视野展望未来教学改革

习近平总书记在十九大报告中满怀深情地说:"中国梦是历史的、现实的,也是未来的。""中国人民愿同各国人民一道,推动人类命运共同体建设,共同创造人类的美好未来!"毫无疑问,中国梦,是新时代中国特色社会主义现代化的强国梦,也是中国教育走向世界、走向未来、走向现代化的教育强国梦。本书写到最后,笔者深感40年来我国教学改革保持着一个始终如一的方向——教育现代化。再宏伟的改革蓝图,都要经由一个个具体的工程和步骤去实现,再美好的教育现代化愿景,都要靠日复一日实实在在的课堂教学、课外辅导、班级活动去实现。40年中有关教学的每一次学术争论、每一次目标转型、每一次阶段性提升,都意味着我国向教育现代化又迈进了一步。

例如,从效率优先到公平导向,这是教学的价值取向朝着现代化迈近了一步。改革开放之初,在国家期待"多出人才、快出人才、出好人才"的价值诉求之下,效率成为"重中之重",此时强调效率、追求速度,既有必要,亦可理解。随着城市化进程越来越快,公平问题越来越突出,社会要求公正平等的诉求也越来越强烈,义务教育均衡发展、学前教育加大普惠性、高中教育多样化普及化等改革举措,使教学过程的平等成为新的关注焦点。国内出现学校内部公平指数研究和关于公平的课堂观察研究,就体现了这样一种新的趋势。

再如,从共享课堂到共创环境,这是教学过程主体间互动宗旨和方向的转变。许多地方在校本课程开发意义上的"共享课程",开始转向"共创课程",同样道理,自主学习、小组合作、大班交流,多层多维、多群多向的教学互动(包含师生互动、生生互动、师师互动等)创生了新的课堂形态,而这一切,又渐渐催生出合作共创的新迹象。

还有,教学理论、教学实践和教育政策之间的融合度日渐增高,从各自为政走向协同共生。《国家中长期教育改革和发展规划纲要(2010—2020年)》对学思结合、知行统一和因材施教的概括,以及对多样化教学组织形式的描述,都是对教学改革前期实践与研究成果的提炼和提倡,进而借助政策话语的放大和转换,带动更大范围的辐射和扩散。"核心素养"在《关于深化体制机制改革的意见》中以"关键能力"的面貌被表述,这也将促使核心素养研究更快更广地从理论形态转化为实践形态。

然而,我们也深知,改革的路不是一帆风顺的,不会那么轻易就取得共识。我们可以看到,"听到风就是雨",不加甄别、不顾实际、拿来就用的"即兴主义"做派,"拣到篮里就是菜",不辨高下、不讲品位、简单照搬的功利主义态度,在教学改革进程中仍不乏其人其事。若不对此保持警惕,就难以保证教学改革在科学的道路上稳步前行。纵观国内今天的教学改革大势,校本教研、校本研修、校本管理、校本课程开发进展得如火如荼,正在形成一种积极的健康向上的学校文化,但我们也不能忽略那些一出现典型经验便一哄而上去"模仿"的现象,这种只学做法、不探究竟,只看结果(成绩)、忽视证据的行为,其实质就是缺乏真正的理性精神。有的改革典型在课堂教学上看起来给了学生很大的自主权,似乎是真的做到了"以学习为中心",然而细看之下不难发现,"大开放"之后的"落脚点"、"聚焦点"是习题集,这样的放开和聚焦的真实目的,都只是为了提高成绩/分数。我们把这样的"改革"称为"考试导向下的以学习为中心"恐怕也不过分。

走出误区的切实办法,是找回改革实验"重证据"的"理性精神"。近年来开始受到关注的"循证教育学"(evidence-based education,EBE),是一个回归改革理性的可行路径。西方有学者认为教师与医生所进行的实践决策相当一致,所不同的是,很多医生在决策时会遵循严格的科学证据,而教师却更多地依赖于个人经验。在循证医学的启示下,这位学者提出了循证教育学的概念,认为教育领域的实践也应该严格地遵循研究证据。其核心观点是:[①]

第一,研究者提供最佳证据。循证教育学从教育理论中分离出类似临床证据的应用理论,为实践者提供直接指导实践的证据。类似于循证医学,循证教育学根据研究方法的严格程度对研究获得的证据进行了分级,研究方法越严格,所获得的理论越"真",该证据的级别就越高。比如,美国教育部将证据分为六个等级:Ⅰ级:随机对照试验(RCT),即真实验;Ⅱ级:准试验研究,包括前测与后测试验;Ⅲ级:有着统计控制

---

① 杨文登,叶浩生:《缩短教育理论与实践的距离:基于循证教育学的视野》,《教育研究与实验》2010年第3期,第11—17页。

的相关研究;Ⅳ级:没有统计控制的相关研究;Ⅴ级:个案研究;Ⅵ级:传言或掌故。

第二,教育者应该基于证据进行教学。任何教育活动或决策,均不能只是基于实践者的某种哲学或信念进行的,而必须基于科学证据。教育者不应像在传统教育中一样单兵作战,而应与研究者及其他教育者结成同盟,集团作战。比如,教育者要想获取关于阅读策略及教学实践的最佳证据,就不能全部依靠个人经验,而可以求助于其他研究者或实践者。

第三,受教育者有权参与教育实践的决策。在传统的教育方法中,受教育者被随机地放在一个班级里,接受什么样的教育、怎样接受教育均由教育者决定,教育者主宰了整个教育过程。但在循证教育学中,受教育者不再只是一个平均数的概念,他们及其家长的文化背景、偏好、价值观等均会被纳入考虑。比如,一个二年级学生遇到了阅读困难,他的家长可以检索相关的研究证据,要求教师按照证据所提供的方案进行教学。

第四,管理者协调整个教育过程。有了研究证据作为支撑,管理者可以循证进行管理。

我国40年来积累的教学改革实证案例数不胜数,却无人将其汇聚成一个教学改革证据资源平台;我们也缺少一个将研究者、教育者、受教育者(包括家长)与管理者四方整合为一个系统来协同作战的架构;当然,最缺乏的还是“事事讲依据”的“循证精神”。“循证教育学”为我们在教学改革的科学道路上迅跑提供了重要的理论支持。

我们很难确知,在迈向教学现代化未来的路上山有多高路有多远,哪一路顺畅、哪一路坎坷,但我们不懈跋涉、坚持攀登的决心不动摇;我们很难确认,面对千差万别的学生、千变万化的教学过程,哪一招算对、哪一式算错,但我们在不确定的情境中寻找最优解的信心不动摇!

“使命呼唤担当,使命引领未来!”谨以此书,献给所有一路攀登一路跋涉的同行者。

主要参考文献

中文文献：

（一）专著、论文集、报告

[1] [法]埃德加·富尔著，华东师范大学比较教育研究所译：《学会生存——教育世界的今天和明天》，上海译文出版社 1982 年版。

[2] [巴西]保罗·弗莱雷著，顾建新等译：《被压迫者教育学》，华东师范大学出版社 2001 年版。

[3] [美]保罗·库尔茨著，余灵灵等译：《保卫世俗人道主义》，东方出版社 1996 年版。

[4] [美]本杰明·S. 布卢姆著，王钢等译：《布卢姆掌握学习论文集》，福州教育出版社 1986 年版。

[5] [美]彼得·圣吉著，张成林译：《第五项修炼——学习型组织的艺术与实践》，中信出版社 2009 年版。

[6] [美]布鲁纳著，邵瑞珍译：《发现的行为》，见瞿葆奎主编，徐勋，施良方选编：《教育学文集·教学》（上），人民教育出版社 1988 年版。

[7] 陈琦，刘儒德主编：《当代教育心理学》，北京师范大学出版社 1997 年版。

[8] 丛立新著：《沉默的权威——中国基础教育教研组织》，北京师范大学出版社 2011 年版。

[9] [美]戴顿著，顾建民等译：《教科书在教育中的作用》，见瞿葆奎主编：《教育学文集·课程与教材》（下册），人民教育出版社 1993 年版。

[10] [英]戴维·伯姆著，王松涛译：《论对话》，教育科学出版社 2004 年版。

[11] 丁原明著：《横渠易说导读》，齐鲁书社 2004 年版。

[12] [德]恩斯特·卡西尔著，甘阳译：《人论》，上海译文出版社 1985 年版。

[13] 顾明远，黄济主编：《教育学》，人民教育出版社 1982 年版。

[14] 过伟瑜编，赵中建译：《国外中小学教育面面观：教师专业学习及发展》，海南出版社 2000 年版。

[15] 韩震著：《生成的存在——关于人和社会的哲学思考》，北京师范大学出版社 1996 年版。

[16] [日]横山宁夫著，毛良鸿等译：《社会学概论》，上海译文出版社 1983 年版。

[17] 华中师范学院等合编：《教育学》，人民教育出版社 1982 年版。

[18] [美]R. 基思·索耶主编，徐晓东等译：《剑桥学习科学手册》，教育科学出版社 2010 年版。

[19] [美]吉尔伯特·萨克斯著，王昌海等译：《教育和心理的测量与评价原理（第四版）》，江苏教育出版社 2002 年版。

[20] [美]加涅著，皮连生等译：《学习的条件和教学论》，华东师范大学出版社 1999 年版。

[21] 姜勇，洪秀敏等著：《教师自主发展及其内在机制》，北京师范大学出版社 2009 年版。

[22] 教育部基础教育司：《走进新课程：与课程实施者对话》，北京师范大学出版社 2001 年版。

［23］教育部教育年鉴编纂委员会:《第一次中国教育年鉴甲编》,开明书店 1934 年版。

［24］教育部师范教育司:《教师专业化的理论与实践》,人民教育出版社 2003 年版。

［25］［美］克雷奇等著,周先庚等译:《心理学纲要(上)》,文化教育出版社 1982 年版。

［26］［加］克里夫·贝克著,詹万生等译:《学会过美好生活——人的价值世界》,中央编译出版社 1997 年版。

［27］课程教材研究所编:《教材制度沿革篇(上册)》,人民教育出版社 2004 年版。

［28］［捷］夸美纽斯著,傅任敢译:《大教学论》,人民教育出版社 1985 年版。

［29］［伊］S.拉塞克等著,马胜利等译:《从现在到 2000 年教育内容发展的全球展望》,教育科学出版社 1996 年版。

［30］［德］M.兰德曼著,阎嘉译:《哲学人类学》,贵州人民出版社 1988 年版。

［31］雷树福著:《教研活动概论》,北京大学出版 2009 年版。

［32］李秉德主编:《教学论》,人民教育出版社 2001 年版。

［33］李秉德主编:《教学论》,人民教育出版社 1991 年版。

［34］李定仁,徐继存主编:《教学论研究二十年(1979—1999)》,人民教育出版社 2001 年版。

［35］李吉林著:《情境教学实验与研究》,四川教育出版社 1998 年版。

［36］李小融,魏龙渝著:《教学评价》,四川教育出版社 1988 年版。

［37］李秀伟著:《唤醒情感——情境体验教学研究》,山东教育出版社 2007 年版。

［38］李燕萍主编:《培训与发展》,北京大学出版社 2007 年版。

［39］李允,周海银主编:《课程与教学原理》,山东人民出版社 2008 年版。

［40］联合国教科文组织国际 21 世纪教育委员会:《学习——内在的财富》,联合国教科文组织 1996 年版。

［41］联合国教科文组织国际教育发展委员会编著,华东师范大学比较教育研究所译:《学会生存——教育世界的今天和明天》,教育科学出版社 1996 年版。

［42］联合国教科文组织:《教育——财富蕴藏其中》,教育科学出版社 1996 年版。

［43］梁启雄著:《荀子简释》,中华书局 1983 年版。

［44］刘佛年主编:《教育学》,人民教育出版社 1979 年版。

［45］刘要悟著:《教学评价基本问题研究》,甘肃文化出版社 1997 年版。

［46］柳夕浪著:《为了共生的理想》,江苏教育出版社 2001 年版。

［47］陆璟著:《PISA 测评的理论和实践》,华东师范大学出版社 2013 年版。

［48］［德］马克思等著,编译局译:《马克思恩格斯全集》,人民出版社 2006 年版。

［49］［德］马克思,恩格斯著:《马克思恩格斯选集》,人民出版社 1972 年版。

［50］［德］马克思著:《1844 年经济学哲学手稿》,人民出版社 1985 年版。

［51］［美］马克·塔克主编,柯政译:《超越上海:美国应该如何建设世界顶尖的教育系统》,华东师范大学出版社 2013 年版。

［52］毛泽东著:《关于正确处理人民内部矛盾的问题》,文字改革出版社 1976 年版。

［53］［德］米切尔·兰德曼著,阎嘉译:《哲学人类学》,贵州人民出版社 1988 年版。

［54］宁虹著:《教师的能力》,教育科学出版社 2017 年版。

［55］裴娣娜主编:《现代教学论(第一卷)》,人民教育出版社 2005 年版。

［56］邱学华主编:《尝试成功的学习:尝试教学实验研究 20 年》,教育科学出版社 2002 年版。

［57］瞿葆奎主编：《教育基本理论之研究(1978—1995)》,福建教育出版社 1998 年版。

［58］瞿葆奎主编：《教育评价》,人民教育出版社 1989 年版。

［59］瞿葆奎主编,雷尧珠等选编：《教育学文集·中国教育改革》,人民教育出版社 1991 年版。

［60］瞿葆奎主编,徐勋,施良方选编：《教育学文集·教学(上册)》,人民教育出版社 1988 年版。

［61］全国教育学研究会编：《遵循教学规律,提高教学质量》,人民教育出版社 1980 年版。

［62］［法］萨特著,陈宣良等译：《存在与虚无》,三联书店 1987 年版。

［63］桑新民著：《呼唤新世纪的教育哲学》,教育科学出版社 1993 年版。

［64］上海市教师专业发展工程领导小组办公室,上海市教育委员会教学研究室组编：《中小幼教材教法研修一体网络课程纲要(一)》,华东师范大学出版社 2016 年版。

［65］邵瑞珍主编：《教育大辞典》(第 5 卷),上海教育出版社 1990 年版。

［66］邵瑞珍主编：《教育心理学参考资料选辑》,上海教育出版社 1990 年版。

［67］施良方著：《课程理论——课程的基础、原理和问题》,教育科学出版社 1996 年版。

［68］石中英著：《知识转型与教育改革》,教育科学出版社 2001 年版。

［69］王策三主编：《教学实验论》,人民教育出版社 1998 年版。

［70］王策三著：《教学论稿》,人民教育出版社 2005 年版。

［71］王策三著：《教学论稿》,人民教育出版社 1985 年版。

［72］王道俊,王汉澜主编：《教育学》,人民教育出版社 1989 年版。

［73］王福强编著：《用心做教研——一线教师最需要的教研策略》,吉林大学出版社 2010 年版。

［74］王锐生等著：《社会哲学导论》,人民出版社 1994 年版。

［75］王泽农,曹慧英主编：《中外教师教育课程设置比较研究》,高等教育出版社 2003 年版。

［76］夏禹龙等编著：《科学学基础》,科学出版社 1983 年版。

［77］徐强译注：《孟子·滕文公上》,山东画报出版社 2013 年版。

［78］［德］雅斯贝尔斯著,邹进译：《什么是教育》,生活·读书·新知三联书店 1991 年版。

［79］杨向东,黄小瑞主编：《教育改革时代的学业测量与评价》,华东师范大学出版社 2013 年版。

［80］杨小微主编：《现代教学论》,山西教育出版社 2010 年版。

［81］叶澜等著：《教育理论与学校实践》,高等教育出版社 2000 年版。

［82］叶澜主编：《中国教育学科年度发展报告·2001》,上海教育出版社 2002 年版。

［83］余文森,刘家访,洪明主编：《现代教学论基础教程》,东北师范大学出版社 2007 年版。

［84］余震球选译：《维果茨基教育论著选》,人民教育出版社 1994 年版。

［85］［美］约翰·杜威著,王承绪译：《民主主义与教育》,人民教育出版社 1990 年版。

［86］［苏联］赞科夫编,杜殿坤等译：《教学与发展》,文化教育出版社 1980 年版。

［87］［英］詹姆斯·H. 麦克米伦著,何立婴译：《学生学习的社会心理学》,人民教育出版社 1989 年版。

［88］张楚廷著：《教学原则今论》,湖南师范大学出版社 1993 年版。

［89］张传燧主编：《课程与教学论》,人民教育出版社 2008 年版。

［90］赵德成,梁永正著：《教师培训需求分析》,北京师范大学出版社 2012 年版。

［91］赵中建选编：《全球教育发展的研究热点》，教育科学出版社 1999 年版。

［92］《中国大百科全书·教育》，中国大百科全书出版社 1985 年版。

［93］《中国大百科全书·哲学（Ⅱ）》，中国大百科全书出版社 1987 年版。

［94］钟启泉等主编：《基础教育课程改革纲要解读（试行）》，华东师范大学出版社 2001 年版。

［95］钟志贤等主编：《信息化教学模式——理论建构与实践例说》，教育科学出版社 2005 年版。

［96］朱有瓛主编：《中国近代学制史料第二辑（上册）》，华东师范大学出版社 1989 年版。

［97］［日］佐藤学著，李季湄译：《静悄悄的革命》，长春出版社 2003 年版。

［98］［日］佐藤学著，钟启泉译：《学习的快乐：走向对话》，教育科学出版社 2004 年版。

（二）期刊论文

［1］安富海：《促进深度学习的课堂教学策略研究》，《课程·教材·教法》2014 年第 11 期。

［2］鲍银霞：《以学定教的基本内涵和实现途径》，《现代教育论丛》2008 年第 4 期。

［3］边联，解月光：《适应性学习系统构建中的双向适应问题研究》，《中国电化教育》2009 年第 3 期。

［4］曹海永：《观课"变脸"：教师成长视野下的校本研修》，《教学与管理》2014 年第 23 期。

［5］曹明海，赵宏亮：《教材文本资源与教学内容的确定》，《语文建设》2008 年第 10 期。

［6］曹培杰：《未来学校的变革路径——"互联网＋教育"的定位与持续发展》，《教育研究》2016 年第 10 期。

［7］曹培杰：《重新定义课堂：核心素养视角下的教学转型》，《现代教育技术》2017 年第 7 期。

［8］曹培杰：《未来学校的兴起、挑战及发展趋势——基于"互联网＋"教育的学校结构性变革》，《中国电化教育》2017 年第 7 期。

［9］陈爱文，胡银泉：《尴尬的物理：浙江新高考下的学科失衡与制度改进》，《中小学管理》2017 年第 9 期。

［10］陈桂生：《何为中小学教师的"教研"和"科研"》，《教育理论与实践》2008 年第 2 期。

［11］陈桂生：《且说初任教师入职辅导中的"师徒制"》，《湖南师范大学教育科学学报》2006 年第 5 期。

［12］陈凯泉，沙俊宏，何瑶，王晓芳：《人工智能 2.0 重塑学习的技术路径与实践探索——兼论智能教学系统的功能升级》，《远程教育杂志》2017 年第 5 期。

［13］陈树林：《学习"洋思中学"教学模式反思——精讲活练》，《才智》2011 年第 21 期。

［14］陈卫东，叶新东，张际平：《智能教室研究现状与未来展望》，《远程教育杂志》2011 年第 4 期。

［15］陈向明：《参与式教师培训的实践与反思》，《教育研究与实验》2002 年第 3 期。

［16］陈媛：《基于碎片化问题的非线性认知模式研究》，《电化教育研究》2014 年第 11 期。

［17］程良宏：《从教材改革到文化变革：基础教育课程改革的视域演进》，《教育发展研究》2015 年第 2 期。

［18］迟艳杰：《北京十一学校课程改革的意义及深化发展的问题》，《当代教育与文化》2015 年第 4 期。

［19］丁丁：《不要把中学教育引上歧途》，《人民教育》，1955 年第 6 期。

［20］丁钢：《"教师为主导，学生为主体"论质疑——教学主体的再认识》，《教育研究与实验》

1987 年第 3 期。

[21] 都兴芳,刘平：《探究式学习与学习策略》,《中国教育学刊》2005 年第 8 期

[22] 窦桂梅：《新课改背景下课程整合的实践探索——清华大学附属小学"1＋X课程"育人体系建构的案例研究》,《教育研究》2014 年第 2 期。

[23] 杜娟,李兆君,郭丽文：《促进深度学习的信息化教学设计的策略研究》,《电化教育研究》2013 年第 10 期。

[24] 段金菊：《e-Learning 环境下促进深度学习的策略研究》,《中国电化教育》2012 年第 5 期。

[25] 鄂瑶：《北京十一学校：给每个学生私人订制的未来》,《小康》2015 年第 3 期。

[26] 范魁元,杨家福：《论学生学习方式的转变》,《教育科学研究》2012 年第 2 期。

[27] 冯锐,杨红美：《基于故事的深度学习探讨》,《全球教育展望》2010 年第 11 期。

[28] 冯向东：《论教师在教学中的主体地位》,《高等教育研究》1987 年第 1 期。

[29] 傅小悌：《对教育目的的探讨》,《湖州师专学报》1987 年第 1 期。

[30] 高瑞荣：《从"教教材"到"用教材教"：争议与反思》,《上海教育科研》2016 年第 7 期。

[31] 高志敏：《关于终身教育、终身学习与学习化社会理念的思考》,《教育研究》2003 年第 1 期。

[32] 龚孟伟：《当代教学文化变革："从灌输走向理解"》,《宝鸡文理学院学报(社会科学版)》2013 年第 5 期。

[33] 顾小清等：《超越碎片化学习：语义图示与深度学习》,《中国电化教育》2015 年第 3 期。

[34] 郭明净,张荣伟：《"先学后教"教学模式的实践误区及其反思》,《集美大学学报(教育科学版)》2014 年第 1 期。

[35] 郭绍青,贺相春,张进良等：《关键技术驱动的信息技术交叉融合》,《电化教育研究》2017 年第 5 期。

[36] 郭文安：《试论掌握知识与发展智力的关系》,《华中师范大学学报(人文社会科学版)》1981 年第 3 期。

[37] 郝文武：《向创新型大国转变的基础教育教学目标变革》,《当代教师教育》2015 年第 1 期。

[38] 何克抗：《建构主义的教学模式、教学方法和教学设计》,《北京师范大学学报(社会科学版)》1997 年第 5 期。

[39] 何玲,黎加厚：《促进学生深度学习》,《计算机教与学》2005 年第 5 期。

[40] 何永红：《如何从"教教材"到"用教材教"：从两则教学案例谈起》,《上海教育科研》2007 年第 2 期。

[41] 胡斌武：《建构主义的学习与教学观要义评析》,《集美大学学报》2002 年第 1 期。

[42] 胡航,董玉琦：《技术促进深度学习："个性化—合作"学习的理论构建与实证研究》,《远程教育杂志》2017 年第 3 期。

[43] 胡铁生,黄明燕,李民：《我国微课发展的三个阶段及其启示》,《远程教育杂志》2013 年第 4 期。

[44] 胡铁生：《"微课"：区域教育信息资源发展的新趋势》,《电化教育研究》2011 年第 10 期。

[45] 黄明皖：《知识的掌握与智力的发展》,《广西师范学院学报(哲学社会科学版)》1980 年第 1 期。

[46] 黄荣怀,陈庚,张进宝,王运武：《论信息化学习方式及其数字资源形态》,《现代远程教育

研究》2010 年第 8 期。

[47] 黄荣怀,胡永斌,杨俊锋,肖广德:《智慧教室的概念及特征》,《开放教育研究》2012 年第 2 期。

[48] 黄小连:《整合"缄默教育知识"重构"教育教学图式"——兼谈对教育教学理论进行"有效教学"的途径》,《高等师范教育研究》2003 年第 1 期。

[49] 黄孝玉:《浅析教师培训低效的成因》,《吉林教育(现代校长)》2007 年第 5 期。

[50] 贺春湘,王开富:《学习化社会视野下的教学价值取向论析》,《黑龙江教育:高教研究与评估》2009 年第 7 期。

[51] 基础教育课程编辑部:《在基础教育转型中实现教研方式变革——上海教研工作访谈录》,《基础教育课程》2014 年第 3 期。

[52] 纪明泽:《上海教研如何实现传承与创新》,《人民教育》2016 年第 20 期。

[53] 贾积有:《国外人工智能教育应用最新热点问题探讨》,《中国电化教育》2010 年第 7 期。

[54] 姜勇:《论教师专业发展的后现代转向》,《比较教育研究》2005 年第 5 期。

[55] 蒋志辉:《网络环境下个性化学习的模式建构与策略优化》,《中国远程教育》2013 年第 3 期。

[56] 《教育部关于积极推进中小学评价与考试制度改革的通知》,《人民教育》2003 年第 Z1 期。

[57] 琚婷婷:《论教学内容的不确定性——知识观转型对教学内容重建之启示》,《语文建设》2006 年第 11 期。

[58] 康淑敏:《基于学科素养培育的深度学习研究》,《教育研究》2016 年第 7 期。

[59] 李宝庆,魏小梅:《新高考改革的困境与出路》,《教育发展研究》2017 年第 8 期。

[60] 李臣之:《论教学内容创生:规定性要素及基本路径》,《课程·教材·教法》2007 年第 2 期。

[61] 李国华:《"用教材教"要注意五环相扣》,《教育实践与研究》2011 年第 6B 期。

[62] 李吉林:《情境教学的理论与实践》,《人民教育》1991 年第 5 期。

[63] 李吉林:《学习科学与儿童情境学习——快乐、高效课堂的教学设计》,《教育研究》2013 年第 11 期。

[64] 李金钊:《课堂教学公平观察量表的设计及观察方法》,《上海教育科研》2012 年第 3 期。

[65] 李瑾瑜:《布贝尔的师生关系观及其启示》,《西北师大学报(社会科学版)》1997 年第 1 期。

[66] 李森,潘光文:《教学论研究的事实与价值之思》,《西南大学学报(社会科学版)》2008 年第 6 期。

[67] 李伟胜:《试探使学生主动学习的教学策略》,《教育理论与实践》2004 年第 5 期。

[68] 李伟涛:《基于 PISA 测试结果的教育政策调整分析》,《教育发展研究》2012 年第 4 期。

[69] 李学:《"教教材"还是"用教材教"——兼论教材使用功能的完善》,《教育发展研究》2008 年第 12 期。

[70] 李艺:《计算机辅助教学的概念、实践及其他》,《中国电化教育》1999 年第 9 期。

[71] 李志民:《"慕课"的兴起应引起中国大学的觉醒》,《中国高等教育》2014 年第 7 期。

[72] 李子建,宋萑:《建构主义:理论的反思》,《全球教育展望》2007 年第 4 期。

[73] 梁乐明,曹俏俏,张宝辉:《微课程设计模式研究——基于国内外微课程的对比分析》,《开放教育研究》2013 年第 1 期。

［74］林天卫，叶瑞祥：《"以学定教"的新思想》，《韩山师范学院学报》1997 年第 4 期。

［75］刘次林：《以学定教的实质》，《教育发展研究》2011 年第 4 期。

［76］刘佛年：《有关发展学生智力的一些问题》，《教育研究》1981 年第 3 期。

［77］刘刚：《论交往在社会实践系统中的地位和作用》，《哲学研究》1991 年第 11 期。

［78］刘桂辉：《论"以学定教"的教学意蕴及实现》，《教育理论与实践》2016 年第 11 期。

［79］刘清堂，毛刚，杨琳，程云：《智能教学技术的发展与展望》，《中国电化教育》2016 年第 6 期。

［80］刘学智，范立双：《日本中小学教育中的个性化学习：经验，问题与启示》，《比较教育研究》2006 年第 2 期。

［81］刘妍，顾小清，顾晓莉，姚媛媛：《教育系统变革与以学习者为中心的教育范式——再访国际教学设计专家瑞格鲁斯教授》，《现代远程教育研究》2017 年第 1 期。

［82］刘雍潜，李龙，谢百治：《信息技术环境对"学与教"方式的支持》，《中国电化教育》2010 年第 11 期。

［83］刘宇，解月光：《大学生深层学习的过程研究及思考》，《中国电化教育》2014 年第 7 期。

［84］刘震，曹泽熙：《"翻转课堂"教学模式在思想政治理论课上的实践与思考》，《现代教育技术》2013 年第 8 期。

［85］柳夕浪：《从"素质"到"核心素养"：关于"培养什么样的人"的进一步追问》，《教育科学研究》2014 年第 3 期。

［86］卢尚建：《新课程背景下的课堂教学文化型态：打破与重建》，《全球教育展望》2008 年第 7 期。

［87］鲁洁：《走向世界历史的人——论人的转型与教育》，《教育研究》1999 年第 11 期。

［88］吕达：《新世纪中国基础教育课程教材改革》，《人民教育》2001 年第 6 期。

［89］吕达，张廷凯：《面向 21 世纪中小学课程教材改革的研究与实验》，《课程·教材·教法》1996 年第 7 期。

［90］吕敬先：《小学生语文能力整体发展实验》，《人民教育》1991 年第 1 期。

［91］罗明基：《传授知识与发展智力统一实现的规律》，《辽宁师范大学学报（社会科学版）》1980 年第 5 期。

［92］罗阳佳：《回归本位　形成合力——上海教研员校长教师在教改中的角色分担》，《上海教育》2007 年第 11 期。

［93］马赫穆托夫：《课堂教学：类型学，结构，分析》，《外国教育资料》1986 年第 5 期。

［94］马金晶，苏强，靳玉乐：《新课程下学习方式转变的困境及对策》，《西南大学学报（社会科学版）》2010 年第 6 期。

［95］马颖峰，陶力源：《信息技术环境中的个性化学习探索》，《中国教育信息化》2008 年第 16 期。

［96］毛亚庆，鲜静林：《当前教师培训中应注意的几个问题》，《高等师范教育研究》2003 年第 1 期。

［97］孟凡丽，毛菊，杨淑芹：《中小学教材研究（1977—2009 年）：回顾与反思》，《当代教育与文化》2012 年第 3 期。

［98］孟建锋：《"先学后教"与"先教后学"辨析》，《现代教育科学》2012 年第 8 期。

［99］ 明庆华,程斯辉:《简论新课改背景下的校本研究》,《课程·教材·教法》2003 年第 12 期。

［100］ 聂风华,钟晓流,宋述强:《智慧教室:概念特征、系统模型与建设案例》,《现代教育技术》2013 年第 7 期。

［101］ 潘洪建,王洲林:《知识问题研究二十年:教育学的视点》,《高等师范教育研究》2003 年第 1 期。

［102］ 潘为湘:《谈谈教学过程中"发展能力第一"》,《教育研究》1981 年第 11 期。

［103］ 庞维国:《论学生的自主学习》,《华东师范大学学报(教育科学版)》2001 年第 2 期。

［104］ 裴娣娜:《论我国课堂教学质量评价观的重要转换》,《教育研究》2008 年第 1 期。

［105］ 裴娣娜:《新高考制度下深化普通高中课程改革的几个问题》,《中小学管理》2015 年第 6 期。

［106］ 裴文敏,董远骞:《掌握知识技能与发展认识能力》,《教育研究》1981 年第 2 期。

［107］ 裴新宁,王美:《为了儿童学习的课程——中国情境教育学派李吉林情境课程的建构》,《教育研究》2011 年第 11 期。

［108］ 彭彦铭,郭志平,李正中:《教师胜任力研究述评》,《湖北师范学院学报(自然科学版)》2011 年第 1 期。

［109］ 祁涛,王应解:《关于慕课若干认识误区的思考》,《中国电化教育》2015 年第 10 期。

［110］ 钱梦龙:《不甘心于仅仅捡几枚贝壳——回顾我的教学生涯》,《中国教育学刊》1988 年第 6 期。

［111］ 任英杰,徐晓东:《学习科学:研究的重要问题及其方法论》,《远程教育杂志》2012 年第 1 期。

［112］ 桑新民:《对"五育"地位作用及其相互关系的哲学思考》,《中国社会科学》1991 年第 6 期。

［113］ 上海市《改革义务教育教学质量综合评价办法》项目组:《学业质量绿色指标:促进学生全面发展的利器》,《人民教育》2013 年第 18 期。

［114］ 师曼等:《21 世纪核心素养的框架及要素研究》,《华东师范大学学报(教育科学版)》2016 年第 3 期。

［115］ 舒尔曼著,黄小瑞,崔允漷译:《标志性的专业教学法:给教师教育的建议》,《全球教育展望》2014 年第 1 期。

［116］ 孙银黎:《对深度学习的认知》,《绍兴文理学院学报》2007 年第 11 期。

［117］ 唐松林:《建构主义对客观主义的检讨及其教学原则》,《外国教育研究》2002 年第 1 期。

［118］ 陶西平:《研究特级教师成长规律的独特价值》,《人民教育》2010 年第 5 期。

［119］ 田爱丽:《借助慕课改善人才培养模式》,《中小学信息技术教育》2014 年第 2 期。

［120］ 田汉族:《第三代教学评价理论——交往—发展性教学评价研究》,《湖南师范大学教育科学学报》2002 年第 3 期。

［121］ 田慧生:《我国中小学课程实验十五年》,《教育研究与实验》1996 年第 1 期。

［122］ 田良臣,刘电芝:《教学策略:沟通教学观念与教学行为的中介桥梁——兼论新课程方案的实施》,《贵州师范大学学报(社会科学版)》2003 年第 4 期。

［123］ 涂频:《基于云空间的教师团队深度学习研究》,《中国教育信息化》2014 年第 2 期。

[124] 屠锦红，李如密：《"先学后教"教学模式：学理分析、价值透视、实践反思》，《课程·教材·教法》2013 年第 4 期。

[125] 万伟：《课堂教学中的文化变革》，《江苏教育研究》2009 年第 18 期。

[126] 王炳照：《因材施教与照顾大多数》，《华中师院学报（哲学社会科学版）》1980 年第 1 期。

[127] 王策三：《关于教学应教学生"学"的问题》，《新华文摘》1983 年第 3 期。

[128] 王策三：《论教师的主导作用和学生的主体地位》，《北京师范大学学报》1983 年第 6 期。

[129] 王策三：《认真对待"轻视知识"的教育思潮——再评由"应试教育"向素质教育转轨提法的讨论》，《北京大学教育评论》2004 年第 3 期。

[130] 王承博，李小平，赵丰年，张琳：《大数据时代碎片化学习研究》，《电化教育研究》2015 年第 10 期。

[131] 王光明：《关于学生数学认知理解的调查和思考》，《当代教育科学》2005 年第 12 期。

[132] 王汉澜：《浅谈教育的价值》，《华东师范大学学报（教科版）》1991 年第 1 期。

[133] 王红宇：《小型化学校——一种未来学校模式》，《外国教育资料》1994 年第 5 期。

[134] 王蕾：《学生发展核心素养的考试和评价》，《全球教育展望》2016 年第 8 期。

[135] 王牧华，全晓洁：《论教师促进学校课程改革内源发展的机制与策略》，《课程·教材·教法》2015 年第 7 期。

[136] 王文湛：《关于〈义务教育全日制小学初级中学教学计划〉（初稿）的几个问题》，《人民教育》1986 年第 12 期。

[137] 王晓芳，黄丽锷：《中小学教师科研活动中的管理主义》，《北京大学教育评论》2015 年第 1 期。

[138] 王秀华：《学生主动学习精神的重树》，《教育评论》2004 年第 2 期。

[139] 王永红：《中小学教师培训课程建设：经验与反思》，《北京教育学院学报》2012 年第 3 期。

[140] 王永花：《深度学习理论指导下的混合学习模式的实践与研究》，《中国远程教育》2013 年第 4 期。

[141] 王育培：《从封闭走向开放——试论开放性课堂教学的构建》，《厦门教育学院学报》2001 年第 12 期。

[142] 王岳：《我国中小学教材建设的现状、问题和改革建议》，《国家高级教育行政学院学报》2001 年第 2 期。

[143] 韦国锋：《"以学定教"的十年研究》，《基础教育研究》2007 年第 12 期。

[144] 吴福元：《大学生的智力发展与智力结构》，《教育研究》1983 年第 4 期。

[145] 吴刚：《上海的 PISA 测试全球第一的奥秘何在——基于中国教育文化传统的视角》，《探索与争鸣》2014 年第 1 期。

[146] 吴杰：《从凯洛夫教育思想体系中解放出来——以时代要求和我国特点研究教育理论和教育实践》，《教育研究》1980 年第 1 期。

[147] 吴康宁：《李吉林教育思想基本特征与情境教育研究拓展空间》，《课程·教材·教法》2009 年第 6 期。

[148] 吴遵民，李艳：《新高考"新"在哪里？——以上海市新高考改革为例》，《新疆师范大学学报（哲学社会科学版）》2018 第 2 期。

［149］夏正江：《论知识的性质与教学》，《华东师范大学学报（教育科学版）》，2000 年第 6 期。

［150］项贤明：《走出传统的教育学理论体系——泛教育理论的哲学建构》，《华东师范大学学报（教育科学版）》1996 年第 2 期。

［151］肖川：《论教学与交往》，《教育研究》1999 年第 2 期。

［152］谢贵兰：《慕课、翻转课堂、微课及微视频的五大关系辨析》，《教育科学》2015 年第 5 期。

［153］谢维和：《教师培训：补充还是转型》，《高等师范教育研究》2002 年第 1 期。

［154］徐冬青：《从封闭走向开放：当代课堂教学改革的走向》，《基础教育》2011 年第 2 期。

［155］徐鹏，王以宁：《国内人工智能教育应用研究现状与反思》，《现代远距离教育》2009 年第 5 期。

［156］许芳杰：《基础教育的变革：从知识为本到素养为重》，《教学与管理》2017 年第 3 期。

［157］燕国材：《论非智力因素及其在教育工作中的意义》，《贵州教育学院学报（社科版）》1988 年第 1 期。

［158］闫守轩：《体验与体验教学》，《教育科学》2004 年第 3 期。

［159］闫志明，唐夏夏，秦旋，张飞，段元美：《教育人工智能（EAI）的内涵、关键技术与应用趋势——美国〈为人工智能的未来做好准备〉和〈国家人工智能研发战略规划〉报告解析》，《远程教育杂志》2017 年第 1 期。

［160］阎乃胜：《深度学习视野下的课堂情境》，《教育发展研究》2013 年第 12 期。

［161］杨九诠：《核心素养与课程改革深化》，《教育论坛》2016 年第 12 期。

［162］杨南昌，刘晓艳：《学习科学融合视域下教学设计理论创新的路径与方法》，《电化教育研究》2016 年第 11 期。

［163］杨文登，叶浩生：《缩短教育理论与实践的距离：基于循证教育学的视野》，《教育研究与实验》2010 年第 3 期。

［164］杨晓，叶鹭：《"学习化社会"的教育学意蕴》，《河北师范大学学报（教育科学版）》2011 年第 11 期。

［165］杨晓梦：《描画未来学校的模样——"2016 新教育国际高峰论坛"综述》，《中小学管理》2017 年第 2 期。

［166］杨小微：《从义务教育免费走向教育过程公平》，《基础教育》2008 年第 12 期。

［167］杨小微：《教学的实践变革与理论重建：30 年再回首》，《课程·教材·教法》2010 年第 9 期。

［168］杨小微：《教学中的价值引导与价值商谈》，《教育科学研究》2004 年第 10 期。

［169］杨小微：《为促进教育过程公平寻找合适的"尺度"》，《探索与争鸣》2015 年第 5 期。

［170］杨小微，张权力：《教学质量改进的再理解与再行动》，《课程·教材·教法》2016 年第 7 期。

［171］杨祖宏，谢景远：《知识是能力的基础》，《上海师范大学（哲学社会科学版）》1981 年第 4 期。

［172］叶澜：《让课堂焕发出生命活力——论中小学教学改革的深化》，《教育研究》1997 年第 9 期。

［173］叶澜：《重建课堂教学价值观》，《教育研究》2002 年第 5 期。

［174］叶信治：《深层学习与支持深层学习的教学策略》，《中国大学教学》2008 年第 7 期。

［175］尹达：《发展性教学评价：师生共同发展的有效途径》，《华北电力大学学报（社会科学版）》2015 年第 1 期。

［176］尹后庆：《让每一所家门口学校都优质》，《中国教育学刊》2012 年第 1 期。

［177］尹艳秋："交往"视野中的教学本质论刍议》，《集美大学学报（教育科学版）》2002 年第 1 期。

［178］于光远：《关于教育科学体系问题》，《教育研究》1979 年第 3 期。

［179］于光远：《教育认识现象学中的"三体"问题》，《中国社会科学》1980 年第 3 期。

［180］余丽红：《深化课堂教学改革　创新人才培养模式》，《中国教育学刊》2010 年第 11 期。

［181］余明华，冯翔，祝智庭：《人工智能视域下机器学习的教育应用与创新探索》，《远程教育杂志》2017 年第 5 期。

［182］余胜泉，王阿习："互联网＋教育"的变革路径》，《中国电化教育》2016 年第 10 期。

［183］余文森：《从三维目标走向核心素养》，《华东师范大学学报（教育科学版）》2016 年第 1 期。

［184］余文森，刘家访：《改革开放 35 年来我国中小学教学改革模式评析》，《教师教育学报》2015 年第 6 期。

［185］余文森：《试论教学的开放性》，《教学理论与实践》2004 年第 9 期。

［186］余文森：《先学后教：中国本土的教育学》，《课程·教材·教法》2015 年第 2 期。

［187］俞丽萍：《基于变构模型的深度学习研究》，《中国教育学刊》2015 年第 11 期。

［188］喻本伐：《走出迷宫：中国当代教育实验述评》，《华中师范大学学报（人文社科版）》2006 年第 3 期。

［189］喻平：《发展学生学科核心素养的教学目标与策略》，《课程·教材·教法》2017 年第 1 期。

［190］岳珂，姜峰，洪希：《走向新知识观下的教学内容设计》，《贵州师范大学学报（社会科学版）》2008 年第 6 期。

［191］翟天羽：《人工智能在学校教学和管理中的应用》，《智能城市》2017 年第 6 期。

［192］张桂春：《建构主义教学思想的张力》，《教育科学》2003 年第 1 期。

［193］张浩，吴秀娟，倪厂清：《基于反思的深度学习：内涵与过程》，《电化教育研究》2014 年第 12 期。

［194］张浩，吴秀娟：《深度学习的内涵及认知理论基础探析》，《中国电化教育》2012 年第 10 期。

［195］张浩，吴秀娟，王静：《深度学习的目标与评价体系构建》，《中国电化教育》2014 年第 7 期。

［196］张华：《核心素养与我国基础教育课程改革"再出发"》，《华东师范大学学报（教育科学版）》2016 年第 1 期。

［197］张剑平，陈仕品：《计算机辅助教学的智能化历程及其启示》，《教育研究》2008 年第 1 期。

［198］张剑平：《关于人工智能教育的思考》，《电化教育研究》2003 年第 1 期。

［199］张静，陈佑清：《学习科学视域中面向深度学习的信息化教学方式变革》，《中国电化教育》2013 年第 4 期。

［200］张连捷，张启航：《论教学过程中教与学的矛盾运动——对"教师是主导、学生是主体"的

几点异议》，《教育理论与实践》1986 年第 2 期。

[201] 张凌光：《实行全面发展教育中若干问题的商榷》，《人民教育》1955 年第 2 期。

[202] 张民选，陆璟，占胜利，朱小虎，王婷婷：《专业视野中的 PISA》，《教育研究》2011 年第 6 期。

[203] 张蓉，洪明：《我国中小学教学改革 30 年历程回顾》，《基础教育》2012 年第 5 期。

[204] 张双山：《刘希娅：六年影响一生》，《中国人大》2014 年第 20 期。

[205] 张思中：《张思中外语教学法概述》，《人民教育》1999 年第 2 期。

[206] 张伟民：《教师专业发展的客观要求：教学诊断能力及其提高》，《教师教育研究》2006 年第 1 期。

[207] 张晓亮，李森：《课堂教学价值取向的反思与建设》，《当代教育科学》2015 年第 2 期。

[208] 张新明，何文涛：《支持翻转课堂的网络教学系统模型探究》，《现代教育技术》2013 年第 8 期。

[209] 张跃国，张渝江：《"翻转"课堂——透视"翻转课堂"》，《中小学信息技术教育》2012 年第 3 期。

[210] 张肇丰：《基于核心素养的单元教学设计——第十届有效教学理论与实践研讨会综述》，《上海教育科研》2016 年第 2 期。

[211] 张治，李永智：《迈进学校 3.0 时代——未来学校进化的趋势及动力探析》，《开放教育研究》2017 年第 4 期。

[212] 张治勇，李国庆：《学习性评价：深度学习的有效路径》，《现代远距离教育》2013 年第 1 期。

[213] 赵明仁，周钧：《教师培训的理念更新与制度保障——首届"中国教师培训论坛"综述》，《教师教育研究》2007 年第 3 期。

[214] 赵汀阳：《知识、命运和幸福》，《哲学研究》2001 年第 8 期。

[215] 钟启泉：《概念重建与我国课程创新——与〈认真对待"轻视知识"的教育思潮〉作者商榷》，《北京大学教育评论》2005 年第 1 期。

[216] 钟启泉：《能动学习：教学范式的转换》，《教育发展研究》2017 年第 8 期。

[217] 钟启泉，有宝华：《发霉的奶酪——〈认真对待"轻视知识"的教育思潮〉读后感》，《全球教育展望》2004 年第 10 期。

[218] 周序：《十年来教学评价改革成绩与问题反思》，《中国教育学刊》2011 年第 10 期。

[219] 朱德民：《对"教教材"与"用教材教"的反思》，《当代教育科学》2010 年第 10 期。

[220] 朱佩荣：《季亚琴科论集体教学方式（上）》，《外国教育资料》1994 年第 5 期。

[221] 朱佩荣：《季亚琴科论集体教学方式（下）》，《外国教育资料》1994 年第 6 期。

[222] 朱莎，余丽芹，石映辉：《智能导学系统：应用现状与发展趋势——访问美国智能导学系统专家罗纳德·科尔教授、亚瑟·格雷泽教授和胡祥恩教授》，《开放教育研究》2017 年第 10 期。

[223] 庄玉昆：《教师培训实效性反思》，《继续教育研究》2007 年第 2 期。

（三）学位论文

[1] 蔡群青：《大学—中小学教师研修共同体的建构研究》，西南大学，2017 年。

[2] 丁艳平：《教师教育技术培训的在线学习支持设计与实践——技术支持体验的视角》，华

东师范大学,2009 年。

［3］杜开颜:《福州八中"选课制、走班制、学分制"教育综合改革》,福建师范大学,2006 年。

［4］黄莉:《中小学教师"参与式培训"实施的研究——对常州市"参与式培训"实施现状的调查》,华东师范大学,2006 年。

［5］姜克印:《新课程背景下的中小学教师校本培训研究》,福建师范大学,2006 年。

［6］李笔耶:《新课程理念下的生物学教师培训理论与实践研究》,华东师范大学,2004 年。

［7］李远芳:《参与式教师培训》,华东师范大学,2003 年。

［8］刘丹:《重庆市农村初中思品课教师培训需求调查研究——以重庆市部分县为例》,重庆师范大学,2014 年。

［9］陆勤超:《指向教师专业素养的教师研修课程研究》,华东师范大学,2017 年。

［10］宋寅喆:《我国农村幼儿教师培训需求现状与对策研究》,华东师范大学,2012 年。

［11］王巧银:《新课程背景下高中导师制的问题探讨》,陕西师范大学,2010 年。

［12］王顺德:《论学习方式的变革》,华中师范大学,2006 年。

［13］王玮:《关于科学课程教师培训的初步研究》,华东师范大学,2004 年。

［14］吴民祥:《合作探究型教师培训模式研究》,广西师范大学,2001 年。

［15］徐建平:《教师胜任力模型与测评研究》,北京师范大学,2001 年。

［16］杨小微:《社会转型时期学校变革的方法论初探》,华东师范大学,2002 年。

［17］赵开兰:《新课程理念下高中生物教师校本培训研究》,广州大学,2006 年。

［18］周福盛:《教师个体知识的构成及发展研究》,西北师范大学,2006 年。

［19］朱益明:《教师培训的教育学研究》,华东师范大学,2004 年。

英文文献:

［1］Bengio, Y. , Courville, A. , & Vincent, P. Representation learning: A review and new perspectives. *Pattern Analysis and Machine Intelligence*, IEEE *Transactions on*, 2013, 35(8).

［2］Bengio, Y. Deep learning of representations: Looking forward. In Dediu, A. -H. (ed.). *Statistical Language and Speech Processing*. Berlin, Heidelberg: Springer Berlin Heidelberg, 2013.

［3］Bengio, Y. Learning deep architectures for AI. *Foundations and trends ® in Machine Learning*, 2009, 2(1).

［4］Bullough, R. V. , Kauchak, D. P. , Crow, & Stokes, D. K. Professional Development Schools: Catalysts for Teacher and School Change. *Teaching and Teacher Education*, 1997, Vol. 2.

［5］Deng, L. , Li, J. , Huang, J. T. , et al. Recent advances in deep learning for speech research at Microsoft, Rabab Ward. *2013 IEEE International Conference on Acoustics, Speech, and Signal Processing*. Vancouver: IEEE, 2013.

［6］Elbaz, F. *Teacher Thinking: A Study of Practical Knowledge*. London: Croom Helm, 1983.

［7］Fullan, M. *Change Forces: Probing the Depths of Educational Reform*. London: The

Falmer Press, 1993.

[8] Kagan, S. *Cooperative Learning*. San Juan Capistrano, CA: Kagan Cooperative Learning, 1994.

[9] Lieberman, A. *Practices that Support Teacher Development*. Phi Delta Kappan, 1995.

[10] McClelland, D. C. Testing for competence rather than for intelligence. *American Physiologist*, 1973, Vol. 28.

[11] Perry, P. Professional development: the inspectorate in England and Walea. In Hoyle, E. and Megarry, J. (eds.). *Word yearbook of education 1980: professional development of teacher*. London: kogan page, 1980.

[12] Shulman, L. S. Knowledge and teaching: Foundations of the New Reform. *Harvard Review*, 1987, Vol. 57(1).

[13] Shulman, L. S. Those Who Understand: Knowledge Growth in Teaching. *Educational Researcher*, 1986, Vol. 15.

[14] Spencer Jr, L. M. , Spencer S. M. *Competence at work: Models for superior performance*. New York: John Wiley & Sons Inc, 1993.

[15] Sternberg, R. J. What Do We Know about Tacit Knowledge? Making the Tacit Become Explicit. In Sternberg, R. J. and Horath, J. A. (eds.). *Tacit Knowledge in Professional Practice: Researcher and Practitioner Perspectives*. London: Lawrence Erlbaum Associates incc, c1999.

[16] Yang, X. -W. The reinterpretation of experiment methodology in education. *Frontiers of Education in China*, 2007, 2(3).

后 记

　　本书是集体智力劳动的成果,这首先表现在本书是由我们这一个师生团队共同完成的:作为主编的杨小微负责全书的整体设计、过程研讨和最后的统稿,并撰写了导言、第一章、第三章、第八章(第一节和第三节)及结语;胡雅静撰写了第二章(第一节第一、二目和第二节)、第四章、第六章(第二节)及第十章(第一节第一、二目和第二节);金哲撰写了第二章(第一节第三目和第三节)、第五章、第六章(第一节、第三节)、第八章(第二节)及第十章(第一节第三目和第三节);上海教育评估院的朱丽在写作过程吃紧的时候,爽快地接受邀请撰写了第七章;远在美国范德堡大学访学的博士生杨婷撰写了第九章。没有她们的鼎力相助,本书是不可能顺利完成的。

　　特别要感谢丛书总主编袁振国教授以及丛书各册主编董圣足、张宁娟、申素平、范国睿、顾小清、徐国庆、柯政、荀渊等多位教授专家在每次书稿研讨会上提出的透彻深刻、准确犀利甚至带有颠覆性的宝贵意见和建议,使我们在写作本书时获得了难得的灵感、重要的启示,并少走了许多弯路;还要感谢丛书秘书王莉老师贴心的催稿和编写服务;感谢为本书的编校和出版提供帮助的所有朋友!

　　由于写作时间紧迫和我们能力及眼光上的欠缺,本书一定还存在不少错讹之处,敬请读者朋友批评指正!

图书在版编目(CIP)数据

从被动接受到主动学习:教学改革发展之路/杨小微等
著. —上海:华东师范大学出版社,2018
(教育现代化的中国之路.纪念教育改革开放40年丛书)
ISBN 978 - 7 - 5675 - 7772 - 5

Ⅰ.①从… Ⅱ.①杨… Ⅲ.①教育改革－研究－中国
Ⅳ.①G521

中国版本图书馆 CIP 数据核字(2018)第 155370 号

教育现代化的中国之路——纪念教育改革开放 40 年丛书

从被动接受到主动学习
——教学改革发展之路

著　　者　杨小微等
组稿编辑　张俊玲
项目编辑　袁梦清
审读编辑　徐曙蕾
责任校对　陈　易
装帧设计　高　山

出版发行　华东师范大学出版社
社　　址　上海市中山北路 3663 号　邮编 200062
网　　址　www.ecnupress.com.cn
电　　话　021 - 60821666　行政传真 021 - 62572105
客服电话　021 - 62865537　门市(邮购)电话 021 - 62869887
地　　址　上海市中山北路 3663 号华东师范大学校内先锋路口
网　　店　http://hdsdcbs.tmall.com

印 刷 者　杭州日报报业集团盛元印务有限公司
开　　本　787×1092　16 开
印　　张　20.5
字　　数　311 千字
版　　次　2018 年 7 月第 1 版
印　　次　2018 年 7 月第 1 次
书　　号　ISBN 978 - 7 - 5675 - 7772 - 5/G·11150
定　　价　78.00 元

出 版 人　王　焰

(如发现本版图书有印订质量问题,请寄回本社客服中心调换或电话 021 - 62865537 联系)